LE MIROIR D'AMÉLIE

D1453290

DU MÊME AUTEUR

Le Petit Bâtard, éd. L'Ecir, 2008
Le Puits Sans-Nom, éd. L'Ecir, 2010

La saga des Teissier
La Tresse d'or, éd. de Borée, 2011
Les Diamants noirs, éd. de Borée, 2013
Un parfum d'amour éternel, éd. de Borée, 2015

Le Mas de la Sarrasine, éd. de Borée, 2012
Halix de Bagard, dame de soie, éd. de Borée, 2012
Les Sentes buissonnières, éd. de Borée, 2013
Le Moulin du Prieuré, éd. de Borée, 2014
L'Etoffe des jours, éd. de Borée, 2014

Mireille Pluchard

LE MIROIR D'AMÉLIE

Roman

Terres de France

© Presses de la Cité, 2015
ISBN 978-2-258-11769-3

Presses
de   un département **place des éditeurs**
la Cité

place
des
éditeurs

*Dieu a donné une sœur au Souvenir
et l'a appelée Espérance.*

Michel-Ange

PREMIÈRE PARTIE

1923

DES LAURIERS... ET DES LIVRES

La chambre, quoique de modestes dimensions, paraît spacieuse en raison de la sobriété de son ameublement : un lit double, une grande armoire, une commode surmontée d'un haut miroir. C'est bien peu au regard de l'encombrement qu'elle a connu quelques années auparavant. Il avait fallu alors serrer l'armoire contre la commode pour installer, à sa place, le petit lit en bois d'Alice.

Mais Alice a quitté le cocon douillet et rassurant de la chambre de ses parents et a trouvé un asile tout aussi accueillant dans celle de Laure, sa sœur de cinq ans son aînée, qui lui a fait une place dans son grand lit. Alors, les meubles sans prétention mais délicatement patinés de ce lieu intime ont retrouvé leur harmonieuse disposition initiale pour le plus grand plaisir d'Amélie.

L'endroit embaume cette fragrance indéfinissable des pièces où l'on range le linge propre, rincé à l'eau claire d'un ruisseau et séché au soleil. Il est en fait à l'image d'Amélie, discrètement pimpant : les années n'y ont aucune prise, ne se sont livrées à aucune désolante dégradation. Tout juste ont-elles quelque peu défraîchi le velours grenat du dessus-de-lit et des cantonnières ; de même qu'elles ont glissé trois ou quatre fils d'argent dans la chevelure noire d'Amélie. Encore la coquette parvient-elle à les dissimuler dans les *vagues gracieuses de mèches brunes que maintiennent deux peignes d'écaille plantés près des tempes. Les autres – si tant est qu'il y en ait – se dissimulent dans un lourd chignon, sagement assujetti sur sa nuque.*

Oui, c'est une chambre propre, coquette et parfumée... comme Amélie, qui débouche délicatement un flacon à l'étiquette pailletée de fleurettes et soulignée du nom de son fabricant : Giraud et Fils. Parfumeurs à Grasse.

« Esprit de Fleurs de Verveine », avoue-t-elle, presque en s'excusant, quand on lui fait compliment, avec des arrière-pensées d'envie, sur le subtil parfum qui accompagne chacun de ses mouvements, en quelque sorte son double impalpable.

Elle repose le flacon sur le marbre de la commode, d'un mouvement lent, enveloppée de cette rêverie où elle se complaît depuis le matin même et à son grand étonnement. De la pièce voisine, une voix, celle de son mari, tente de la ramener à la réalité.

— Bientôt prête, Amélie ? Ce serait un comble que la prêtresse de l'exactitude soit en retard pour les festivités !

Amélie sourit à son miroir et, sans sortir de cette mélancolie qui soudainement l'habite tout entière, elle répond :

— Sois tranquille, je ne veux pas me faire remarquer.

A quoi son époux réprime un fou rire. Ne pas se faire remarquer ? Ah, si elle savait ! Fort heureusement, elle ne sait pas, et il l'a voulu ainsi, la discrétion de sa charmante épouse dût-elle en souffrir.

Charmante. Ce n'est qu'une de ses qualités, prise au hasard parmi toutes celles dont il la pare et qu'il ne cesse, les années passant et à juste titre, de lui reconnaître.

Il imagine déjà la colère feinte de ses yeux enflammés à travers les verres, de plus en plus épais, de ses lunettes rondes. Puis l'érubescence de ses pommettes qu'elle a hautes et lisses

12

comme à vingt ans. Et enfin ses lèvres, à peine rosies artifi-
ciellement, qui improviseront le plus sincère, le plus chaleu-
reux, le plus finement tourné des discours de remerciements.

Mais la porte reste toujours close sur la femme de sa vie
affairée à sa toilette. Il prend un livre pour tromper l'attente.

Dans la chambre, Amélie a conscience de s'attarder
devant sa glace comme jamais elle n'en a pris le temps,
mais refuse de rompre cet instant de solitude, si rare dans sa
vie de directrice d'école, d'épouse, de mère et de grand-mère.

Après le parfum qu'elle a vaporisé dans son cou et sur
ses épaules encore dénudées, après les grosses épingles de son
chignon rajustées pour s'assurer de sa bonne tenue, après
la jupe à larges plis plats, taillée dans une toile d'Alsace
gris clair qui révèle ses mollets, enfilée par le bas afin de ne
pas déranger la coiffure, elle revêt maintenant un corsage
de crêpe couleur framboise, d'une simplicité et par là même
d'une élégance raffinée quand, dans le miroir, se substituant
curieusement à son reflet, l'image encore floue d'une jeune
fille aux longs cheveux bruns en robe de coton framboise,
courant à perdre haleine, prend lentement forme. Elle entend
avec netteté une voix, désormais éteinte, lui crier :

« Où courez-vous si vite, mademoiselle l'institutrice ?

— J'essaie de rattraper une élève qui fait l'école buisson-
nière, monsieur Bourgnolle ! »

Elle courait aussi vers le bonheur, cette toute jeune fille
que lui renvoie la glace de sa commode...

1

Amélie Rouvière avait mille raisons d'aimer la vie, plus trois ! Elle allait épouser l'homme qui avait ravi son cœur à leur première rencontre, elle était confirmée dans son poste d'institutrice de l'école de filles à Larbousse et elle avait réglé définitivement – du moins le supposait-elle – ses comptes avec ceux qui, dans le bourg, prenaient ombrage des méthodes innovantes de cette charmante et non moins opiniâtre hussarde de la République.

Elle avait réussi, en une année, à mettre tout Larbousse dans sa poche, jusqu'à Séraphine Masméjean, la belle-mère de son futur époux, qui, après avoir été l'ennemie jurée de la maîtresse de cette école sans Dieu, s'invitait à tout propos dans la classe d'Amélie :

« Mademoiselle Amélie ! Hou hou, mademoiselle Amélie ! Je vous apporte des livres pour votre bibliothèque...

— C'est très gentil à vous, madame Masméjean, mais il ne fallait pas vous donner cette peine. Il suffisait de me les faire parvenir par le biais de Zélie... ou bien de Guillaume. »

Une autre fois, c'étaient des fleurs, les premières pivoines de son jardin, qu'elle tendait à bout de bras, sûre de son effet.

« C'est trop gentil, madame Masméjean ; il ne fallait pas… » remerciait platement la maîtresse, peu encline à entamer une conversation.

Mais la veuve s'incrustait, prenait des airs béats et avouait :

« Je me plais dans votre classe à humer l'odeur de craie et d'encre violette. »

« Et moi, il me plairait que vous n'interrompiez pas mes leçons ! » se disait Amélie en masquant son irritation derrière un sourire de circonstance.

La mère de Zélie n'avait pas été facile à apprivoiser, il ne fallait pas heurter sa sensibilité de bigote au tempérament ombrageux.

En ce matin de juillet 1893, c'est encore le reconnaissable bruissement velouteux d'une ample jupe noire qui fit irruption dans la cour de l'école, au beau milieu des répétitions de la fête de fin d'année. L'allure décidée de Séraphine Masméjean mit Amélie en émoi.

— Vous ici, à cette heure, madame Masméjean ? Il n'est rien arrivé de fâcheux à Guillaume ?

— Guillaume ? Qu'allez-vous penser là ! Il se porte comme le pont Neuf, jusqu'à épuiser son arpète, ce pauvre Marcélou. Tenez, le grand-père est venu me parler en douce.

Devant l'air ahuri et quelque peu agacé de l'institutrice, madame Masméjean fit l'offusquée :

— Comment ? Vous ne connaissez pas le vieux Dumas, le papé de Marcélou ?

— Il se peut que je le connaisse. Pour autant, les soucis de ce monsieur, peut-être légitimes, ne sont pas à exposer sur la place publique, encore moins dans une cour d'école.

Le ton avait involontairement dérapé, il n'était plus celui de la courtoisie forcée. Amélie en prit conscience :

— Je vous prie de m'excuser, madame Masméjean, mais nous avons tellement de retard dans nos répétitions pour la fête de l'école… Nous reparlerons de ce monsieur Dumas un autre jour, voulez-vous ?

— Ne vous excusez pas, chère Amélie. D'autant que vous avez raison : nous n'avons que faire du vieux Dumas, je venais vous annoncer mon prochain départ !

Son départ ? Malgré la chaleur de ce matin précurseur d'un été torride, Amélie sentit un filet glacé couler le long de son dos. Qu'avait donc inventé Séraphine Masméjean pour remettre en cause une situation qui convenait aux deux parties ?

Ce n'était pas sans réticence qu'Amélie s'apprêtait à vivre, une fois mariée à Guillaume, sous le même toit que cette femme déroutante, depuis plus de quinze ans maîtresse incontestée de La Tourette.

La Tourette. Le hameau dans le creux d'une combe verdoyante, enclave bénie des dieux de la commune de Larbousse, ne comportait pas plus de quatre maisons en plus de celle, cossue, trapue, faite pour traverser les siècles, de la famille Masméjean.

De quoi effrayer la toute jeune Amélie. Or, avant même qu'elle ne s'en ouvrît à lui en toute franchise, Guillaume avait été à la fois clair et rassurant quant à leur installation au hameau de La Tourette. Il n'avait pas le droit, lui avait-il avoué, encore moins la volonté, de signifier son départ à la seconde épouse de son père, ni à Zélie, sa demi-sœur, née de cette tardive union.

— Vous me comprenez, dites, mon adorée ? C'est un devoir moral, une promesse faite à mon père mourant et que j'assumerai sans faillir. Pour autant, je ne vous imposerai pas longtemps cette inconfortable cohabitation.

— Comment cela, Guillaume ?

— Parce que je vais nous construire un nid d'amour au-dessus de l'atelier. Un plancher, une belle toiture comme j'aime les faire, une grande cheminée dans une vaste pièce à vivre et autant de chambres que d'enfants si vous voulez bien m'en donner.

— Autant que vous en voudrez, mon chéri ! Mais pas tout de suite, je n'ai pas encore vingt ans !

— Moi, j'en ai vingt-huit, et j'ai hâte de me pencher sur un berceau habillé de bleu... ou de rose !

Guillaume, c'était son coup de foudre... ou son coup de mistral ! En tout état de cause, son coup de cœur ! Elle qui prenait la fuite aux regards un peu appuyés d'un garçon, qui s'offusquait de l'empressement des jeunes hommes à lui faire la cour, elle dont les pensées naviguaient entre son école et sa famille, la voilà prise au piège délicieux de l'amour quand il est partagé, au point de s'apprêter, six mois seulement après leur rencontre, à convoler au bel été finissant.

— Il faut fixer une date. Que diriez-vous du 16 septembre, belle ravisseuse de mon cœur ? J'aurai alors fini mon travail chez le châtelain de Castelbouc.

— Et moi, il me restera du temps, après la noce, pour préparer ma classe et rendre accueillante cette conciergerie qui n'a d'école que la fonction qu'on lui a dévolue.

Après leur amour réciproque, qu'ils s'étaient avoué au soir de leur deuxième rencontre, avait été évoqué leur métier, pour lequel ils éprouvaient chacun une sorte de passion mêlée de tendresse et avec lequel il faudrait composer. Avide de situations sans ambiguïté – un trait de caractère qui convenait parfaitement à la franchise d'Amélie –, Guillaume n'hésita pas à revenir sur le sujet.

— Les chantiers de charpentes, à bâtir ou à rénover, ne sont pas toujours à ma porte. Je devrai m'absenter, parfois pour plusieurs jours. Vous ne m'en aimerez pas moins, adorable Amélie, de vous abandonner quelques nuits ?

— Nos retrouvailles n'en seront que plus délicieuses ! répliqua-t-elle avec spontanéité, rougissant aussitôt de l'interprétation que pourrait en faire Guillaume.

Certes, depuis leur premier et fougueux baiser, leurs sens s'étaient éveillés, enflammés, les avaient transportés, et, sans dépasser les limites qu'autorisait ce siècle puritain, ils leur avaient laissé entrevoir une infinie palette de délices qu'ils avaient hâte de découvrir.

— Elles le seront chaque soir, ma chérie, et plus encore à chacun de mes retours, murmura le charpentier en baisotant les joues empourprées de l'institutrice qui se déroba, telle une anguille, aux bras musculeux de son amoureux pour planter ses doux yeux de myope dans son regard d'azur et lui asséner à son tour les contraintes de son sacerdoce :

— Le plus clair de la journée, je le passerai à la conciergerie, mais ne croyez pas, pour autant, que ma fonction s'arrête là, lui dit-elle avec l'air le plus sérieux du monde. Les devoirs à corriger, le travail du lendemain à préparer, et tout cela pour les différents niveaux, cours préparatoire, élémentaire, moyen, et les grandes du certificat.

— Je sais cela, ma toute belle, et la conscience professionnelle qui vous anime.

— Mieux que ça, Guillaume ! J'aime enseigner. Ah, j'oubliais ! Il y aura aussi les petites fêtes que j'ai plaisir à organiser et qui dévorent ponctuellement mon temps libre. Noël, la fête de fin d'année...

— Et moi, les réunions en mairie, j'y pense ! Vous pouvez croire que je la défends, votre école, envers et contre tous ceux qui ne pensent que ruisseaux, empierrement des chemins et mesquineries de voisinage !

Un fol éclat de rire, amusé et complice, les avait jetés dans les bras l'un de l'autre. Ah, les petites bassesses des habitants de Larbousse, toujours l'œil et l'oreille à l'affût derrière un rideau ! L'un et l'autre en avaient fait les frais... comme tout un chacun d'ailleurs dans ce village scindé, depuis des siècles, en deux camps : celui des catholiques et celui des protestants.

Mais là, Amélie ne riait plus, décontenancée par la décision qu'avait prise Séraphine Masméjean. Un départ en forme de fuite qui ressemblerait à une mise en demeure de vider les lieux et que ne manqueraient pas de commenter, offusqués, les défenseurs de la veuve et de l'orphelin !

— Partir ? Pour où ? Et comment ?

— Rien n'est fait en ce sens, j'attends des propositions...

Séraphine se plaisait à faire la mystérieuse. Amélie perçut un éclair de jubilation dans son regard ; aussi lui ouvrit-elle le portillon de la cour en la priant de rentrer à La Tourette.

— Il est impossible de discuter dans ce chahut, prétexta-t-elle alors que les élèves observaient un silence respectueux. Le mieux est que vous en parliez ce soir avec Guillaume.

— C'est de vous, justement, que j'espérais un avis, insista la veuve. Il y va de l'avenir de Zélie…

Partir avec Zélie ? Bien sûr, c'était logique. Pourtant, Amélie refusait cette perspective. Les liens entre Zélie et Guillaume étaient si forts ! Non, ce ne pouvait être. Elle aussi avait enfin gagné la confiance de cette jeune adepte de l'école buissonnière, bien vite jugulée par l'énergique mademoiselle Rouvière.

— Nous en parlerons… ce soir. Non, demain, j'aurai plus de temps pour venir jusqu'à La Tourette, c'est promis.

Le cyclone semeur de troubles déclenché par la veuve Masméjean se révéla n'être en fait qu'une tempête au fond d'un verre d'eau.

— Je m'interrogeais, voyez-vous, sur le bien-fondé de solliciter un poste d'enseignante à l'institut Sainte-Cécile de Rodez, où je fis mes premières armes. Mais, renseignements pris, ce n'est plus à l'ordre du jour, les religieuses ayant fermé l'institut depuis plusieurs années, s'expliqua Séraphine que son effet rendait toute guillerette.

— Enfin, madame, quelle idée vous a pris ? Vous aurais-je signifié un congé ? L'idée ne m'a jamais effleuré, moi qui m'évertue au contraire à ce que notre futur ménage ne dérange en rien vos habitudes. J'entends déjà les bonnes âmes de Larbousse crier à l'ingratitude et prendre…

— Vous, mon beau-fils, prêter l'oreille aux ragots ? Vous me surprenez !

— Les ragots m'importent peu et vous le savez bien. L'avenir de ma sœur est au centre du problème.

Le courroux à peine contenu de Guillaume était palpable et le regard d'Amélie se posait sur lui avec amour tandis qu'elle décochait quelques œillades discrètes à l'inconsciente Séraphine. Aussi brutalement qu'elle avait mis le feu aux poudres, celle-ci éteignit l'incendie, d'un air qui se voulait le plus naturel du monde.

— A quoi bon ressasser tout cela puisque ça ne se fera pas ? L'incident est clos. Parlons plutôt de votre mariage. Voulez-vous que nous fassions le repas des noces à La Tourette, ma chère Amélie ?

Amélie grimaça une excuse, elle n'avait plus la tête à réfléchir sur un menu de mariage, toute chiffonnée par les intentions de sa future belle-mère. Etaient-ce d'ailleurs des intentions réelles, ou bien Séraphine prenait-elle plaisir à semer le désordre dans une organisation que Guillaume, méthodique et soucieux du bien-être de tous, voulait harmonieuse ?

Les agapes des noces d'Amélie et Guillaume n'eurent pas lieu à La Tourette mais au Pontet, dans la maison forestière de la famille Rouvière, sur les lieux mêmes où la jeune fille avait poussé son premier cri.

Ruben Rouvière, le père d'Amélie, garde forestier de son état, avait été mis à la retraite anticipée après qu'un grave accident, en forêt, lui avait coûté une jambe. Veuf depuis de nombreuses années, il n'eut pas, cependant, à quitter sa maison forestière, son fils Eloi lui succédant dans la fonction et dans la maison. Il y coulait une vieillesse paisible, entouré des soins de sa belle-fille Yvonie, initiée par son époux aux valeurs familiales. Cette dernière s'empressa de se poser en hôtesse de cet heureux événement.

— Les noces se font chez la fille et ici, c'est un peu chez toi, Amélie, dit-elle en toute simplicité. C'est mieux aussi pour ton père, vu ses difficultés à se déplacer.

Sensible à la proposition de sa belle-sœur, Amélie remercia avec chaleur et promit d'en faire part à Guillaume.

— Il ne sera pas d'accord ? s'alarma Yvonie, déjà toute déconfite.

— Au contraire, belle-sœur ! la rassura Amélie. Tout comme moi, il appréciera ta proposition à sa vraie valeur. Nous établirons ensemble le menu et la veille je t'aiderai à le préparer. Guillaume aussi viendra prêter main-forte à mon frère pour installer la table sur la terrasse et apporter des chaises en suffisance.

Cela faisait partie des félicités dont Amélie se disait qu'elles resteraient à jamais dans sa mémoire, liées à cette union qui serait le point d'orgue de sa jeune vie. L'idée lui était venue peu de temps après les ailes grises du nuage que Séraphine Masméjean avait fait planer sur leur bonheur tout neuf.

« C'est ainsi, et je m'y tiendrai : tout me sera joie, tout me sera délice, pour toujours gravé dans mon cœur. Il n'est pas vain de donner la plus grande place à de tout petits riens ; ils sont si bons à évoquer pendant les heures sombres. »

Il y avait, derrière cette réflexion d'une belle sagesse, un passé qui, pour être court, en témoignait ; l'existence d'Amélie, dix-neuf ans à l'automne, n'en avait pas manqué, de ces accidents de la vie, propres à forger ce caractère de battante qui était une de ses criantes qualités. Orpheline de mère à l'âge de huit ans, cinquième enfant d'une fratrie de sept trop tôt confiée à la sœur aînée, placée dans une filature à treize ans en dépit de ses aptitudes scolaires, il fallait qu'une volonté formidable l'animât pour qu'elle mène de front son travail de fileuse et ses études au point d'entrer, à seize ans, à l'Ecole normale des institutrices de Nîmes. A l'issue des trois années d'études sérieuses et passionnées, la vie enfin lui avait souri dans ce petit village du bout du monde qu'était Larbousse. Des amis précieux comme monsieur le maire et madame Bourgnolle son épouse, et puis l'amour sous la forme d'un géant blond au regard de ciel bleu ou de mer agitée.

«Tout, oui, tout me sera bonheur désormais!»

Et, comme pour lui donner raison, cela avait commencé par sa robe, pour laquelle Juliette Bourgnolle jurait de conjuguer son talent et son cœur afin de lui coudre une belle toilette.

— Toujours aussi modeste, mademoiselle Amélie! fit-elle remarquer en étalant sur sa table de travail la pièce de crêpe Georgette d'un blanc un peu meringué. Mais connaisseuse en matière de beau tissu, ajouta-t-elle, appréciant la fluidité de l'étoffe qu'elle aurait plaisir à travailler. Et lourde, avec ça! Votre robe aura un beau plombé.

— C'est surtout qu'elle sera mettable en d'autres circonstances. Il suffira alors d'ajouter un col de couleur, de la ceinturer de même, ou de la compléter d'un boléro à la chaude teinte mordorée, que sais-je…

— Ah ça, mademoiselle Amélie! Vous ne manquez pas de bonnes idées.

— Et vous, madame Juliette, d'une grande patience avec moi. Au fait, à quand le premier essayage ? Vous avez bien pris toutes les mesures ?

— Eh oui, petite ! *Té*, je vous connais tellement que je pourrais me passer d'essayage !

— Tout de même ! insista Amélie.

— Bon, eh bien on en fera un au début de septembre. Et ne vous tracassez pas, tout sera prêt à temps !

Toute à sa joie des préparatifs pour l'heureux jour, la jeune fille ne remarqua pas l'excitation que Juliette Bourgnolle refrénait avec peine.

« La brave femme, se dit-elle, ce n'est pas tous les jours qu'elle coud une robe de mariée ! Encore ignore-t-elle que son époux et elle feront partie de la noce. J'ai bien failli cracher le morceau, mais nous sommes convenus avec Guillaume d'aller ensemble les convier. »

Ils avaient tant de sujets à évoquer, les deux tourtereaux ! La liste des invités, le costume du *novi*, la robe de la mariée…

— Est-ce un grand mystère que celui de votre toilette, future petite madame ? demanda Guillaume, taquin.

— Eh oui, cher monsieur ! Toutefois, je peux satisfaire un brin de votre curiosité en vous annonçant qu'elle sera blanche… enfin crème. Plus précisément ivoire. Je ne dirai plus rien.

— Hum ! Ivoire ! répéta Guillaume en fermant les yeux. J'imagine une fine génoise nappée de délicieuse crème que j'aurai hâte de dévorer. Tu te laisseras croquer, dis, ma belle amoureuse ?

Tutoyer sa future épouse lui était venu naturellement, comme la réponse qu'elle lui servit, coquine :

— Crois-tu que je résisterai à mon beau croquemitaine dans son costume de velours marron ?

Ah mon Dieu qu'il l'aimait ! Qu'il la voulait heureuse chaque jour de sa vie ! L'idée germa en son esprit, plus vite que l'éclair. Sa réalisation lui prit une demi-journée : rapporter d'Anduze une volumineuse pièce de satin duchesse du même ton ivoire qu'elle s'était choisi, y ajouter plusieurs mètres de tulle pour nimber sa belle d'un voile vaporeux et poser le tout dans les mains d'une Juliette Bourgnolle éberluée, en disant :

— Chut, madame Bourgnolle, utilisez ceci à la place du tissu qu'Amélie vous a apporté, ce sera notre secret !

— Oh là là, monsieur Guillaume, vous prenez des risques avec notre demoiselle !

— Je sais, ma bonne Juliette, mais rien n'est trop beau pour la femme que j'aime ; je sais qu'elle ne m'en tiendra pas rigueur.

Il fut totalement rassuré quand, au retour du fameux et unique essayage, Amélie courut à La Tourette et se jeta dans ses bras.

— C'est... c'est incroyable, Guillaume ! C'est tellement beau. Je... je n'aurais jamais osé rêver si haut, si beau, si élégant. Quelle journée inoubliable nous allons vivre ! Je t'aime et suis si pleinement heureuse que cela me fait peur.

— Peur du bonheur ? C'est bien une réflexion de femme, et de femme savante ! plaisanta le charpentier en caressant les longs cheveux d'Amélie, dérangés par sa course folle.

Ce fut en effet une journée inoubliable, et pas seulement pour les jeunes mariés, mais aussi pour leur entourage et pour tout un village qui se pressait à la sortie de la mairie, emboîtant le pas à la noce pour ne rien manquer de la cérémonie religieuse. C'est simple, l'église qui n'affichait de son style roman que son porche et ses soubassements tant elle avait subi les outrages des guerres de religion, l'église donc n'offrait pas assez de places assises ; si bien que le fond et les bas-côtés étaient occupés de gens debout, sentinelles faisant leur le bonheur des autres.

Une ribambelle d'enfants sages, les jeunes neveux et nièces de la mariée, précédait Amélie donnant le bras à son frère Eloi, honoré de remplacer leur père, vieil homme claudiquant sur une jambe unique, qui ne quittait plus la maison du Pontet.

Tout auréolée de grâces enfantines, Amélie avançait d'un pas léger vers l'autel.

— Tu es sur ton nuage, petite sœur, lui murmura Eloi. Reviens parmi nous...

— C'est un peu ça, lui répondit-elle, la voix alanguie et le regard chaviré.

Derrière eux, calquant leur pas sur le rythme imposé par Eloi, avançaient de front Zélie, René et Samuelle, les deux derniers rejetons de la tribu Rouvière, et Marcélou – un demi-siècle à eux quatre –, tout imprégnés de leur rôle de garçons et demoiselles d'honneur à un point de gravité tellement opposé à leur pétulance naturelle. Le choix du jeune frère d'Amélie s'était imposé spontanément à la jeune fille en même temps que celui de son arpète à Guillaume ; quant aux filles, petites sœurs de l'une et de l'autre, pas question d'en laisser une sur la touche, mais plutôt de faire deux heureuses.

27

Le reste du cortège suivait à la va comme je te pousse. Les trois sœurs d'Amélie et leurs conjoints entouraient Yvonie, monsieur et madame Bourgnolle, l'un congestionné par une cravate serrée sous le menton, l'autre pestant contre des chaussures Richelieu qui, disait-elle, lui *escagassaient les artelhs*[1], et, fermant la marche avec toute la solennité qui seyait à la fonction et qui, de plus, était sa seconde nature, Séraphine Masméjean, accrochée au bras de son beau-fils.

— Il me souvient du jour où j'épousai votre père, murmura-t-elle d'un ton pleurnichard en écrasant une fausse larme de ses gants en guipure. C'était un si beau jour !

« Pour vous peut-être, pensa Guillaume, pas pour moi ! »

Il se tut cependant, le bonheur rendant bon prince. Il ne doutait pas d'avancer vers la lumière, celle dont Amélie irradiait, vers une éternelle félicité, celle dont elle serait l'ardente prêtresse, vers un idéal de vie, celui dont il devinait que sa jeune épouse jouerait le rôle de la magicienne ordonnatrice.

Et tout en marchant, il faisait fi des regards de toutes ces filles à marier qui avaient eu, en vain, pour leur Campeador les yeux langoureux de Chimène.

« Un beau parti ! » chuchotait-on à Larbousse et ailleurs aux oreilles de ces rosières.

Mais nulle œillade habilement coulée ne l'avait atteint jusqu'à ce qu'il succombe aux charmes délicieux de mademoiselle l'institutrice, à ses doux yeux de velours agrandis par ses lunettes rondes, à sa vivacité

---

1. Occitan : écrasaient les orteils.

innée, à la bienveillance naturelle qui émanait de toute sa jolie personne.

Elle lui apparut ainsi, seule au pied de l'autel, devant les deux fauteuils cramoisis tournant le dos à la nef. Sa robe, faite de cette soie qui lui avait mobilisé tant d'énergie, semblait vouloir obtenir son pardon et donnait à son corps de jouvencelle des allures de princesse de conte de fées. Son visage, à peine ombré du voile arachnéen, refusant la gravité permise, irradiait de joie.

Ce n'était pas par hasard, elle l'avait voulu ainsi. Elle avait eu toute la nuit précédente pour pleurer sur le souvenir de sa maman trop tôt partie, qui lui avait tant manqué durant son enfance, qui lui manquait de façon encore plus poignante au jour de son mariage, qui lui manquerait à tous les moments heureux ou malheureux de sa vie.

Mais cette douleur si intime faisait totalement partie d'elle-même, au point de n'avoir aucun réconfort à la partager, comme cela avait été le cas le jour de sa communion où, au sortir de la messe, toute la famille en pleurs était allée se recueillir sur la tombe d'Hermine Rouvière.

Amélie ne voulait plus de cela ; sa douleur aussi intense qu'au premier jour, elle ne l'imposerait à personne, surtout pas à son cher Guillaume qui avait connu, lui aussi, le malheur de perdre ses parents. Alors elle souriait en lui tendant une main gantée et en l'enrobant d'un regard plein d'un infini amour.

Rien ne manqua à cette cérémonie pour laquelle le curé de Saint-Etienne-Vallée-Française n'avait pas mégoté ; ni les orgues un peu capricieuses qui exhalèrent quelques faux soupirs, ni les lectures sacrées, édifiantes pour les unes, quelque peu désuètes pour d'autres à l'approche d'un XXe siècle gage de paix et de liberté :

— De l'épître aux Ephésiens, clama le prêtre de sa chaire en suspension. « Femmes, soyez soumises à vos maris comme au Seigneur, car le mari est le chef de la femme comme le Seigneur est le chef de l'Eglise. »

A quoi Amélie et Guillaume échangèrent un regard malicieux et complice.

Une franche hilarité saisit l'assemblée quand Georget, le fils d'Eloi, et sa comparse, la fille de Blandine, chargés de la quête, tirèrent à tu et à toi le panier d'osier qu'ils devaient porter à deux jusqu'à ce que l'un cédât – la fillette évidemment –, non sans verser de grosses larmes de dépit.

D'autres larmes, dérobées aux regards, accompagnaient la cérémonie qui mettait un point final à un joli rêve avorté. Appuyé à un pilier s'élançant vers la voûte, sanglé dans sa lévite noire, Joseph Mazal regardait, à travers un brouillard incontrôlable, s'envoler ses derniers espoirs. L'instituteur de l'école des garçons de Saint-Roman n'avait pu s'empêcher de venir boire son calice jusqu'à la lie, et Dieu qu'elle était amère !

Néanmoins, quand la jeune femme radieuse, qu'il perdait à jamais, descendit la nef au bras de son charpentier, il se prit à murmurer :

— Je vous souhaite tout le bonheur du monde, chère, très chère Amélie Rouvière. Et je vous aimerai toujours.

Comme des portes ouvertes sur le bonheur, celles de l'église de Saint-Etienne béaient sur le parvis inondé de soleil. Au moment où les nouveaux mariés les franchirent, une haie d'honneur se forma et une douzaine de fileuses brandirent des branches de bruyère auxquelles s'agrippaient des cocons blancs. Un clin d'œil au court mais inoubliable passé de la toute nouvelle madame Masméjean qui, de sa main gantée, envoyait des milliers de baisers.

Guillaume la saisit au vol, la porta à ses lèvres tandis qu'elles lui murmuraient :

— Notre vie commence, Amélie !

2

Pour une fois, Zélie était la plus rapide. Elle gravissait, debout sur ses pédales, le raidillon bordé de halliers piaillants qui menait, depuis le hameau de La Tourette posé sur sa clairière sertie dans le vert des bois de mélèzes touffus la cernant, à une voie nettement plus carrossable.

De là, il suffisait alors de se laisser glisser, quoique avec prudence, dans la vallée riante où s'étalait le village de Larbousse, un bourg tout en longueur.

L'adolescente jetait de brefs coups d'œil par-dessus son épaule, étonnée qu'Amélie peinât autant dans la côte familière, elle qui avait le mollet énergique.

— Faites comme moi, Amélie ! lui cria-t-elle sans relâcher la cadence. Pédalez en danseuse !

Madame l'institutrice faisait de la bicyclette ! En avaient-ils frémi de curiosité les rideaux des fenêtres de Larbousse ! D'abord furtifs, ils ne s'étaient soulevés que d'un coin ; puis, asticotés par des mains curieuses d'en dévoiler beaucoup plus, ils avaient glissé sur leur tringle jusqu'à n'être que chiffons froissés ; alors, les réflexions avaient fusé, chuchotées d'abord de bouche à oreille, puis lancées d'un côté à l'autre de la rue ou de la place, avec les mains en porte-voix.

— Vous avez vu ce que j'ai vu ?

— M'en parlez pas, ma pauvre ! J'en suis toute retournée.

— Pour sûr, c'est pas commun de voir une maîtresse d'école sur ces engins du diable.

— Le diable. Le diable. Comme vous y allez ! Après tout, c'est un moyen de locomotion comme un autre. Il faut vivre avec son temps.

— Et remonter ses jupes pour pédaler, y a pas des diableries là-dessous ? *Té*, je préfère ne pas voir ça.

Encore n'avaient-elles vu, ces bonnes âmes aux langues affutées, que l'honorable résultat. Que n'auraient-elles dit si elles avaient assisté à l'apprentissage !

Il n'avait pas fallu longtemps, au jeune couple installé à La Tourette, pour réaliser qu'Amélie perdait un temps fou à faire le trajet de son nouveau domicile à l'école. Les jours d'automne, de plus en plus courts, les amenèrent à réfléchir à une solution pratique.

— Que dirais-tu, ma chérie, d'une petite jardinière et d'un mulet docile ?

— Interroge-toi surtout, mon Guillaume, sur ce que diraient les gens de Larbousse. La maîtresse roulant carrosse, il y aurait de quoi alimenter les longues soirées d'hiver. Si tu m'apprenais plutôt à monter à bicyclette ? On demanderait à Marcélou de nous prêter la sienne et, si je me débrouille bien, je pourrais faire l'acquisition d'un vélo de femme... si ce n'est pas trop cher. A Anduze ou Saint-Jean-du-Gard, j'en trouverai bien un d'occasion. Quand commençons-nous ?

— Tout de suite, j'ai hâte de voir ça ! se réjouit Guillaume.

Et aussitôt il alla chercher le vélo de son apprenti, qui ouvrit de grands yeux affolés.

— Madame Amélie veut faire du vélo ? Oh *peuchère*, et si elle tombe !

— Et pourquoi tomberait-elle, dis, oiseau de mauvais augure ? On voit bien que tu ne connais pas mon intrépide épouse ; c'est simple : elle réussit tout ce qu'elle entreprend !

— Quand même… ronchonna Marcélou, aussi inquiet pour la femme de son patron que pour sa bicyclette, offerte par son généreux papé.

Le brave Dumas ne manquait pas une occasion d'affirmer « se saigner aux quatre veines » pour ce petit-fils en passe de devenir un bon charpentier.

Guillaume Masméjean lisait dans son arpète comme dans un livre ouvert, il s'empressa de le rassurer :

— T'inquiète, Marcélou ! Toi tu tiens à ta bicyclette, et moi je tiens à ma femme. On va commencer dans le pré qui longe le Cascadet, l'herbe y est drue et rase, elle amortira les éventuelles chutes.

Des chutes, il y en eut de spectaculaires qui auraient alimenté les cancans de Larbousse et dont Amélie garderait le souvenir comme d'une parenthèse insouciante et heureuse. Envolées de jupes brunes et de jupons à volants, expositions involontaires de mollets que la jeune femme massait en riant, bas déchirés et chevilles tordues, et puis un jour, un départ fulgurant sur le chemin caillouteux, madame l'institutrice maîtrisait cet engin au point qu'on ne pouvait l'arrêter.

— Reviens, Amélie ! Fais demi-tour !

— Je vais jusqu'à Larbousse ! répondit-elle joyeusement. Tu me diras, au retour, le temps qu'a duré le trajet !

Outre le regard noir de Marcélou joint à celui, hilare et fier, de Guillaume, il en était un autre qui, après s'être gaussé des essais maladroits de la jeune femme, l'accompagnait avec envie. C'était celui de Zélie, qui vint essayer ses armes d'adolescente charmeuse sur l'apprenti, d'avance pris dans ses filets.

— Moi aussi, ça me plairait de faire du vélo. Vous me le prêterez, Marcélou, pour m'exercer à mon tour ?

Sans l'ombre d'une hésitation, l'apprenti confirma :

— Bien sûr, mademoiselle Zélie, et si vous le permettez, je vous maintiendrai en équilibre par la selle. C'est ainsi qu'on procède au début.

— Je sais, je sais. Mais je préfère que mon frère me guide. Tu m'aideras, hein, Guillaume ?

— Comme si je n'avais que ça à faire ! bougonna le charpentier.

— Dis oui ! Tu l'as bien fait pour Amélie...

Ah, la petite jalouse ! Loin de l'inquiéter, cette pointe de dépit naïvement avoué le fit sourire avec indulgence.

— Demain, quand tu auras terminé tes devoirs et que j'aurai achevé mon ouvrage, pendant que Marcélou met de l'ordre dans l'atelier.

La demoiselle était plus fofolle, la patience de Guillaume plus limitée... et les yeux de Marcélou plus grands que des soucoupes à lorgner, depuis le seuil du hangar, les gamelles gentiment indécentes de la jeune Zélie. Il n'avait plus aucune pensée pour sa malheureuse bicyclette.

Il la récupéra enfin, en bon état, quand Amélie et Zélie trouvèrent au pied du sapin de Noël le même petit mot dans leur chaussure :

Un cadeau vous attend sous le hangar, il n'a pas pu passer par la cheminée.

Deux bicyclettes attendaient les nouvelles adeptes de la « petite reine ».

Les yeux d'Amélie s'embuaient de gratitude, ceux de Zélie affichaient un insolent triomphe.

— Une « Hirondelle », c'est ce que je voulais !

— Mais c'est bien trop beau pour moi ! s'exclama Amélie.

Elle était sincère dans ce refus et presque incrédule, elle qui n'avait jamais eu que les jupons rafistolés de ses sœurs, que leur cartable élimé jusqu'à bâiller des coutures, de même pour les galoches usées jusqu'à la corde. Sans parler des livres du cours complémentaire souillés de mille mains mais néanmoins gracieusement prêtés par madame la directrice accompagnés d'un « Prenez-en soin » condescendant.

— Je me serais contentée d'une bicyclette d'occasion, avoua-t-elle, sincère, en levant ses yeux embués et brillants d'amour vers son époux.

— Vous n'y songez pas, Amélie ! se récria Séraphine Masméjean, approuvée par la jeune Zélie. Ces « Hirondelles » des Etablissements Manufrance ont fait leurs preuves et je n'en aurais pas voulu une autre pour ma fille !

— Moi non plus ! renchérit la gamine en enfourchant gaiement l'engin en tout point identique à celui d'Amélie.

— Permettez-moi, mesdames, une petite mise au point, même si je dois décevoir certaines d'entre vous. Seules les sacoches que j'ai choisies différentes, noires pour Amélie et rouges pour Zélie, sont neuves. Les bicyclettes, en fort mauvais état, je l'avoue, m'ont été pratiquement données par mon châtelain de Castelbouc dont la femme et la fille ne voulaient plus pédaler, son épouse ayant appris à piloter une voiture. Pour la remise en état, vous pouvez dire merci au papé de Marcélou.

Le visage épanoui d'Amélie offrait un contraste comique avec les mines boudeuses de Séraphine et de sa fille.

La jeune madame Masméjean ne manqua pas, à cette occasion comme en beaucoup d'autres par la suite, d'établir la comparaison entre son éducation d'enfant de famille nombreuse, et modeste de surcroît, et celle de cette demi-orpheline outrageusement gâtée par une mère excessive et un frère qui refusait de se montrer chiche.

Pour autant, Amélie ne se laissa pas assombrir par ce constat, il lui inspira seulement une pensée, une sorte de mise au point qu'elle aurait à faire un jour, au sujet de leur future progéniture :

« Cela ne se passera pas ainsi avec nos enfants, Guillaume. Je n'en veux point faire des éternels insatisfaits, encore moins de ces fils et filles à papa pleins de morgue comme j'ai eu l'occasion d'en croiser à l'Ecole normale. »

La journée, cependant, était à la réjouissance et ils applaudirent tous quatre aux talents culinaires indéniables – il fallait lui reconnaître cette qualité – de Séraphine Masméjean. L'après-midi prit un tour autrement plus humble, mais plus chaleureux au goût d'Amélie. Le jeune couple le passa au Pontet, où l'on s'échangea écharpes, gants, bonnets de laine patiemment tricotés pour les adultes, poupées de chiffon et pantins de bois pour les plus petits. La jeune institutrice s'était amusée à dessiner un alphabet illustré pour les plus grands de ses neveux et nièces.

— Quelle merveilleuse idée ! s'exclamèrent en chœur Blandine et Yvonie, les mamans les plus concernées. Si nous avions eu cela pour apprendre, que de coups de baguette aurions-nous évités !

A quoi, l'esprit en perpétuelle ébullition quand il s'agissait d'apprentissage, Amélie s'écria :

— Ça alors, mais vous me donnez une excellente idée, vous deux ! Je verrai comment l'exploiter avec mes grandes du certificat.

De son fauteuil, de plus en plus chenu et voué à une quasi-immobilité, Ruben Rouvière ne perdait rien des bavardages de ses enfants. Taciturne et secret depuis la mort prématurée de sa jeune épouse, qui avait perdu la vie en mettant au monde la petite Samuelle, il avait retrouvé le sourire grâce à ses nombreux petits-enfants. Deux chez Georgina, trois chez Eloi et autant pour Blandine, un prêt à naître que portait fièrement Elise.

La langue de Ruben, aussi vive que son œil, avait fait rougir de plaisir celle qu'on n'appelait plus « la sacrifiée », cruel surnom que lui avaient donné les gens du village, mélange de pitié et d'admiration pour celle qui avait dû refuser le mariage pour tenir la promesse de s'occuper de ses frères et sœurs :

— Ton ventre est *ponchut*[1] comme celui de ta pauvre mère quand elle portait Eloi.

— Oh, si vous pouviez dire vrai, père ! J'aimerais tant faire plaisir à Lucien ; pensez donc, trois filles de sa première épouse ; bien que nous les aimions

---

1. Occitan : en pointe.

tendrement, ça fait beaucoup de jupons au mas des Auriol. Des petites *bragas*[1] de gamin seraient les bienvenues.

Après avoir dit son sentiment à Elise, Ruben Rouvière s'était tu, comme il le faisait souvent, prétextant que la conversation avait eu raison de ses forces.

— C'est que j'ai plus de *setante*[2] ans, moi, avançait-il en guise d'excuse. *Setante* et cinq bien sonnés, même !

Ainsi, il resta coi jusqu'à la remarque d'Amélie visant ses élèves du certificat.

— Tes grandes… tes grandes… c'est pas le tout, ça, ma fille. Faudrait voir à nous faire des petits. Qu'en dites-vous, mon gendre ?

Interrogé abruptement, Guillaume perdit de son assurance coutumière et il se trémoussait sur sa chaise comme sur un gril quand Amélie vint à son secours :

— Papa, vous êtes bien impatient ! Nous venons tout juste de nous marier et notre appartement n'est pas terminé…

— C'est que j'ai plus de *sétante*… chevrota le vieillard en forçant le trait.

— Et vous vous portez comme le pont d'Anduze, pour notre plus grande joie ! Alors, un peu de patience, peut-être un cadeau à vos quatre-vingts printemps, plaisanta Amélie pour clore une discussion qui les mettait mal à l'aise.

Ruben Rouvière ferma les yeux afin qu'on ne les vît pas briller de jubilation. Heureusement que son épaisse moustache ombrait son sourire moqueur.

---

1. Occitan : culottes, pantalons.
2. Occitan : soixante-dix.

C'était un fait : madame l'institutrice roulait à bicyclette et, tout Larbousse dût-il s'en gausser, elle n'allait pas bouder son plaisir, qui se doublait d'un gain de temps appréciable.

Alors, les sceptiques pouvaient s'interroger sur les bienfaits du progrès, les opposants catégoriques jurer qu'on ne les verrait jamais sur un tel engin, Amélie Masméjean n'était pas prête à s'en séparer, ainsi qu'elle l'affirma un jour à madame Bourgnolle.

— Vous ne pouvez imaginer, ma bonne Juliette, combien on se sent libre sur un vélo, il semble même vous pousser des ailes dans le dos. Je crois que vous aimeriez cela.

— Moi ? *Eh bé*, je serais par terre avant de donner un tour de roues, je laisse ça à « ces dames de La Tourette », répondit la femme du maire avec malice.

— Comment ça, « ces dames de La Tourette » ? Vous vous moquez, madame Juliette ?

— Moi, non. Dieu m'en garde, mais d'autres s'en privent pas, *té* ! C'est que vous faites des envieux avec vos machines !

Le visage d'Amélie s'était assombri. Elle acceptait les critiques – et y trouvait réponse – de l'image qu'elle offrait de ces hussardes de la République aux méthodes innovantes pour la place prépondérante qu'elles donnaient à l'instruction ; mais elle refusait d'incarner une nantie snobant le petit peuple de Larbousse. S'élever dans une connaissance toujours inassouvie, oui ! Plastronner grâce à une ascension sociale, non !

— Ne me dites pas, Juliette, qu'on me prend pour une m'as-tu-vu ? Vous le savez, vous, que je ne suis pas une suffisante qui cherche à blesser avec sa bicyclette ?

— Ne vous mettez donc pas martel en tête, chère enfant ! Je vous vois toute chagrine alors que vous rayonniez tantôt... Allez, vous connaissez ceux de Larbousse : un clou chasse l'autre. Aujourd'hui, le clou est pour vous, demain... demain, qui le sait ?

Quelle bonne âme, cette Juliette ! Amélie se plaisait à penser que, des cieux, sa maman avait mis cette personne sur sa route pour suppléer à son absence. Dans le cœur de la jeune femme, sans qu'elle en prenne conscience, Hermine Rouvière et Juliette Bourgnolle s'étaient étroitement liées et veillaient sur elle.

Réconfortée par l'évocation maternelle, le matin et le soir, Amélie pédalait ; elle pédalait de son foyer à son école, d'un amour à l'autre, celui de son mari et celui de son métier. Et tout lui était bonheur, ainsi qu'elle en avait décidé.

Or, en ce matin de mars qui annonçait prématurément le printemps, après une nuit câline qui l'avait laissée pantelante, lovée dans les bras de Guillaume, Amélie manquait de cette énergie qui était l'essence même de sa vie.

« O mon Guillaume ! Quel fou tu fais ! Je vais arriver plus tard que mes élèves », constatait-elle en se laissant distancer par Zélie.

Loin de l'irriter, l'effet émollient de la nuit précédente l'enrobait d'une lassitude béate tandis que le film délicieux défilait devant ses yeux cillant au grand soleil. Son Guillaume avait voulu qu'elle vienne voir l'avancée des travaux de leur petit nid d'amour sur l'atelier surélevé d'un toit à quatre pentes, une merveille de technique en matière de charpente dans laquelle son époux excellait. Le plancher était posé, les cloisons montées délimitant les pièces au nombre de quatre. Dans l'une d'elles, que Guillaume lui précisa être leur future chambre, il n'avait pas résisté au désir de la prendre dans ses bras pour lui en faire franchir le seuil. Il l'avait embrassée avec fougue et elle avait répondu à ce baiser, toute frémissante de cœur et de corps. Un lit au mieux, un ballot de paille tout au plus, une bonne couverture au pire, aurait suffi à leur confort, mais il n'y avait rien de tout cela dans ces pièces qui faisaient écho au moindre son, exhalaient la puissante odeur du bois, les enveloppaient de la fraîcheur nocturne.

Alors, ils avaient couru à leur chambre, celle qu'avait toujours occupée Guillaume. Ils avaient fait voler leurs vêtements dans la pièce obscure et s'étaient aimés, se cherchant, se redécouvrant, se caressant, se donnant jusqu'à oublier tout ce qui n'était pas leurs corps fusionnants.

Emportée dans son rêve éveillé, Amélie ne vit pas le gros caillou qui bloqua sa roue avant et la fit pivoter au point de déstabiliser l'engin et sa passagère, laquelle lâcha le guidon et finit en pirouette dans le fossé herbeux.

Dans un réflexe coutumier, la jeune femme tâta son visage pour s'assurer de ses lunettes. Elles étaient bien là, et entières. Ouf ! Ensuite, elle entreprit de se relever et se surprit elle-même à attendre une main tendue.

Celle de Zélie ne se fit pas attendre. Elle avait entendu le cri involontaire d'Amélie et avait fait demi-tour.

— Mon Dieu, que vous êtes pâle ! Vous avez mal ?
Vos mains sont écorchées...

— Et aussi mes genoux ! constata Amélie en soule-
vant ses jupes et voyant les dégâts. Mon vélo n'a rien,
j'espère ?

Zélie releva la bicyclette de sa belle-sœur et constata :

— La chaîne a sauté... je ne vois rien d'autre.

— Tant mieux !

En un tournemain, Amélie replaça la chaîne sur les
dents du pédalier, remit de l'ordre dans ses vêtements,
rajusta son chapeau en velours fripé et remonta en selle,
bien décidée à s'ancrer dans un présent concret et non
dans ses songes voluptueux. Néanmoins, un état nau-
séeux avait pris la place de sa béatitude languide, contre
lequel elle lutta jusqu'à la conciergerie.

Quand elle en aperçut le toit, elle se sentit soulagée ;
l'horloge de l'église sonnant le quart de huit heures
ajouta à son soulagement : elle aurait quelques instants
pour se reprendre avant que ses élèves n'arrivent. Elle
confia à Zélie le soin d'ouvrir les volets de la fenêtre
et d'ôter celui de la porte tandis qu'elle craquait une
allumette dans le foyer du poêle en fonte préparé de
la veille.

Derrière le rideau de cretonne à carreaux qui séparait
la salle de classe de ce qui avait été son minuscule logement de fonction, elle nettoya les plaies de ses mains,
celles de ses genoux, et massait sa hanche douloureuse
quand Zélie cria de la salle :

— Je sonne la cloche, maîtresse ? Les filles arrivent.

La consigne était scrupuleusement respectée, celle
qu'Amélie avait établie entre elle et sa jeune belle-sœur ;

en classe, elle était pour toutes ses élèves la maîtresse ; ailleurs, Zélie pouvait l'appeler par son prénom.

— Non, non, j'y vais !

Amélie, d'une pâleur extrême, agitait la clochette et regardait le chemin sur lequel avançaient des fillettes par grappes. Soudain, le sentier ondula sous les galoches qui le martelaient comme un fer l'enclume. En même temps, la jeune femme plia les genoux et s'assit sur le sol de la cour alors que, par hoquets incoercibles, elle vidait son estomac chaviré.

— Madame ! Madame, ça ne va pas ?

Les filles, grandes et petites, entouraient la maîtresse hébétée. Sans ménagement, Zélie les écarta avec un ton supérieur :

— Laissez-la respirer, elle a fait une chute de vélo. Et mettez-vous en rang, la cloche a sonné.

La gamine tapait dans ses mains, jouait à la maîtresse, s'en accordait les prérogatives ; il fallait réagir. Ce que fit Amélie se redressant, s'ébrouant comme au sortir d'un mauvais rêve et, en même temps que le malaise s'estompait, se glissant avec fermeté et douceur dans son rôle.

— Merci, mesdemoiselles, de vous inquiéter pour moi. Merci à toi aussi, Zélie, pour ton aide. Tu peux reprendre ta place dans le rang.

La journée s'étira en longueur pour la jeune femme qui rêvait d'un bon lit et d'un sommeil réparateur. Elle se sentait faible, mais le travail de ses élèves ne s'en ressentit pas, ce dont elle était fière. Elle avait tenu sa classe avec le même rythme qu'imposaient les différents niveaux, la même sagacité à confondre les copieuses, la même pédagogie innée à démontrer une preuve de calcul ou expliquer une obscure règle grammaticale.

Sur le chemin du retour, revigorée par la brise légère qui caressait agréablement son visage après l'air confiné d'une salle de classe, Amélie exprima tout haut son sentiment :

— Sacrée journée ! Ce n'est pas trop tôt qu'elle soit terminée. Aussi, cela m'apprendra à être plus attentive aux pierres du chemin.

— Le mieux, c'est d'en parler à Guillaume. En tant que conseiller municipal, il pourra faire quelque chose...

— Et quoi encore, jeune fille ? interrogea Amélie, sans cesser de pédaler.

— Est-ce que je sais, moi ? Dépierrer, peut-être. Les cantonniers, c'est fait pour ça, après tout.

Satanée gamine, persuadée qu'il suffisait de claquer des doigts pour être servie ! Chaque jour apparaissait un de ces traits de caractère assurément forgés par une mère dépourvue de sens commun. Il n'était que de voir son outrance à féliciter sa fille pour une bonne note, une attitude de dévote à la messe, une obéissance servile et, à l'opposé, son refus de lui montrer de l'affection quand Zélie n'allait pas dans le sens qu'on attendait d'elle.

Amélie ne prit pas la peine de répondre à sa belle-sœur ; elle se dit simplement que Séraphine Masméjean se préparait de bons jours avec son impétueuse fille. Douze ans à peine et déjà bien exigeante de la vie ! L'avenir, hélas, se chargerait de lui donner raison.

Au fait de sa chute, Guillaume fut pour son épouse le plus prévenant des maris, transformant ses caresses en massages ; au lever comme au coucher, il faisait patte de velours dans leur chambre, soucieux de ne pas troubler son sommeil qu'elle avait inexplicablement profond et agité.

— Dernier jour de la semaine, soupira-t-elle d'aise le samedi matin en s'étirant.

C'était bien la première fois qu'elle tenait un tel discours.

Il était dit, décidément, que ce serait la semaine des contrariétés quand le facteur s'invita dans la classe, avec, à la main – et tout Larbousse avait dû voir le pli –, une lettre du rectorat qu'il remit, comme l'exigeait la missive, en main propre. Et il restait planté au milieu de la classe.

— Autre chose, monsieur Romieux ? s'enquit la maîtresse, un brin narquoise.

— Hein ? Quoi ? bredouilla-t-il. Non, rien d'autre, mais vous ne lisez pas votre lettre ?

Et voilà ! Ça, c'était tout Larbousse ! La maîtresse avait reçu une lettre du recteur, un mot qu'au demeurant on ne connaissait guère, mais que disait-elle, bon sang ?

— J'aurai tout mon temps, ce soir, après la classe. Au revoir, monsieur Romieux, et merci !

On a beau être une maîtresse pondérée, il arrive que la curiosité l'emporte et une lettre du rectorat ne pouvait être que source d'impatience… à laquelle Amélie céda, confiant sa classe à une grande du certif et se retirant derrière le rideau.

Elle en ressortit, les joues en feu, le souffle court, les mains tremblantes qui se crispaient sur la missive. Envolés son malaise récurrent, sa pâleur et ses cernes.

— Mesdemoiselles, annonça-t-elle en assurant sa voix. Nous aurons la visite de monsieur l'inspecteur dans le courant de la semaine précédant les vacances de Pâques. Dans trois semaines exactement.

— Hoooooooo !

L'exclamation collégiale était doublée de palpitations et de tremblements. Il fallait calmer le jeu.

— J'ai dit « l'inspecteur », pas un ogre, ni un loup-garou. Nous allons lui montrer, à ce monsieur de la ville, combien les demoiselles de Larbousse sont des élèves studieuses. Dès lundi, nous commencerons un programme de révisions afin que vous ne soyez pas prises au dépourvu.

Le lundi matin, personne n'entendit la cloche de l'école. Les fillettes trouvèrent porte close avec un mot accroché sur le volet : *Madame Masméjean souffrante sera absente jusqu'à vendredi.*

Pancarte superflue. Tout Larbousse savait déjà !

De violentes douleurs avaient sorti Amélie de son premier sommeil, particulièrement long à venir. Réveillé lui aussi, Guillaume s'étonna :

— Mais enfin, ma chérie, ce n'est pas un grand inspecteur qui fait peur à ma petite femme et lui cause pareil tourment ?

— Oh non, Guillaume ! Non, ce n'est pas ça…

Elle éclata en sanglots désespérés, mordant son drap et serrant la main de son mari.

— Mais alors, mon amour ?

— C'est notre enfant qui s'en va, notre tout petit bébé. Pardonne-moi, mon Guillaume.

— Te pardonner ? Mais de quoi ?

— D'avoir chuté à vélo et tué notre enfant.

Il lui ferma la bouche d'un baiser et la berça jusqu'à ce que le mal s'apaise et qu'une brindille d'amour s'étale en flaque rouge dans leur lit.

Amélie dormait enfin, vide de son enfant et de toute douleur physique. Guillaume la baisa au front.

— Dors, ma toute belle, dors. Demain, bientôt, un autre espoir nous sera donné. La vie continue, Amélie, souffla-t-il à son oreille.

3

Monsieur l'inspecteur ne se décidait pas à quitter la classe. On aurait dit qu'il prenait du plaisir à promener son regard sur les murs grossièrement blanchis mais ornés de dessins d'enfants, sur les bancs de bois mal équarris où se serraient les élèves studieuses, sur la bibliothèque si richement dotée. C'était bien la seule, de toutes les humbles bourgades qu'il venait d'inspecter, à offrir un tel choix de lecture.

Amélie, qui suivait son regard, ne fut pas surprise de la remarque qu'il lui adressa :

— Un fonds de livres impressionnant, madame Masméjean. Votre maire est un édile généreux... ou foncièrement attaché à l'instruction de ses jeunes administrées.

— Les deux, assurément, monsieur l'inspecteur, lui répondit Amélie. Encore que la majorité de ces livres viennent de dons généreux de la part de parents d'élèves, auxquels j'ajoute parfois ma modeste contribution.

— Je vois. Je vois.

Que voyait-il donc ? On pouvait se le demander. Sûrement pas, en tout cas, que l'heure tournait, qu'Amélie devait libérer ses élèves avant que le soir ne tombe et que la pluie déversée par le ciel depuis le matin n'ait transformé les chemins en bourbiers, les ponts en passerelles peu fiables.

Larbousse, bourg animé de cette vallée que l'on appelait Borgne parce qu'un seul de ses versants se gorgeait de soleil, l'autre se suffisant de ses derniers rayons rasant les bois de chênes et ceux de fayards, n'avait pas, pour accueillir un représentant de l'Education nationale, revêtu ses habits de fête. Le ciel pleurait sur la misère des gens comme Amélie pleurait la perte de son enfant.

L'inspecteur s'anima enfin :

— Renvoyez ces demoiselles à leurs foyers, madame Masméjean. J'ai encore à vous parler. Mes enfants, je vous félicite pour la tenue de vos cahiers.

Les musettes furent préparées sans bruit ; à un geste de leur maîtresse, les fillettes quittèrent leur banc et se mirent en rangs. Invitées à quitter la classe, elles le firent en ordre et en disant dans un bel ensemble :

— Au revoir, monsieur l'inspecteur. Au revoir, maîtresse.

— A demain, mesdemoiselles.

Loin de se dérober à la conversation souhaitée par l'inspecteur, Amélie l'engagea elle-même. Elle s'approcha de l'estrade sur laquelle il s'était installé et planta son regard dans le sien.

— Quelque chose vous a déplu dans ma façon d'enseigner, monsieur ?

— Qu'est-ce qui vous fait dire ça, chère petite madame ?

— Votre... votre insistance...

— Mon embarras serait un terme plus juste, madame. J'ai deux demandes à vous faire, l'une m'est dictée par le rectorat, l'autre est plus personnelle.

Sans répondre, Amélie s'assit au premier rang, posa les mains sur ses genoux et attendit.

— Nous ne sommes pas dans l'ignorance du dévouement de nos instituteurs et institutrices de nos campagnes. Nous exigeons beaucoup et accordons peu de moyens. Hélas, notre ministère demeure le parent pauvre de la République, que voulez-vous ! Et l'instruction à la portée de tous et de toutes est encore un vœu pieux. Aussi souhaitons-nous mettre en place, sur la base du volontariat, ce que nous appellerons des études surveillées à raison d'une heure après la classe.

Devant le mutisme d'Amélie, l'inspecteur hocha la tête. Encore une qui n'adhérait pas à cette innovation ? Ou qui refusait de travailler pour la gloire ?

— Un volontariat rémunéré, je précise. Non par l'Education nationale, trop pauvre, mais par les mairies… si elles sont consentantes. J'ai d'ailleurs rendez-vous avec votre maire à ce sujet… pour le cas où vous accepteriez cette charge supplémentaire.

— Qu'entendez-vous exactement, monsieur, par « études surveillées » ? S'agirait-il, en changeant l'ordre des mots, de surveiller les devoirs de mes élèves ? Je l'avoue, dans ce cas, la passivité n'est pas mon fort. De plus, je m'escrime à valoriser le travail personnel. Si en revanche, au cours de cette heure, je peux revenir sur une règle de grammaire mal acquise, approfondir une expérience de leçon de choses, éveiller la curiosité de mes petites, alors, je suis partante !

— Votre vision rejoint la nôtre. Le nom de « classes du soir » était dans notre projet, il lui a été préféré « études surveillées ». Allez savoir pourquoi ! Donc je compte sur vous ?

— Je n'ai qu'une parole. Venons-en, monsieur, à votre requête personnelle.

— Cet alphabet est prodigieux ! s'écria l'inspecteur, les yeux rivés sur le travail des grandes du certif.

Chaque lettre avait été calligraphiée sur un carré de papier Canson de dix centimètres de côté. Le A colorié en rouge s'inscrivait sur un pré verdoyant dans lequel broutait un âne gris, alors que le B tracé au fusain tranchait sur une mer turquoise dans laquelle évoluait une baleine bleue, et ainsi jusqu'au Z émergeant de la brousse où courait un zèbre soigneusement rayé. Les vingt-six lettres décorées étaient collées sur une fine planche que Guillaume avait découpée et accrochée au mur.

— Où avez-vous trouvé cette merveille ?

— Un travail de recherche des grandes du certificat qui ont une épreuve de dessin. Et sur une idée qui m'est venue pour l'apprentissage à la lecture des plus jeunes. J'ai opté pour les animaux mais on peut décliner les thèmes à l'infini : les métiers, les jeux et jouets, les fleurs et même les pays.

— Si j'osais !…

— Quoi donc ?

— Vous l'emprunter, chère madame, et l'apporter chez un photographe. Votre abécédaire, madame Masméjean, aura sa place, l'image une fois réduite, dans la prochaine édition des manuels d'initiation à la lecture.

Pour la première fois depuis sa grossesse avortée accidentellement, Amélie rentra à La Tourette avec une mine de joyeuse conspiratrice.

— Toi, tu as un secret à me dire ! la taquina Guillaume en posant un baiser sur son nez.

— Deux, dont un qui ne va pas te plaire.

— Va pour celui qui me plaira, le second passera mieux après, plaisanta le jeune charpentier.

Il passa mieux, en effet, et toute la soirée il ne fut question que de l'abécédaire qui avait tapé dans l'œil de l'inspecteur.

— Moi aussi, commença Séraphine, j'avais organisé un concours de dessins dans ma classe…

L'anecdote de Séraphine Masméjean se perdit dans le bruit d'un vin pétillant que Guillaume faisait mousser dans les verres.

— Ah ça, madame Amélie ! Ma parole, vous voulez la faillite de la régie municipale ! Douze francs à vous verser chaque mois, ils sont larges d'épaules à l'Education nationale quand c'est pas eux qui payent !

— Vingt-quatre, voulez-vous dire ? Monsieur Chabrol, mon homologue de l'école des garçons, a dit oui, j'espère ?

— Il s'est fait tirer l'oreille, comme on dit, pour la forme, vous le connaissez. Au final, il empochera bien les deniers de la commune, le vieux bilieux. A moi de convaincre mon conseil municipal du bien-fondé de la dépense.

— Tss tss tss, pas de mauvaises pensées, monsieur le maire. Présentez avantageusement la chose à votre conseil, à savoir qu'il ne vous en coûtera rien pendant les mois d'été ni au cours des vacances de Noël et de Pâques.

— Vous êtes une maligne, vous !

— Au fait, je peux vous assurer que l'approbation de votre premier adjoint vous est acquise ; tout en déplorant ce supplément de travail qui alourdira mes journées, mon mari est favorable à cette chance donnée aux enfants.

Pierre Bourgnolle se fendit d'un sourire indulgent.

— Vous vous êtes bien trouvés, tous les deux. Je n'aurai pas de scrupules, en rendant mon écharpe aux prochaines élections, de passer la main à Guillaume.

— Mon mari ? Maire ? Encore faudrait-il que cette charge le tente et surtout qu'il soit élu.

— A mon tour de vous dire, petite madame : tss tss tss, son élection, j'en fais mon affaire.

L'été de sa première année de mariage resterait, dans les souvenirs d'Amélie, celui d'une période qu'elle comparait à l'apaisement des flots après une grosse tempête. Assise sous le marronnier qui ombrageait la façade de La Tourette et dont elle appréciait le doux balancement des feuilles, elle se posait enfin, se donnait du temps pour des activités trop difficiles à caser dans son emploi du temps quotidien.

Pour la jeune femme, dès sa petite enfance mise à la rude école des travaux ménagers, du jardinage ou des soins au bétail, l'oisiveté était synonyme de paresse. Respectueuse, cependant, du repos méridien que prenait Séraphine, Amélie s'interdisait toute activité bruyante au-dedans et autour de la maison. Il lui restait alors les ouvrages manuels et les livres. Ah, ses livres ! Ses chers livres !

« La meilleure façon de voyager à moindres frais », se plaisait-elle à dire.

Si les livres avaient toujours une place privilégiée, elle n'en négligeait pas pour autant l'entretien du linge, recousant un bouton ou un ourlet, reprisant bas et chaussettes, retournant un col de chemise quand il était râpé.

« Il n'est rien de plus doux que de laisser vagabonder librement son esprit ; c'est fou le chemin qu'il nous fait parcourir dans le dédale de notre mémoire. »

Elle usait de cette phrase pour mettre en condition les élèves du certificat aux prises avec une composition française. Et elle ajoutait :

« Laissez-vous le temps de ne penser à rien, les idées abonderont ensuite, et de manière si pressante qu'elles se bousculeront. Il vous faudra alors les ordonner, peut-être en supprimer pour ne garder que les plus parlantes. »

C'est ce que faisait Amélie, en ce jour d'août 1894, assise sous le tilleul et s'appliquant à la délicate opération qui consistait à faire du neuf avec du vieux. Le vieux, c'était la robe de baptême des enfants Rouvière dont Elise désirait vêtir son fils pour la cérémonie. Un fils au mas des Auriol ! Toute une famille réconciliée avec le bonheur ! Le neuf, c'était les rubans de satin blanc qui remplaçaient les entre-deux en dentelle jaunie, par endroits déchirée, en tout cas défraîchie. Un travail incombant naturellement à la future marraine, proposition qui avait permis aux deux sœurs de s'étreindre sans réticence.

La grossesse interrompue d'Amélie avait cessé de la faire souffrir, elle pouvait désormais l'évoquer avec quiétude, sans être submergée par un flot d'émotions si troubles qu'elle n'avait pas essayé, jusqu'à ce jour, de les analyser. Ainsi réalisait-elle soudain que la douleur éprouvée n'était pas celle d'un manque d'enfant, n'en ayant jamais ressenti le besoin. Sa souffrance, elle n'en doutait plus, tenait de la déception qu'elle infligeait à son entourage, à Guillaume surtout, si désireux de devenir père. A Ruben Rouvière aussi, son vieux père qui s'impatientait de lui voir un rejeton.

Et de s'interroger si elle était dépourvue d'instinct maternel ! A quoi une petite voix lui souffla les tendresses qu'elle avait eues pour Samuelle, sa petite sœur orpheline de mère à l'heure même de sa naissance. Qu'avait-elle alors à s'inquiéter ? Pour Guillaume ?

Pourtant, Guillaume avait été à la hauteur, à la fois rassurant et plein d'empathie, reléguant sa propre déception derrière un comportement attentionné, mais sans excès.

« Tu n'as rien à te reprocher. Pas plus ta chute à bicyclette que ta soi-disant négligence aux signes que t'envoyait ton corps. C'est comme ça que je t'aime, Amélie, fonceuse et courageuse. Tu l'as tant de fois montré dans ta vie, ne change rien, je t'en prie. Un autre espoir nous viendra, qui effacera ce mauvais souvenir. »

Depuis, elle souriait, songeant à l'évolution de leur amour. Il avait mûri, grandi, pris une puissance nouvelle, il s'alimentait d'une autre force dans l'union de leurs âmes aussi vivifiante que celle de leurs corps. Sans rien perdre de la fougue intrinsèque à une aussi grande passion, il s'était assagi tel un torrent fougueux qui devient fleuve langoureux quand il atteint la plaine.

— Vous souriez aux anges, Amélie ?

C'était bien dans les manières de Zélie de surgir quand on ne l'attendait pas, de faire intrusion dans son intimité ! C'en était même déroutant dans le ton que prenait la gamine, doucereux et railleur.

— A un ange, plus précisément ! répliqua-t-elle avec vivacité.

Le ton était celui de la maîtresse d'école, et non de la belle-sœur, l'adolescente n'insista pas. Elle continuait cependant à tourner autour du tilleul, désœuvrée.

— Tu t'ennuies ? Tu n'as donc rien à faire ?

— Si nous allions à la rivière ? Il fait si chaud.

La rivière. Encore un souvenir fort, celui de deux jeunes filles rinçant le linge, se chamaillant, tombant à l'eau et, enfin sauves, roulant en riant sur la berge, cuisses au vent.

— Cela vous fait rire, fit remarquer Zélie qui fixait le visage hilare d'Amélie. Toutes les filles de mon âge vont se baigner et moi… moi…

— Qu'est-ce qui t'empêche de les rejoindre ?

— Maman ! Et pour mille raisons. Parce que c'est indécent aux yeux de Dieu et qu'il y a danger quand on ne sait pas nager.

— Cela n'en fait que deux, jeune fille. Deux mauvaises, j'en conviens. Crois-tu qu'avec moi elle serait plus rassurée ?

— J'en suis sûre… En fait, je lui ai déjà demandé et, dans un soupir désabusé, elle a donné son accord.

— Toi, tu es une sacrée rouée ! Allez, en route.

Chemin faisant, ce n'était plus de rouée qu'Amélie cataloguait l'adolescente, mais de sournoise manipulatrice. Ce n'était pas la première fois que Zélie se révélait être une adepte du fait accompli. La dernière en date remontait au 12 juillet, deux jours avant la fête de l'école.

La division de Zélie devait présenter une scène de *L'Avare* où toutes ces jeunes demoiselles avaient un rôle. Forte d'une expérience précédente qui avait ressemblé à une foire d'empoigne, Amélie avait fait procéder à un tirage au sort, chaque élève piochant un papier sur lequel était inscrit le nom d'un personnage. Zélie devait incarner Frosine, ce qui fit dire à Amélie, en son for intérieur : « L'intrigante Frosine, un rôle qui lui va comme un gant. »

Il apparut aussitôt évident que Zélie ne prisait pas le personnage, peu valorisant à son gré, et rêvait d'interpréter le rôle-titre, qui aurait dû lui revenir de droit : n'était-elle pas la belle-sœur de la maîtresse ? Malgré sa mauvaise volonté à se glisser dans la peau de Frosine, la maîtresse ne changea rien au choix du destin et les répétitions s'enchaînèrent jusqu'à ce 12 juillet où la maman de Lucie, alias l'avare, avait fait savoir la défection de sa fille.

— Lucie est couchée, elle a de la fièvre, une forte fièvre, des boutons sur tout le corps... peut-être le *senepiou*[1].

Amélie dut se contenter de cette explication et songeait à annuler la pièce quand Zélie avait avancé, avec une feinte modestie :

— Je connais le rôle par cœur, maîtresse.

Puis, poussant devant elle une gamine plus jeune qu'elle, elle avait poursuivi :

— Marie pourra jouer le rôle de Frosine, c'est elle qui me faisait répéter.

---

1. Occitan : la rougeole.

Ainsi Zélie était-elle, une fois de plus, parvenue à ses fins.

Le doux murmure du Cascadet était fraîcheur à lui seul. Amélie et Zélie apprivoisèrent lentement la rivière, d'abord d'un pied prudent, puis jusqu'à mi-jambe, et enfin s'assirent sur les galets polis qui tapissaient son lit. La sensation de bien-être était voluptueuse, les deux baigneuses ne pipaient mot, leur alanguissement enrobé par l'onde pure d'un silence divin. Que Zélie rompit abruptement :

— Je n'aurais pas parié un sou sur France au certificat d'études. Elle vous doit une fière chandelle. Encore que sa réussite n'ait rien de glorieux, à quatorze ans passés…

France ? La petite sœur de Victoire, l'amie de filature d'Amélie. France, c'était l'objectif de la jeune femme : ouvrir cette fillette méritante au savoir, celui dont avait tant rêvé sa sœur. Double objectif en vérité, le premier consistant à ce que son élève vienne en classe avec régularité, qu'elle n'en soit pas retirée et envoyée aux champs pour un oui ou un non ; elle avait déjà pris deux années de retard.

Objectifs atteints ! Portée à bout de bras par une maîtresse qui croyait en elle en plus de travailler d'arrache-pied, France avait pris de l'assurance, encouragée par Amélie.

Et voilà que cette mijaurée de Zélie prenait ombrage d'une réussite amplement méritée.

Suivant une idée bien précise qui encore échappait à Amélie, Zélie poursuivait sa réflexion :

— Et pour quoi faire ? Garder les chèvres de son père, le vieux grognard anticlérical ? Ou rejoindre sa sœur à la filature Bondurand ? Je crois que vous avez dépensé beaucoup d'énergie pour rien, Amélie.

Amélie prenait souvent sur elle pour ne pas rabrouer sa belle-sœur.

— Qu'est-ce qui te permet d'émettre un pareil jugement, jeune fille ? C'est justement pour avoir un avenir autre qu'au milieu des chèvres ou des fileuses que France a mis toute son ardeur à étudier. Et quand bien même elle devrait rester au foyer paternel ou dévider des cocons, elle posséderait un savoir à transmettre un jour à ses enfants, ce qui est respectable.

La gamine s'entêta :

— Depuis toujours j'ai compris que France était votre chouchoute.

Amélie s'indigna. Un chouchou dans la classe, elle qui se défendait de laisser parler des inclinations si naturellement humaines !

— Ce que j'ai fait pour France, je le ferais pour toute élève animée de la même volonté.

— Pour moi aussi ?

« Nous y voilà ! se dit Amélie. Méprisante, jalouse, deux traits de caractère à ajouter au crédit de cette enfant gâtée. »

— Qu'est-ce qui te permet d'en douter ? répliqua-t-elle du bout des lèvres.

Puis, elle chercha à entrer dans son jeu :

— Tu brigues le certificat, c'est bien. Mais qu'en feras-tu ? Attendre un mari en brodant un trousseau ? Ni plus ni moins honorable que de garder les chèvres !

Volte-face de Zélie.

— Il faut que vous m'aidiez, Amélie ! lança-t-elle avec fougue en plantant son regard dans celui cerclé de lunettes rondes. Il faut que vous m'aidiez sur toute la ligne : décrocher le certif, mais aussi obtenir de Guillaume qu'il paye ma pension au collège d'Alais[1] et puis mes études à l'université de Montpellier. Maman dit que j'ai toutes les capacités pour devenir un excellent professeur de lettres…

Il y avait donc de la Séraphine là-dessous ! Jusqu'à la permission d'aller faire trempette dans le Cascadet qui était orchestrée !

— Elle a certainement raison, laissa tomber platement Amélie que sidéraient tant d'exigences.

— Alors, vous m'aiderez ?

— Comme j'ai prévu de le faire pour toutes celles qui seront aptes à présenter l'examen. Les études surveillées qui se mettront en place dès la rentrée nous seront bien utiles, et le troisième trimestre, lui, sera réservé aux révisions de tout le programme.

— Mais je vous parle de moi, Amélie, insista la gamine.

— Et je t'ai répondu. Pour le reste, cela regarde ton frère… et ses moyens financiers. Tu sais, il y a plus simple pour arriver à tes fins. Entrer au cours complémentaire de Saint-Jean-du-Gard, par exemple.

Ce n'était pas sans nostalgie qu'Amélie avançait cette proposition, elle qui avait été à deux doigts d'intégrer cette école avant qu'un sort contraire ne l'en prive et ne la mène tout droit à la filature afin d'apporter sa contribution financière à la survie de sa famille.

---

1. Alais deviendra Alès en 1926.

Elle poursuivit, retraçant son propre cursus :

— Je te sais fort capable de réussir le concours d'entrée à l'Ecole normale et d'obtenir une bourse d'études.

— Je préfère la laisser aux élèves pauvres, répondit Zélie.

On aurait pu croire sa réflexion magnanime, elle n'était que méprisante.

Une bouffée de colère submergea Amélie. En cet instant, elle ne pensait plus à elle, ni à ses années de filature couplées à des études harassantes qui l'avaient menée au bord de l'épuisement physique. Non, c'était à Samuelle, sa plus jeune sœur. Marchant sur les traces d'Amélie et fortement soutenue par cette dernière, Samuelle Rouvière préparait, grâce à une bourse, le CES[1], à Florac, où elle était pensionnaire.

Certes, l'adolescente était loin d'avoir le même potentiel que son aînée, elle en était consciente et avouait en toute modestie qu'elle travaillerait comme une forcenée afin d'obtenir le brevet d'études qui lui entrouvrirait les portes de l'enseignement, limité aux petites classes.

« Je ne t'arriverai jamais à la cheville, Amélie, avouait-elle humblement et sans une once de rancœur. Cependant, je crois pouvoir m'occuper honorablement d'une classe enfantine, j'adore les petits. »

Amélie frissonnait. La baignade était gâchée.

— Rentrons ! dit-elle.

— On vous dirait fâchée ! s'étonna ingénument Zélie. Pourtant, vous devriez être fière de l'ambition d'une de vos élèves, de votre nouvelle famille qui plus est.

---

1. Certificat d'études secondaires créé en 1882.

— Toi et moi n'avons pas la même notion de la fierté, laissa tomber Amélie après un long silence.

Les grands chantiers d'été, qui tenaient Guillaume éloigné pendant plusieurs jours, s'achevaient en même temps que débutaient les violents orages consécutifs aux fortes chaleurs.

Loin de s'en désoler, il exultait :

— Voilà un temps idéal pour me consacrer à notre appartement. Je te l'avais promis pour les beaux jours et j'ai pris du retard. Tu ne m'en veux pas, j'espère ?

Il trouvait à Amélie une mine songeuse et se demandait si quelque anicroche les avait opposées, elle et Séraphine. Sa question amena un sourire sur le visage de son épouse.

— T'en vouloir de travailler ? Je serais bien ingrate, mon chéri. Quant à notre nid d'amour, s'il n'est pas comparable à celui que font les hirondelles au printemps, rien ne t'empêche d'imiter la mésange qui se prépare un confortable hiver.

— Le confort, vraiment ? Je rêve surtout d'intimité.

— Pas autant que moi, je t'assure.

Il ne fallut pas longtemps pour que la nouvelle trouvaille de Séraphine vienne saper ce bel enthousiasme.

— Bientôt, très bientôt, je ne serai plus un poids pour vous, mon beau-fils, et je m'en réjouis.

Le nouveau raz-de-marée qu'elle croyait impulser se révéla, dans un premier temps, simple vaguelette. La suite lui donna le beau rôle.

— Mon départ est fixé à la fin de septembre et j'avoue être impatiente de retrouver mon Rouergue natal.

Là, elle avait fait mouche. Quatre yeux se fixèrent sur elle, deux bouches s'arrondirent tandis qu'elle continuait :

— Enfin, quand je dis Rouergue… il s'agit plutôt des monts du Cantal, où se situe l'établissement de soins réservé aux enfants où je vais enseigner.

Amélie et Guillaume étaient médusés alors que Zélie, à l'évidence au fait des intentions de sa mère, approuvait par de petits hochements de tête les dispositions prises par Séraphine. Elle serait logée, nourrie, blanchie et grassement payée de trente francs par mois.

— Les sœurs de Saint-Vincent-de-Paul qui gèrent ce centre de soins ont de petits moyens. Je ferai œuvre pie en joignant mon zèle au leur.

Soudain, Guillaume explosa :

— Et Zélie ? Avez-vous seulement pensé à votre fille au milieu de ces petits malades ?

— Ne vous emballez pas, Guillaume. Zélie reste à La Tourette, du moins pour une année encore. Ensuite, ses études prévaudront et là, je vous fais entièrement confiance pour l'orienter vers ce qu'il y a de mieux.

Séraphine marqua une pause, sortit un mouchoir en dentelle glissé dans sa manche, s'en tamponna les yeux et murmura d'une voix larmoyante :

— Son père vous l'avait confiée sur son lit de mort, moi sa mère, je vous renouvelle ma confiance.

Et elle quitta la pièce. Trop d'émotion !

A nouveau, les vieux démons titillaient Amélie. La vie, c'était donc ça ? Des espoirs enflammés suivis d'inévitables renoncements ?

Ce petit nid d'amour que Guillaume construisait pour y abriter leur bonheur avait-il encore sa raison d'être, alors que la maison se révélait grandement suffisante ? Serait-ce bien raisonnable d'engager pour cela des frais alors que les prétentions de Zélie allaient mettre un frein à l'équilibre financier de la petite entreprise de charpente ?

Toutes ces interrogations se dissipèrent quand, à la mi-novembre, Amélie réalisa qu'elle était enceinte. Guillaume exulta en la faisant tourbillonner :

— Ma belle Amélie, la vie est en toi ! Quel bonheur !

4

Les périodes heureuses, inévitablement, glissent entre les doigts, ainsi les années qui suivirent, Amélie ne les vit pas défiler. Seuls des points d'orgue d'un indicible bonheur les ponctuaient, s'imprimant à tout jamais dans le cœur de la jeune femme et estompant les petites contrariétés.

Violette avait attendu sagement la fin du mois de juillet pour montrer sa mignonne frimousse à la vie. Oubliée alors une année scolaire assumée en dépit de tous les désagréments d'une grossesse, oubliées les angoisses du certificat, celles des élèves qu'Amélie prenait à son compte, oubliées aussi les démarches administratives pour inscrire Zélie à l'école de son choix, à savoir le collège de jeunes filles d'Alais.

A ce sujet, Séraphine, qui écrivait peu ou pas, abreuva son beau-fils de recommandations pressantes.

Il faut, à votre sœur, un trousseau de collégienne de bon aloi. Et des livres neufs, de préférence à ceux d'occasion malmenés par des mains douteuses. Ne lésinez pas sur des cours particuliers si le besoin s'en faisait sentir...

Amélie se révoltait de tout son être à la lecture que lui en faisait Guillaume. Pauvre Guillaume, si attentif aux besoins de sa petite sœur et en même temps sceptique face aux exigences de cette dernière, appuyées par sa mère !

Elle édulcorait cependant une réponse qui, non maîtrisée, aurait vibré de colère :

— En ce qui concerne les cours particuliers, ne te mets pas martel en tête, mon chéri. Ta sœur a des bases solides et, serait-elle en difficulté dans une matière, je lui consacrerais toutes les vacances pour la remettre à niveau.

— Et pour son trousseau ? Pour ses livres ? insistait-il, désemparé.

— Tu veux mon avis, Guillaume ? En toute franchise ? Ces demoiselles ne sont pas là pour faire étalage de toilettes et les blouses roses qu'impose ce collège font une excellente uniformité, elles occultent les jupons de tiretaine et ceux de taffetas. Quant aux livres, a-t-on jamais vu l'un d'eux responsable de ce fléau qu'est la tuberculose ? De la grippe ? Ou d'une rage de dents ?

Comme il était bon de rire au milieu des soucis ! Guillaume n'en aimait que plus Amélie, elle qui savait tout relativiser, qui souhaitait entourer ses derniers mois de grossesse d'une aura de sérénité. Elle ne doutait plus de sa fibre maternelle, fugacement mise en cause, rassérénée par la voluptueuse sensation d'un enfant bougeant dans ses flancs. Il lui avait alors paru impératif de réveiller Guillaume, de lui faire partager les messages que leur envoyait le bébé.

Guidé par Amélie, il avait suivi d'une main délicate les circonvolutions du petit être en gestation et un dialogue muet s'était instauré entre le futur père et le futur enfant.

— Il te fait mal ? avait-il naïvement demandé, déjà inquiet de savoir son épouse adorée en souffrance.

— Un bien fou, tu veux dire ! s'était-elle emballée, prenant une ample inspiration de délectation, antithèse d'un soupir accablé.

Le mal, elle l'avait enduré seule, refusant le regard désolé que ne manquerait pas de poser sur elle un Guillaume torturé de remords. La sage-femme qui l'avait assistée n'avait perçu aucun gémissement, aucun signe de découragement au cours du long travail qui consiste à donner la vie. Par moments, Amélie épongeait la sueur de son front, suçait un gant de toilette humide pour apaiser sa soif et demandait :

— Approche-t-on de la délivrance, madame Michelet ?

— Et pardi qu'on approche ! Vous êtes pressée de pouponner, madame Masméjean ?

De pouponner, certainement, se disait Amélie, mais plus encore de quitter son lit, délivrée du carcan qui comprimait son corps, le lacérait, semblait l'étriper puis desserrait un peu son étau avant de reprendre de plus belle.

Une dernière fois, alors que la journée s'achevait en même temps que cessaient les entêtantes stridulations des cigales, Amélie demanda avec lassitude, ses yeux fermés sur les souffrances de l'enfantement :

— En verrons-nous la fin ? J'étouffe... Si vous ouvriez un peu la fenêtre, madame Michelet ?

— Et faire prendre un mauvais courant d'air à cette petite tête brune que j'aperçois ? Je m'en garderai bien. Encore un effort, *damette*, et la merveille sera sortie.

71

Tout alors se précipita. La merveille sortit, inexplicable sensation suivie d'un soulagement total du corps.

— Une jolie *drolletta*[1] ! s'écria madame Michelet.

Laquelle *drolletta* poussa simultanément son cri de vie, ce qui eut pour effet de précipiter Guillaume dans la chambre, d'abord au chevet d'Amélie puis, comme elle le lui suggérait en lui soufflant « Va voir Violette », de sa fille pour baiser sa menotte.

— Violette Masméjean, tu es la cerise sur notre gâteau du bonheur, voulut-il plaisanter alors que sa voix chevrotait d'émotion.

Le bonheur, qu'elle avait cru total, fut entaché cette même année par le départ de Ruben Rouvière. Un lent affaiblissement, une descente tout en douceur vers cet au-delà auquel il aspirait, certain qu'une autre vie l'attendait auprès de son Hermine, une vie qui n'aurait pas de fin.

Un enfant était né, un aïeul laissait la place, comme s'il s'agissait d'une loi immuable qui se répétait dans chaque famille. Malgré la discrétion de sa mort si semblable à sa vie, les obsèques du vieux garde forestier ne passèrent pas inaperçues ; une foule imposante s'y pressa, tant pour lui rendre un dernier hommage que pour témoigner sa sympathie à sa nombreuse famille.

Ce fut une occasion, pour Amélie, de revoir Joseph Mazal, l'écolier qui n'avait d'yeux que pour la plus jolie fille de Saint-Etienne, son « prétendu prétendant » comme se gaussaient les gamins du village, son chevalier servant et dévoué d'une saison de vendanges, son

_____

1. Occitan : petite fille.

amoureux enfin déclaré et transi qui l'avait poursuivie de ses avances jusque dans ce village où tout se savait. Ce qui avait obligé Amélie à le remettre vertement en place dans une lettre où elle le priait de ne plus traîner les pieds à Larbousse, encore moins de tourner autour d'elle.

Il n'avait pas changé, le cheveu noir calamistré, la lévite lustrée, l'air grave et compassé. Presque timide.

— Me permettez-vous de vous présenter mes très sincères condoléances, madame Masméjean ?

— Je les accepte volontiers, monsieur Mazal, et vous en remercie. Le temps efface tous les malentendus.

Joseph Mazal avait regagné Saint-Roman et quiconque l'aurait vu partir le matin, la mine sombre et embarrassée, n'aurait pas manqué de s'étonner : il revenait d'un enterrement, rajeuni de cinq ans !

Mais qui pouvait comprendre que le pardon d'Amélie lui faisait l'effet d'un élixir de jouvence ?

L'entrée au collège de Zélie, que Guillaume se fit un devoir d'accompagner, ouvrit la nouvelle ère du couple Masméjean, d'autant que cela coïncidait avec leur installation dans leur appartement au-dessus de l'atelier.

Avec sagesse, Amélie en avait limité les frais.

« Une chambre suffit pour l'instant, nous y installerons le berceau de Violette. Je suis déjà comblée dans cette belle pièce, si chaudement lumineuse. Après notre fille, c'est le plus beau cadeau que tu pouvais me faire, Guillaume. »

Le charpentier s'était rangé à l'avis, pétri de sagesse, de sa raisonnable épouse, d'autant qu'il avait dû ouvrir largement sa bourse pour le pensionnat de sa sœur.

Néanmoins, un point le chiffonnait, qui le fit revenir à la charge quelques jours plus tard.

— Comment ferons-nous à Noël quand Zélie viendra pour les vacances ? Crois-tu qu'elle voudra retrouver sa chambre à la vieille maison ?

— Il se peut... à moins qu'elle ne rende visite à sa mère, elle ne l'a pas vue depuis longtemps, lui répondit distraitement Amélie.

Guillaume ne fut pas dupe.

— Quelque chose ne va pas, ma chérie ? Violette a de la fièvre ? Ses dents peut-être ?

— A tout juste deux mois ? Elle serait bien précoce ! railla-t-elle, même si le cœur n'y était pas.

Un doigt sous son menton, il souleva son visage vers lui.

— Alors, c'est quoi ?

— C'est Juliette Bourgnolle qui aura droit à ses premières risettes, bouda-t-elle comiquement.

En voilà une pour qui le roi n'était pas son cousin depuis que la garde de Violette lui avait été confirmée ! La plus empressée de Larbousse à venir féliciter la jeune accouchée, Juliette Bourgnolle s'était penchée, les mains tremblantes et l'œil humide, sur le berceau d'osier où Violette miaulait comme un chaton.

— Je peux ? avait-elle murmuré du bout des lèvres.

Forte d'un assentiment sans réticence, elle avait soulevé avec d'infinies précautions le petit paquet de lainage blanc et l'avait bercé contre sa moelleuse poitrine en fredonnant. En quelques minutes, le bébé dormait. Juliette tourna la tête vers Amélie et lui dit fièrement :

— Maintenant, elle ronronne.

Alors, la demande d'Amélie était partie d'un trait :

— Juliette, me garderiez-vous la petite pendant les heures de classe ?

Et là, madame la mairesse avait fondu comme une motte de saindoux.

— Vous la garder ? Moi ? Moi qui n'ai pas eu le bonheur d'avoir un enfant ! Oh merci, merci, Amélie ! Tenez, il faut que je vous embrasse.

— Je me renseignerai pour savoir combien sont rémunérées les gardes d'enfants…

— Vous faire payer la plus grande joie que j'aie jamais eue ! Ah ça, jamais ! Jamais, vous m'entendez ?

— C'est beaucoup de travail, Juliette…

— Et alors ? Mon homme s'occupera du cochon et des poules. *Té*, il verra ce que c'est. Et moi, moi je veillerai sur votre fifille comme sur la prunelle de mes yeux.

— J'insiste cependant pour…

— Pardi, vous voulez me fâcher. Tenez, dites-moi plutôt comment vous souhaitez qu'elle m'appelle.

— Mais elle ne parle pas encore, voyons !

— Ça vient plus vite qu'on ne croit. Nounou, c'est bon pour le grand monde. Juliette, c'est trop difficile à dire. Mémé ! Oui, mémé, moi ça me plairait bien, et vous ?

— Je suis d'accord pour mémé si cela vous convient. C'est si triste pour un enfant de ne pas connaître ses grands-parents.

— Pépé et mémé Bourgnolle seront ses grands-parents de substitution. Hou, que je suis contente !

— C'est peut-être Juliette Bourgnolle qui aura les premiers sourires de notre fille, la consola Guillaume, mais c'est toi qui auras ses premiers pas. Madame la maîtresse sera en vacances quand notre Violette s'élancera. Eh oui !

La petite brise de nostalgie ne flotta pas longtemps et, comme elle s'était fait la promesse de donner à chaque grande rentrée un ton différent, Amélie prépara celle du lundi 7 octobre 1895 sous le signe du ver à soie. La mort de Louis Pasteur, le 28 septembre, suscita cette idée, lui qui, à la demande et presque à la prière de Jean-Baptiste Dumas, avait consenti à venir se pencher sur une étrange maladie des vers à soie. Cinq années d'études, d'observations, de décryptages, en avaient fait le sauveur de la sériciculture cévenole.

Elle tira un fil d'un bout à l'autre du mur aveugle de sa classe et y suspendit des branches de bruyère dont elle avait fait provision dans le serre des Portes ; ce fut un jeu d'enfant que de les habiller de boules de coton simulant les cocons. Des corbeilles en éclisses de châtaignier, pleines de feuilles de mûrier et posées au pied de l'estrade, complétaient la décoration. L'effet visuel lui plut, elle s'attaqua à plus sérieux : à savoir une planche dessinée et commentée des onze évolutions et métamorphoses fabuleuses des bombyx mori qu'elle recopia six fois, une pour chaque cours que comptait sa classe.

« De belles leçons de choses en perspective », se réjouit-elle.

Et pas seulement ! La morale y trouverait son compte quand, développant l'ingrat travail de la filature – ce serait alors en connaissance de cause ! –, elle expliquerait l'adage « Il n'y a pas de sot métier, il n'y a que de sottes gens ».

Sans parler du calcul : si 30 grammes de graines, soit 35 000 vers, occupent une surface de 2 m², quelle surface occuperait une livre ? Ou encore : sachant que 30 grammes de graines consommeront au total 1 300 kilos de feuilles de mûrier, combien de vers à soie élèverait une paysanne ayant 5 200 kilos de feuilles à sa disposition ?

Et la géographie, avec sa route de la soie qui mène en Asie ?

C'en était fait de la nostalgie passagère d'Amélie, redevenue dans sa tête madame la maîtresse, et ce n'était pas oublier Violette, qu'elle retrouverait chaque soir toute ruisselante des câlineries de mémé Juliette.

Ah, quel souvenir inoubliable que cette rentrée 1895 !

Monsieur le maire de Larbousse avait de la suite dans les idées. Il ne se passait pas un jour sans qu'il vienne à La Tourette faire le siège de Guillaume, tantôt bousculant le charpentier dans sa valse-hésitation, tantôt appuyant sur la chanterelle. C'est cette dernière qu'il faisait vibrer, ce jour-là, pour parvenir à ses fins.

— Vous êtes un sensible, comme moi, Guillaume, et le sort de Larbousse ne nous est pas indifférent, ça non ! Alors, je vous le demande, que deviendrait notre commune aux mains de cet *espelofi*[1] de Canonge, qui craint de se noyer dans un verre d'eau ? Hein ? *Té*, c'est l'école qui en prendrait un coup, je vois ça d'ici !

Guillaume leva sur Pierre Bourgnolle un œil goguenard. Qu'avait-il inventé pour enfin le convaincre ?

1. Occitan : ébouriffé, mais aussi effarouché. Pris dans ce sens, ici.

— Eh bien quoi, l'école ? Il ne pourrait la fermer, que je sache ?

— C'est pas l'envie qui lui manque, à lui et sa famille de cagots ! Enfin, vous les connaissez, Masméjean, ces Canonge du Planas, des *romecas*[1] doublés de rétrogrades. Avec eux, c'est un pas en avant et quatre en arrière. Bonjour le progrès !

— On en reparle demain, Pierre ? Un travail qui presse...

Pierre Bourgnolle partit en se frottant les mains, Guillaume Masméjean se faisait prier pour la forme, ça le démangeait d'être maire. De plus, il avait toute l'étoffe d'un élu, d'un réélu, d'un maire à vie. Lui, Bourgnolle, il en faisait le pari.

Il n'avait pas tort. Non pour la forme, ni pour la gloire, mais parce que l'avenir de sa commune était au cœur de la question et que Guillaume se sentait capable et surtout désireux de faire prendre à Larbousse la route du progrès, de tous les progrès qui faisaient l'attraction de ce XIXe siècle finissant.

— J'ai eu la visite de monsieur le maire, annonça-t-il le soir même à Amélie, avec un sourire en coin. Pépé Bourgnolle prépare sa retraite et compte sur moi pour lui succéder. Enfin... pour me présenter...

— Et alors, tu hésites ? demanda Amélie d'un air entendu.

— Je voulais surtout ton avis, ma chérie. Une charge de plus, des critiques à n'en plus finir. Jamais une once de satisfaction...

---

1. Occitan : êtres malfaisants

— Crois-tu, mon chéri, que les parents des élèves que je porte à bout de bras jusqu'au certificat viennent m'en rendre grâce ? Que nenni, mon cher, c'est normal ! Les déçus, en revanche, font savoir leurs doléances. C'est la vie.

Au soir du 16 mars 1896, la liste que menait Guillaume Masméjean fut élue au premier tour de scrutin.

Son Guillaume sanglé de l'écharpe tricolore ! Une image gravée à jamais, une charge – elle le subodorait – qu'ils porteraient à deux, une chance pour Larbousse et au diable les déçus du vote, qui ne manquèrent pas de déverser quelques brouettées de fumier devant la mairie en signe de protestation.

Il faut dire, pour leur défense, que certains sympathisants de Guillaume Masméjean, et à son insu, s'étaient rendus nuitamment au Planas et avaient planté un épouvantail vêtu d'une ample veste dépenaillée dans le jardin de Canonge.

Période d'intenses activités que celle qui suivit, mais années fastes pour un pays qui semblait avoir oublié ce que le mot « guerre » voulait dire. Partout, on allait de l'avant. Dans les villes, c'était l'électricité qui faisait son apparition, outil formidable et mystérieux qui en laissait sceptique plus d'un.

— Il suffirait, dis-tu, d'appuyer sur un bouton… pardon, un interrupteur. *Tu pantaissa*[1], mon pauvre !

— Va voir par toi-même, monsieur l'incrédule ! Mon cousin habite au 32 de la rue d'Avéjean, à Alais. Tu en

---

1. Occitan : tu rêves.

auras la preuve, espèce de saint Thomas ! Ah, si pareille chance arrivait à Larbousse...

Les réunions du conseil municipal de Larbousse ne manquaient pas d'être émaillées de telles réflexions et Guillaume Masméjean y mettait bon ordre en rappelant les réalités de la situation :

— Personne ne conteste les bienfaits de la fée électricité et je vous assure ne pas y être réfractaire, mais Larbousse n'est pas Alais, tant s'en faut. Il faudra pour cela voir planter des poteaux, et j'entends d'ici d'autres récriminations...

L'électricité, en effet, était au cœur de toutes les avancées qui allaient faire entrer le pays dans une ère, limitée hélas, qu'on appellerait la Belle Epoque ; elle était aussi génératrice du plein emploi avec l'essor du tissu industriel, dévoreur de main-d'œuvre.

Bien que retiré dans son étroite vallée, Larbousse n'était pas oublié par cette manne. On défrichait à tout-va afin d'arracher à la montagne de nouvelles parcelles cultivables pour nourrir tous ces gens de la ville. Et pour cela, il fallait des bras. Cercle vertueux d'une France debout.

Etait-ce Pierre Bourgnolle qui avait donné l'exemple ? Rattrapé par l'âge et les rhumatismes, il avait pris un ouvrier agricole pour s'occuper de ses terres, se réservant l'entretien de son bétail et jouant les pépés gâteaux avec la petite Violette. On vit alors des terres en jachère et de vieux mas silencieux reprendre vie sous l'impulsion et le dynamisme de jeunes travailleurs. Certains s'installaient, déjà chargés de famille, les autres ne tardaient pas à prendre épouse et s'entourer d'enfants.

Larbousse connaissait une démographie exponentielle, comme jamais dans son histoire.

A quelques jours de la rentrée des classes de 1897, Amélie restait perplexe à la lecture des effectifs.

— Je voudrais une entrevue avec monsieur le maire.

Elle avait pris un air sérieux, que démentaient ses yeux rieurs, en allant trouver son époux dans l'atelier, Violette trottinant sur ses talons.

— Vous ne me dérangez pas pour rien au moins, madame Masméjean ?

— Une broutille, monsieur. Neuf élèves de plus. Ajoutées aux cinq nouvelles inscriptions de l'année dernière. Je fais classe sous le préau ? Dans la cour ? Dans les champs ?

— Neuf de plus ? Tu en es alors à soixante-deux élèves ! Ma pauvre chérie ! Il faudrait demander une ouverture de classe.

Il n'y avait pas de raillerie dans l'exclamation de Guillaume, seulement de l'admiration et une certaine crainte qu'elle ne s'épuise, tant elle se donnait à son métier, sans jamais négliger sa vie d'épouse et de mère. Il n'était pas une minute de son temps libre, une fois assumées ses obligations de maîtresse de maison, qu'elle ne consacrât à l'éveil de Violette. La fillette, à deux ans, faisait la fierté de ses parents par son babil aisé et l'autonomie dont elle faisait preuve. Et avec ça, un heureux caractère. Point n'était besoin d'être devin pour prophétiser qu'à cette enfant, à l'instar de sa mère, tout serait bonheur.

Amélie approuva cette idée, mais resta néanmoins réaliste :

— Ça, ce n'est pas gagné. Et puis, dans quels locaux ?

— Tu sais que l'idée de doter Larbousse d'une nouvelle école me tarabuste au point d'avoir déjà en tête le lieu de son implantation ? Parce que, si ton école suffoque, celle des garçons n'est pas loin de l'explosion. D'ailleurs, je m'attends à une visite de ce brave monsieur Sylvestre et à ses revendications, semblables aux tiennes... et légitimes.

— Un brave homme, tu peux le dire, que cet instituteur envoyé pour remplacer ce grincheux de Chabrol. Dommage qu'il soit à quelques années de la retraite, commenta Amélie.

Puis, revenant sur les propos de monsieur le maire :

— Tu me mets l'eau à la bouche, Guillaume, avec ton idée d'une nouvelle école, mais il faut l'assurance de l'Académie que deux classes pourront être créées.

— Et pour obtenir cette assurance, il faut que nous présentions notre possibilité d'accueil. Tu vois comme tout est simple avec l'administration !

— N'abandonne pas ce projet, mon chéri. Et pour cette année, fais-moi apporter deux tables supplémentaires et des chaises, on se serrera.

Ces soucis d'intendance fondirent comme neige au soleil quand Amélie reçut, à quelques jours de la rentrée, tout un arsenal d'ouvrages pédagogiques pour l'aménagement des programmes, ainsi que les nouvelles matières à y inclure. Et puis, dans un précis de la *Méthode pratique d'écriture-lecture à l'usage des écoles maternelles, enfantines et primaires*, quelle ne fut pas sa stupeur de découvrir son alphabet !

Certes, l'inspecteur le lui avait renvoyé avec un mot de remerciement et tout était rentré dans l'oubli. Mais non, il était là, en bonne place et rien ne manquait, des dessins, du texte, de l'application de ses élèves, et même la possibilité d'en changer le thème, comme Amélie l'avait judicieusement fait remarquer à l'inspecteur. De plus, en bas de page et en italique, elle lut : *sur une idée de madame Masméjean.*

— Tu n'y croyais plus, madame l'impatiente ! Tu vois, il ne fallait pas désespérer.

— Je ne désespérais pas, j'avais complètement oublié cet épisode. Bon sang, ça fait drôlement plaisir.

— Encore deux ou trois idées innovantes issues de ton cerveau fécond et c'est la Légion d'honneur assurée.

— Tu te moques, méchant Guillaume. Pour vivre heureux, vivons cachés, dit le proverbe. Et modestes, j'ajouterai !

Il n'empêche : ça faisait sacrément plaisir.

Pour prétendre à obtenir deux classes supplémentaires, il fallait, entre autres, apporter la preuve d'une population pérenne dans son augmentation par l'accès au travail et au logement dans le périmètre de la commune.

Guillaume Masméjean s'y employa, autant dans la constitution d'un solide dossier que dans l'application concrète de ce qu'il avançait. Ainsi, pour ses trois ans, Violette reçut-elle un adorable poupon... en chair et os.

Comme un cadeau d'anniversaire au mariage de ses parents et à la naissance de sa sœur, Alban naquit le premier jour d'août 1898.

Il se trouva bien quelques bonnes âmes, à Larbousse, à ricaner sur cette propension qu'avaient les enseignantes à mettre leurs enfants au monde pendant les vacances.

— Et pardi, comme ça, pas besoin de remplaçante qui pourrait bien piquer la place.

— Mais alors, « elle » compte ses lunes ou quoi, ma parole ?

Le bonheur d'Amélie la rendait sourde à toutes paroles malveillantes. Seule lui importait la joie de son Guillaume qui, tendant son fils à bout de bras, s'écria :

— Voilà la relève ! Un fils qui sera à son tour charpentier !

— Charpentier, instituteur, peut-être garde forestier, ce sera à lui de choisir, tu en es bien conscient, Guillaume ?

— Pardonne-moi, ma douce, je me prenais à rêver que l'entreprise Masméjean avait de beaux jours devant elle.

— Qui te dit qu'elle n'en aura pas, si tel est le vœu de notre fils ?

Violette, sagement occupée avec ses poupées de chiffon, ne fut pas particulièrement troublée par les premiers cris du bébé parvenant à ses oreilles. Quand on l'y invita, elle entra dans la chambre, si semblable à sa mère avec ses longs cheveux noirs, son sourire charmeur et même sa façon de scruter les gens jusqu'à l'âme.

— Approche, ma Violette, et donne un baiser à ton frère. Regarde, on dirait qu'il te sourit.

Ce qu'Amélie appelait sourire n'était que les prémices de petits pleurs affamés propres à stopper net l'élan de la fillette. Son menton tremblait et ses yeux se remplissaient de larmes.

— Il ne veut pas me voir, il ne m'aime pas, pleurnicha-t-elle en se jetant contre les grandes jambes de son père.

— Que dis-tu là, nigaude ? Attends qu'il soit rassasié, il m'a tout l'air d'un petit glouton.

Il ne fallut pas trois jours pour que Violette s'instaurât Petite Maman.

A quelque temps de là, encore dans l'euphorie des richesses de son foyer fécond, Guillaume Masméjean nouait son écharpe de maire et sacrifiait à la tradition qui incombe au premier magistrat d'une commune de poser la première pierre d'un édifice triplement public : celui destiné à la nouvelle mairie, flanquée sur sa droite de l'école des filles et sur sa gauche de l'école des garçons. Larbousse entrait dans l'ère nouvelle et Guillaume rêvait éveillé :

— Violette, Alban et toi, mon ardente Amélie, la vie est généreuse avec moi !

5

Zélie descendit de la Montagnarde[1] et ragea de ne trouver personne. Mauvaise foi évidente que cette irritation : elle n'avait pas averti de sa venue. Mauvaise conscience aussi : ses visites à Larbousse étaient si rares.

Au fur et à mesure qu'elle avançait dans le village, sa colère se muait en étonnement après que la diligence se fut arrêtée devant un relais de poste-hostellerie-auberge, flambant neuf, au nom évocateur, La Patache bleue, implanté en rase campagne à l'entrée de Larbousse et que le postillon l'eut abordée :

« Vous ne descendez pas à Larbousse, demoiselle ?

— A Larbousse-le-Haut, monsieur ! avait-elle répliqué.

— Diable ! Vous venez pas ici tous les jours !

— En quoi cela vous regarde, monsieur ? »

Il fallait qu'il soit d'humeur allègre et point trop pressé, ou bien que la jeune fille fût plaisante à regarder, pour que celui qu'on nommait familièrement Riri expliquât le seul et unique arrêt de la malle-poste, désormais

---

1. Diligence qui faisait le trajet de Nîmes à Florac et retour, via la Vallée Borgne.

hors du bourg pour éviter les nuisances. En réponse à quoi, elle avait marmonné :

« Nouveau siècle, mais les bouseux tournent toujours le dos au progrès. »

Puis, sans un mot de plus, Zélie avait pris son baluchon et son courage et continué à pied. Et tout, à mesure qu'elle arpentait le bourg, l'étonnait. Il y avait d'abord ce silence, comme si les gens avaient déserté leurs maisons, et en même temps une sorte de palpitation habitait les lieux. Ce qui ne manqua pas de la surprendre, c'est ce pont sur un méandre du ruisseau qui coupait la commune en deux, au sens propre comme au figuré ; le clivage catholique et huguenot avait fait de l'eau une frontière. Certes l'onde était toujours là, mais l'enjamber était devenu un jeu d'enfant.

« Le pont ! Vous y pensez au pont ? avaient hurlé quelques énergumènes de Larbousse-le-Haut après qu'une brusque crue du Gardon avait miné jusqu'à l'effondrement le vieil objet de leur dissension.

— Que chacun se rassure, avait dit Guillaume, tentant d'apaiser le jeu, sachez que nous faisons de sa reconstruction notre priorité. »

Alors, à la place de cette arche à l'énorme voussure, de ce passage étroit, en double S, qui voyait les charrettes s'embourber et les paysans s'invectiver, la route aboutait le tablier du pont, plate et droite, si bien que, sans la double rangée de parapets, nul ne se serait douté que deux amples voûtes plantées dans l'eau la soutenaient.

A la sortie du pont, Zélie perçut comme un murmure montant d'une impasse maintenant élargie et qui menait, naguère, au lavoir communal. Prise de curiosité, elle l'emprunta ; à mi-chemin, guidée par le brouhaha qui s'intensifiait, elle tourna sur sa gauche et déboucha sur une belle place dont elle ignorait l'existence, et pour cause !

Une place carrée de belles dimensions, des bâtiments sur trois côtés. La rue empruntée par Zélie et qui se prolongeait au-delà affichait sa plaque toute neuve : *rue des Ecoles*. La place, dotée en son centre d'un griffon aux larges margelles, portait, elle, le nom de « place de la Mairie ». Des trois côtés bâtis, un seul était neuf, comme en témoignaient ses pierres blondes, l'encadrement de brique rouge vif de ses fenêtres, le cartel en fer forgé sertissant l'horloge à son fronton. Ainsi que ses inscriptions fraîchement peintes qui ne laissaient aucun doute sur sa fonction : à gauche, *Ecole des Garçons* ; au centre, *Mairie*, souligné de son credo *Liberté, Egalité, Fraternité* ; à droite, *Ecole des Filles*.

Face à cette bâtisse et au-delà de la fontaine, une esplanade plantée de jeunes arbres, agrémentée de bancs en bois et puis la foule des grands jours avec, en son centre et juché sur un podium qui en faisait un géant : Guillaume en orateur !

— Zélie ! Ma petite sœur ! Viens, viens par là !

On s'écarta, elle se fraya un chemin et rejoignit l'estrade au pied de laquelle elle retrouva Amélie, la petite Violette et le petit Alban dans un landau de bois et d'osier à grandes roues métalliques, une création de Guillaume dont il n'était pas peu fier. Amélie leva les yeux vers son époux, il était l'image même de la félicité. Son épouse adorée, ses enfants chéris et sa très chère, sa si chère petite sœur. Un homme fier et heureux, quelle belle image à ranger dans la boîte aux souvenirs !

Amélie se promit in petto de veiller à ce qu'aucun nuage n'entache le séjour de sa jeune belle-sœur.

La visite des lieux succéda aux discours. La mairie, à laquelle on accédait grâce à un perron de trois degrés, était séparée en son milieu par une volée de marches qui menait au premier étage. A droite, la salle à la fois des réunions, des mariages et des réceptions officielles, comme elle le prouvait aujourd'hui par une longue table placée en son centre où l'on servirait, plus tard, des rafraîchissements accompagnés d'une collation. A gauche, deux pièces en enfilade, la première destinée au secrétaire de mairie, la seconde abritant le bureau de monsieur le maire.

— Suivez-moi ! invita Guillaume d'un geste large de la main. Honneur aux dames, nous allons à l'école des filles.

Deux classes claires, dotées chacune de la traditionnelle estrade flanquée de deux tableaux noirs, cinq rangées de pupitres doubles légèrement inclinés, reliés à leur siège, don de l'entreprise de charpente Masméjean, une générosité que Guillaume passa sous silence, et, dans la travée centrale, un poêle rond et sa grille protectrice. Un préau s'appuyait au mur latéral et suivait une courette où tentaient de s'enraciner quatre valeureux platanes. L'école des garçons, à l'opposé du bâtiment, était identique.

Bizarrement, l'heure n'était pas à la franche critique, tout au plus à l'interrogation :

— Si j'ai bien compté, monsieur le maire, notre école pourra accueillir cent soixante enfants. Vous n'avez pas vu un peu grand, par hasard ?

— Vous ne nous avez pas fait visiter l'étage. A quel usage le destinez-vous, Masméjean ?

— Quatre classes et deux enseignants, hé, tu sais plus compter, Guillaume !

Guillaume répondait avec patience. Ce n'était pas utopie que de miser sur une population sans cesse grandissante, ni trop ambitieux de procurer aux maîtres et aux maîtresses venant dispenser leur savoir aux enfants de Larbousse un logement décent.

— Qui se contenterait de nos jours du galetas miteux de monsieur Chabrol ? D'un fond de classe séparé d'un rideau de mademoiselle Rouvière ? Pas un seul de vous, j'en suis sûr ! Et pour ta gouverne, Canonge, je sais encore compter, le rectorat de Nîmes nous a promis pour octobre un couple d'enseignants à qui, soit dit en passant, je vous demanderai de faire bon accueil.

Le clin d'œil complice qu'il adressa à son épouse en disait long sur celui qui avait été réservé à la jeune fille fraîche émoulue de l'Ecole normale.

Déjà la foule investissait la nouvelle salle des mariages, attirée par une abondance de boissons fraîches, de chaussons aux pommes, de tartes à la rhubarbe. Et pas un qui criât à la gabegie !

Suivi d'un petit groupe, les moins assoiffés ou les plus curieux, Guillaume entraîna Amélie jusqu'au premier étage. Zélie leur emboîta le pas, laissant ses petits neveux à la surveillance de Juliette Bourgnolle. Un couloir en T desservait trois appartements. Au centre, le plus grand comptait quatre pièces ; au-dessus des classes, deux autres de deux pièces, toutes les fenêtres en façade. Les murs blancs attendaient un papier peint fantaisie, les fenêtres soupiraient après des rideaux qui tardaient, les pièces tendaient les bras à des meubles invisibles, seul le sol de tomettes brillantes faisait mine de se réjouir.

Amélie arpentait ces pièces, le regard assombri et un étau au cœur ; ses lèvres esquissèrent une prière muette :

« Dieu veuille que je ne vienne jamais vivre ici ! »

Un frisson la parcourut et, sans attendre Guillaume, elle alla rejoindre ses enfants qu'elle serra convulsivement dans ses bras.

— Ça ne va pas, madame Amélie ?

Rien n'échappait à cette bonne Juliette. Amélie se força à sourire et bredouilla :

— C'est... c'est l'émotion.

Elle s'en voulait, rageait presque de son attitude incompréhensible ; elle-même ne pouvait trouver de raison à cette impression désagréable, sorte de mauvais pressentiment sans fondement.

Les visites de Zélie avaient toujours un but précis. Guillaume avait cessé de lui reprocher leur brièveté et leur rareté, la maligne ayant réponse à tout : le trajet des plus désagréables, le travail dont les submergeaient les professeurs et surtout les sorties avec sa petite marraine comme en avaient toutes les pensionnaires. La sienne, une demoiselle Romestan, Bérangère de son prénom, était, excusez du peu, la fille unique et chérie d'un ingénieur des mines de Rochebelle. Logement de fonction sur le flanc sud de la colline de Chantilly, au lieu dit Le Petit-Nice, corbeille latérale au théâtre municipal, victoria décapotable pour les promenades dans les prés d'Arènes...

A ce stade de son énumération, Zélie posait un regard méprisant sur le vélo d'Amélie et surtout sur sa carriole attelée, une caisse de bois à deux roulettes, généreusement capitonnée, qui lui permettait de transporter ses enfants jusque chez leur mémé Juliette.

« C'est par économie », narguait-elle Guillaume avec effronterie quand il lui reprochait ses trop longues absences.

Elle ne pouvait plus prétexter les visites à sa mère. Séraphine Masméjean, contaminée non par les petits poitrinaires mais par la foi dévorante des sœurs de Saint-Vincent-de-Paul, avait pris le voile à son tour et prononcé ses vœux dans un monastère voué au silence et à la prière.

« Enterrée vivante ! »

Tel avait été l'amer constat de Zélie. Au demeurant, sa jeunesse et son ardent désir de jouir des bonnes choses de la vie l'avaient vite rattrapée.

Amélie se disait que son irruption, sans tambour ni trompette, pour ces vacances de Pâques 1900, dérogeait à la règle. Mais à quoi bon anticiper ? Guillaume lui paraissait si las ces derniers temps.

Comme Zélie s'y attendait, les questions de sa belle-sœur roulèrent sur ses études.

— Nous avons reçu tes notes du deuxième trimestre, Zélie. Le baccalauréat semble à ta portée.

— Dans la poche, voulez-vous dire ! Bérangère et moi sommes en tête de classe.

— Rien n'est jamais acquis, tu ne dois pas relâcher tes efforts. Et ton avenir, prend-il forme dans ton esprit ?

— Il faut bien ! Je n'ai pas, comme Bérangère, un père…

La moutarde montait au nez d'Amélie.

— Tu as un frère qui croit en toi et te soutient. Ce n'est pas chose courante, crois-moi.

— Peut-être ne suis-je pas comme vous à me contenter d'une vie mesquine à Larbousse !

Puis elle enfonça le clou :

— Encore moins des miettes de notre entreprise de charpente, à Guillaume et à moi.

Bien que l'outrecuidance de Zélie la fît bouillir, Amélie jugea préférable de calmer le jeu.

— C'est en effet une affaire entre ton frère et toi, merci de me le préciser, Zélie. Cependant, permets-moi un conseil : l'homme le plus généreux possède la sagesse de ses limites.

Dans l'atelier où elle avait rejoint son frère, après le départ de Marcélou, Zélie ouvrit les hostilités.

— A Montpellier, attaqua-t-elle, nous pensons partager un appartement avec Bérangère.

— C'est fort sage, approuva Guillaume naïvement.

Forte de cette approche facile, Zélie continua :

— On se contentera d'un petit trois-pièces proche de la faculté de lettres. Mon amie en a repéré un à vingt francs par mois, les charges sont comprises.

— Fichtre ! Les Montpelliérains ne se mouchent pas du coude. Enfin, divisé par deux, c'est un moindre mal.

— Vingt francs chacune ! Hé, Guillaume reviens sur terre !

— Alors là, je te dis non, Zélie. Non, non et non ! Qu'est-ce que tu crois ? Qu'il suffit de se baisser pour ramasser l'argent ? Tiens, madame la savante, viens éplucher les comptes avec moi ! Nous vivons, oui, mais nous ne roulons pas sur l'or et il suffirait d'un mauvais payeur pour que l'entreprise capote.

Les chiffres parlèrent peu à la future étudiante qui campait sur ses positions, le ton montait, la discussion s'éternisait quand Guillaume y coupa court. Une idée prenait forme.

— Nom d'une pipe, le châtelain de Castelbouc !

— Eh bien quoi, le châtelain de je ne sais où ? Qu'est-ce qu'il vient faire là ?

— Un client, un bon client, mais aussi un professeur de médecine renommé à Montpellier. Il ne me refusera pas son aide pour te dégoter une chambre d'étudiante dans une bonne maison et à moindre coût. Tu vois que tu peux compter sur ton grand frère, jeune boudeuse.

Zélie écourta son séjour. Elle était venue quérir des certitudes, elle ne partait qu'avec de vagues promesses.

— Une nouvelle Cosette, cela doit vous plaire, vous qui ne jurez que par Victor Hugo ! éructa-t-elle à la face d'Amélie en prenant congé. Et c'est à vous que je le dois !

— A toi de l'améliorer avec des études assistées, en rendant de menus services…

— Pft ! Menus services, menue monnaie. Plutôt danser, vêtue comme Isadora Duncan !

Les mains d'Amélie se crispèrent afin de ne pas gifler l'insolente. Où était la fillette courant à l'église confesser sa faute, celle de fréquenter une école de la République ?

L'inauguration officielle du bâtiment couplant écoles et mairie n'avait précédé que d'une paire de semaines les élections municipales. Un doublé de Guillaume

Masméjean ne faisait pas de doute, encore que sa candidature posât problème à son épouse.

— Tu en fais trop, Guillaume, le surmenage te guette.

— Et c'est toi qui me dis ça, mignonne ?

— Moi, j'ai dans une perspective proche le dédoublement de ma classe, et cela grâce à toi, chéri, à ta pugnacité.

— Alors, tu me donnes ton aval pour un second mandat ?

Amélie avait soupiré d'impuissance. Guillaume n'était pas un homme de demi-mesure, pas plus dans son travail que dans son engagement au service de sa commune.

— Bien sûr que tu l'as ! Ma voix, elle, est soumise à une condition.

— Déjà des exigences, petite madame ?

— Si peu, monsieur le maire. Juste une subvention exceptionnelle pour amener les lauréates du certif à l'Exposition universelle.

— *Eh bé*, si je m'attendais à ça ! Quoique avec toi, j'aurais pu m'en douter. Mais dis-moi, on ne peut faire deux poids et deux mesures, les certifiés de monsieur Sylvestre feront partie du convoi ?

Un léger haussement d'épaules et une boutade de la jeune femme en guise de réponse :

— Pour les finances de Larbousse, il est à souhaiter que 1900 ne soit pas un bon cru en matière de réussite scolaire.

Guillaume s'était vu renouveler la confiance de ses administrés, d'autant plus aisément qu'à quelques jours du scrutin la liste d'opposition menée par le fameux Canonge s'était désistée. Crainte d'une nouvelle veste ?

Et – y avait-il de cause à effet – la fatigue qui tirait ses traits, qui rendait pesante sa silhouette, fit place à un regain d'ardeur. Il enchaînait chantier sur chantier, établissait des devis, remplissait son carnet de commandes. Une sorte de boulimie du travail d'un homme pressé dans laquelle il entraînait sans scrupule son fidèle Marcélou et où Amélie ne reconnaissait plus son époux.

— Après quoi cours-tu, Guillaume ? lui demanda-t-elle avec, dans la voix, une certaine inquiétude.

Guillaume prit son temps et s'en tira avec une pirouette.

— Pour qui, veux-tu dire ! Mais pour toi, mon amour, pour nos enfants et pour fournir du travail à Marcélou.

Le jeune homme, devenu ouvrier avec un salaire de quarante-cinq francs par mois, vénérait Guillaume qui, en toute confiance, le chargeait de chantiers qu'il menait seul, de bout en bout. Une prime alors arrondissait sa paye, que Marcélou mettait scrupuleusement de côté.

« Pour quand je prendrai femme, disait-il à son grand-père qui voyait les pièces et les billets s'entasser dans la boîte métallique vantant l'inégalé chocolat Suchard.

— Oh, celle-là, elle n'est pas encore née », désespérait l'aïeul, qui ne lui connaissait aucune petite amie.

Ni sa vie d'élu, ni celle d'entrepreneur, pas plus que celle d'époux et de père, ne faisaient oublier à Guillaume sa jeune sœur, de laquelle il redoutait la distension de leurs liens affectifs.

En s'ouvrant de son souci au professeur Marquez, éminent urologue montpelliérain, que Guillaume appelait « le châtelain » et qui, de fait, possédait un castelet, ses terres et ses fermes à Castelbouc, le frère de Zélie avait frappé à la bonne porte.

— Une chambre de bonne ? J'ai mieux à vous proposer, Masméjean. La mère de mon épouse occupe, au deuxième étage de notre immeuble de la rue de la Loge, un appartement trop spacieux pour une femme seule. Votre sœur aura sa chambre sans bourse délier en échange d'un peu de lecture et de menus services qu'elle fera à cette vieille personne... si elle est d'accord, bien entendu.

— Elle le sera ! affirma Guillaume.

Elle le fut ! La rue de la Loge, à deux pas de la Comédie, cela suffisait à flatter sa vanité. Les dix francs mensuels que lui alloua son frère ne lui tirèrent qu'un inaudible merci.

L'année 1900, par ailleurs si ardemment porteuse d'avancées humaines et de progrès technologiques, comme la loi qui limitait à onze heures les journées de travail ou la création de la première ligne du métropolitain parisien, ne ferait pas date dans les annales des diplômés de Larbousse.

Sur onze candidats présentés, huit seulement furent reçus ; cinq filles sur les six qu'Amélie avait jugées aptes et trois garçons dont monsieur Sylvestre n'était pas peu fier, tous trois s'étant vu accorder les félicitations du jury.

— Je la savais capable mais tellement émotive !

Amélie tentait d'apaiser les parents de la pauvre Lucienne, nullement touchés par les larmes de leur fille et qui se rejetaient la faute.

— Tu n'as pas voulu que je la mette à la filature ! reprochait le père à la mère.

Celle-ci ne manquait pas de repartie :

— Et toi, grigou comme pas deux, qui lui as toujours refusé la machine à coudre dont elle rêvait !

— La filature !

— La couture !

Mieux valait laisser les parents de Lucienne en découdre, sans mauvais jeu de mots !

Emmener ses élèves à Paris ! Amélie touchait au but et, comme à son habitude, passait outre les ragots qui déboulaient des rues pentues de Larbousse, roulaient sur les chemins caillouteux de la Vallée Borgne, allaient se perdre dans les mas et lui revenaient aux oreilles comme un boomerang.

— A Paris ? Si c'est pas une idée *muscadèl*[1], ça !

— Pardi ! Et aux frais de la commune, autrement dit c'est nous qu'on paye !

— Dites, elle aurait pas un peu des idées de grandeur, la femme de notre maire ?

Si la plupart des familles concernées par le voyage arborèrent profil bas, il s'en trouva quand même deux, et des plus humbles, à se poser en défenseurs de la maîtresse.

— Pensez à nos filles qui pourront dire, un jour, à leurs petits-enfants : « L'Exposition universelle de 1900, j'y étais ! »

— Et les souvenirs qu'elles en rapporteront ! C'est beau, les souvenirs, ça embellit une vie quand, parfois, elle vous pèse.

---

1. Occitan : littéralement, qui sent le musc, qui est capiteux. Par extension : qui dépasse les bornes.

Huit enfants et deux adultes en goguette, même s'il s'agit d'un tout petit séjour, cela demande une sacrée organisation. Mais on pouvait faire confiance à Amélie !

« Venir garder vos enfants à La Tourette ? Pensez si je veux bien ! s'était réjouie Juliette Bourgnolle. Je peux bien abandonner pour quatre jours mon mari et notre domestique. Et puis, je m'occuperai de Guillaume, et aussi de Marcélou...

— Ça m'étonnerait, ma bonne Juliette. Avec les chantiers qu'ils ont ! Guillaume m'effraie parfois, il est insatiable !

— Vrai ! Je lui trouve petite mine. Bah, ils sont tous pareils à l'approche de la quarantaine. Des ogres de travail.

— Hé, Juliette ! Vous me le vieillissez, mon Guillaume ! Il n'a pas trente-cinq ans... enfin presque. »

La garde des enfants réglée, qu'elle avait souhaité ne pas déranger dans leurs habitudes de sommeil, Amélie s'était attelée à la tâche ardue qu'était l'organisation du séjour ; elle en avait eu des sueurs froides et s'était demandé dans quelle galère elle s'était embarquée.

En gare d'Alais, elle avait eu la meilleure des réponses dans les yeux des filles et des garçons qui prenaient le train pour la première fois. Ils tenaient entre le pouce et l'index leur billet de troisième classe et le tendirent au poinçonneur. Les familles étaient venues en masse, détracteurs et partisans, et chacun, du quai ou de la vitre baissée, agita son mouchoir jusqu'à ce que le tunnel du Pèlerin avale le long convoi.

Cela se passait un lundi, au milieu de la matinée, dans le silence religieux qui précède toute grande aventure. Quatre jours plus tard, le jeudi, alors que le soleil de feu prenait ses quartiers de nuit et jouait à travers les pins de la montagne Saint-Germain, la même troupe se retrouva dans ce même lieu et ce fut alors une caco-phonie d'interpellations, de cris de joie. Tous voulaient partager, sur-le-champ, ce qui les avait éblouis, enchan-tés, transportés.

— Un trottoir roulant ! Oui, papa, je t'assure, et qui roulait à huit kilomètres à l'heure. On l'a pris, c'était magique. Bien sûr, cela coûtait un franc !

— Un franc pour monter sur un trottoir ? Mais c'est des voleurs à Paris !

— Un trottoir mécanique, papa, de trois kilomètres de long et qu'on appelait la rue de l'Avenir !

— Moi, j'ai préféré la reconstitution du Paris médié-val, je m'attendais à voir Phœbus et Esmeralda devant Notre-Dame !

— C'est bien de toi, ma Ninette, toujours rêveuse !

— Vous, les filles, sorties du Village Suisse et du Moyen Age, tout ça c'est du vieux ! Nous, on aime ce qui est moderne. *Tè*, la grande lunette du Palais de l'optique, la tour Eiffel, le cinéma des frères Lumière... Et tout ça pour un franc l'entrée !

— Alors, tout est à un franc à Paris !

Sur ce mot de la fin d'une naïveté déconcertante, la petite troupe s'égailla, mais tard dans la nuit, dans chaque foyer, on en parla encore et encore, du trottoir roulant et de la tour Eiffel !

Les bras d'Amélie se refermèrent tendrement sur Alban et Violette, heureux de retrouver leur maman, son frais parfum et sa douce voix qui leur fredonnait des comptines pour les endormir. A leur tour, les bras protecteurs de Guillaume, sa poitrine tiède et palpitante accueillirent le corps d'Amélie. Une nuit d'ardentes retrouvailles, de folles étreintes, entrecoupées des souvenirs que la jeune femme rapportait par brassées, ivre d'une escapade qu'elle rêvait de refaire... à quatre.

— Nous irons quand les enfants seront en âge d'apprécier. Tu verras, Guillaume, cette ville est magique.

— Il se pourrait que je m'octroie, moi aussi, et plus tôt que tu ne crois, un petit séjour de célibataire.

Le ton enjoué piqua la curiosité de la jeune femme.

— Pour me punir de t'avoir délaissé pendant quatre malheureux jours ? questionna-t-elle avec légèreté.

— Pour ça et pour répondre à l'invitation de notre président de la République, qui convie à sa table, et quelle table !, tous les maires de France.

Ce fut au tour d'Amélie d'accompagner Guillaume à la gare et de le rassurer :

— Ne t'inquiète de rien, mon chéri. Marcélou t'a prouvé à maintes occasions ses capacités, et moi, eh bien moi, je t'accompagne par la pensée.

Pour saluer ce siècle qu'on avait prédit grandiose, le président Loubet n'avait pas lésiné sur le gigantisme de la réception qui, fixée au 22 septembre, commémorait les cent huit ans de la République, comme il le souligna dans la dernière phrase de son discours adressé aux 22 965 convives :

— ... cet anniversaire est la fête du patriotisme autant que la fête de la liberté !

Sept cents tables autour desquelles officièrent 2 150 maîtres d'hôtel, un menu et des vins sublimant les régions de notre belle France, la Comédie-Française, mais aussi l'Académie de musique et de danse pour assurer l'animation.

« Amélie serait si heureuse ! » se disait Guillaume, peu sensible aux déclamations des sociétaires, pas plus qu'aux pas de deux des danseurs étoiles évoluant sur la musique de Tchaïkovski.

A sa défense, un malaise latent, troublant mélange de difficulté respiratoire et de lourdeurs digestives, bien compréhensibles au demeurant, l'empêchait d'apprécier à sa juste valeur ce sublime divertissement.

Amélie eut la peur de sa vie quand Guillaume rentra à La Tourette en curieux équipage. Le maire d'Anduze, heureux possesseur d'une De Dion-Bouton, avait tenu à ramener son homologue, indisposé pendant tout le voyage.

— Ne vous tournez pas les sangs, madame Masméjean ! la rassura monsieur Galoffre, qui ne savait plus s'il devait s'inquiéter pour Guillaume ou pour Amélie. Une bonne nuit de repos et notre charpentier sera sur pied !

Guillaume esquissa une grimace qui se voulait sourire :

— J'ai découvert une chose à Paris.

— Une seule chose, vraiment ?

— Et d'importance : la vie sans toi est insipide, Amélie !

6

Il ne se passait pas un jour sans qu'Amélie revienne à la charge.

— Ce n'est pas sérieux, Guillaume, de t'entêter à refuser l'avis d'un médecin. Crois-tu que les infusions de camomille soient la panacée ?

— Et c'est toi qui me dis ça, toi qui fais l'apologie des remèdes naturels ?

— Quand il s'agit de petits bobos qui cèdent au bout d'une semaine, mais cela fait deux mois, deux mois, Guillaume, que tu attends en vain un lendemain meilleur. Je t'en prie, mon chéri, va consulter le docteur Perrier, on n'en dit que du bien à Saint-Jean-du-Gard.

Amélie avait affermi sa voix, elle était pourtant au bord des larmes. Son Guillaume avait maigri, il ne dormait plus, ou si peu et si mal, mangeait sans plaisir et même avec dégoût. L'angoisse la tenaillait, un mal rongeait son mari, grignotait ses forces et le rendait irritable. Le plus souvent, Marcélou en faisait les frais, elle ne l'ignorait pas.

— Une lambourde foutue par ta faute ! Tu veux ma ruine ?

— C'est vous, patron, qui m'avez donné les cotes...

— Que tu n'as pas respectées. C'est bien ce que je dis.

Les algarades de cet acabit ressemblaient si peu au patron qui l'avait formé depuis l'année de ses treize ans qu'au bout du compte Marcélou décida de crever l'abcès.

— C'est pas vous manquer de respect, patron, que de vous dire ce que je pense...

— De quoi parles-tu, Marcélou ? s'étonna Guillaume, qui était dans un bon jour.

— De vos colères, de plus en plus fréquentes et injustes. Ça vous ressemble pas, monsieur Guillaume. Non, ça vous ressemble pas.

A la mine désolée de son fidèle ouvrier se superposa le visage chéri et terriblement anxieux d'Amélie. Ainsi donc, il faisait souffrir ceux qui l'aimaient, ceux qui le respectaient, pour qui il avait toujours été un merveilleux époux, un excellent patron. Sa décision fut prise dans l'instant.

— Tu as raison, Marcélou, ça ne peut plus durer.

Amélie avait insisté pour accompagner Guillaume chez le docteur Perrier.

— Nous irons jeudi, je confierai les enfants à Juliette.

Le médecin posa de nombreuses questions avant de palper, d'ausculter, d'examiner longuement le charpentier. Le silence du praticien, plus que des paroles, ajoutait à l'angoisse d'Amélie, qui était sur des charbons ardents.

Le docteur Perrier n'était pas, à l'évidence, un homme de discours, à moins qu'il ne jugeât ses patients imper-

méables à la compréhension. En même temps qu'il grif-
fonnait une lettre, il donna quelque explication :

— Avant de poser un diagnostic, je souhaite avoir
l'avis d'un confrère. Je fais donc un mot pour le docteur
Savajols, que vous irez consulter de ma part.

— Vous pensez à quoi, docteur ? balbutia Amélie,
aux prises avec un affreux dilemme : savoir ou ignorer.

— Je me répète, madame, mais j'entends discuter
des symptômes dont souffre votre mari avec le docteur
Savajols.

Le grave, compassé et laconique docteur Perrier était
le négatif du sautillant et volubile docteur Savajols. Il
réconcilia les époux Masméjean avec la médecine.

— Que voulez-vous qui se cache dans un corps si
gaillard, bien nourri et vivant au grand air ?

— Les non-dits du docteur Perrier laissaient à penser…

— Un excellent médecin, l'ami Perrier ! Consciencieux à l'excès déjà dans l'amphithéâtre de l'école de
médecine. Non, moi je vois un peu de surmenage, des
soucis au travail qui empêchent de dormir, du coup une
baisse d'appétit. Le cercle vicieux, quoi. Nous allons
parler de vous avec Perrier et je lui proposerai de vous
faire une ordonnance pour une cure d'huile de foie de
morue.

Comme le cœur d'Amélie était léger au sortir du
cabinet du docteur alaisien ! Guillaume, lui, se sentait
rajeuni.

— Il m'avait flanqué la frousse, cet oiseau de mauvais
augure de docteur Perrier ! bougonna-t-il en laissant
échapper toutes ses craintes.

Les ampoules d'huile de foie de morue figurèrent dès lors au menu de Guillaume, qui y trouva remède à son mal et même à ses maux. Un regain d'énergie, donc une plus grande capacité de travail et, la fatigue aidant, un sommeil retrouvé. L'appétit, lui, restait aux abonnés absents. Guillaume en expliquait aisément la cause :

— Cette huile de foie de morue, c'est de la nourriture en ampoule. Tiens, il faudra penser à en faire monter une boîte par le facteur.

Cette journée du bel été 1901 s'inscrirait à jamais dans la mémoire d'Amélie comme le point de départ de la lente érosion d'un bonheur familial qu'elle croyait naïvement éternel.

Elle était assise à l'ombre du tilleul qui, depuis la vieille maison familiale devenue le tombeau d'une vie d'autrefois, étirait ses ramures jusqu'à la terrasse nouvellement construite par Guillaume. Le petit Alban jouait à ses pieds, enfant silencieux et calme et cependant curieux de tout au point d'être un insatiable dévoreur de livres illustrés. Violette, assise sur une chaise basse, au plus près de sa mère, entretenait la conversation.

— Pourquoi je ne serai pas dans ta classe, maman, à la rentrée prochaine ?

— Tu le sais bien, ma mignonne. Madame Saumade a pris les plus jeunes sur trois niveaux et moi les cours moyen et la classe du certificat, c'est un accord qui nous convient bien. Tu verras, elle a beaucoup de patience pour apprendre à écrire, à compter, à lire.

— Mais je sais mes lettres, maman !

— Moi aussi ! intervint Alban, qui le prouva en pointant un doigt vers la façade de l'atelier qui portait l'enseigne défraîchie de l'entreprise familiale.

C'est à ce moment que surgit, d'un nuage de poussière par elle provoqué, la charrette de Guillaume tirée dans un train d'enfer par son cheval écumant. Debout devant le double siège de moleskine, les jambes écartées pour assurer sa stabilité, Marcélou raccourcissait les rênes, ralentissait le convoi et, sautant au sol, courait vers Amélie en criant :

— Madame Amélie ! Madame Amélie, il faut que vous veniez…

Instinctivement, sans bouger de sa chaise, Amélie avait pris la main de ses enfants et les attirait vers elle. « A trois, nous serons plus forts », semblaient dire son visage de marbre et ses lèvres figées.

« Il faut que vous veniez » ? Mais où ? Guillaume et Marcélou étaient partis la veille pour Florac remettre en état la charpente du réfectoire d'un couvent, un chantier que son époux avait évalué à trois jours pleins. Et Marcélou revenait, à bride abattue, l'avertir d'un malheur. Il ne pouvait en être autrement.

— Monsieur Guillaume… il est à l'hôpital… il vous attend.

Mais alors, il vivait ! Il vivait ! En un instant, tout s'organisa dans sa tête : confier une fois de plus les enfants à Juliette, plier quelques affaires dans son sac en tapisserie, attraper la Montagnarde de nuit qui la déposerait à Florac avant minuit et recommander à Marcélou du repos pour lui et son cheval.

— Il sera temps demain que tu reprennes la route et achèves le chantier de Florac.

Dans l'action, Amélie excellait, n'omettait aucun détail, savait les priorités. Une façon de repousser un moment redouté entre tous. Oh, pas celui de voir Guillaume ! Elle aurait volé vers lui si elle avait été pourvue d'ailes. Mais celui d'un face-à-face avec un médecin, celui d'une révélation devant laquelle elle aurait envie de se boucher les oreilles.

Et tout se déroula comme elle le pressentait.

Il gisait dans son lit, les yeux clos, le teint cireux. Amélie posa délicatement ses lèvres sur le front de Guillaume où la sueur avait plaqué des mèches folles.

— Tu es là, mon amour. Je t'ai fait peur, hein ?

— Dors. Maintenant, tout va bien.

Mensonge. Elle savait que c'était lui mentir, que c'était se mentir et que débutait une ère de faux-semblants, de faux-fuyants, de cachotteries, une épuisante comédie qu'il faudrait jouer sans faiblir. Ainsi en avait-elle décidé dans le bureau où le médecin de l'hôpital l'avait entretenue.

« Une maladie sans nom, madame, sinon celui du médecin qui a poussé plus avant dans ses recherches, le professeur Charcot, mort depuis quelques années. On n'en connaît pas la cause, encore moins le remède.

— Comment en guérit-on alors ? » s'était-elle emportée.

La réponse du médecin avait tardé à venir, enrobée de compassion et d'impuissance.

« On vit avec, madame, on vit avec. Et puis... »

Amélie crut hurler, ce ne fut qu'un son rauque, venu du tréfonds de son être ;

« Non !
— Si, hélas. »

Combien de temps dura le silence qui les enveloppa alors ? Toute sa vie défilait, sa belle vie avec Guillaume, avec leurs enfants, les années qu'ils avaient vécues et celles qu'ils se promettaient de vivre encore. Elle s'entendit demander :

— Combien de temps nous reste-t-il ?

« Nous » ? Bien sûr que ce n'était pas une seule vie qui serait emportée, mais deux, mais trois, mais quatre. Leur foyer allait éclater à cause d'une maladie sans nom, sans raison, sans remèdes. Le docteur leva les yeux au ciel et murmura :

— Ce n'est pas moi qui décide. Cependant, il ne faut pas espérer plus de trois ans… dans le meilleur des cas.

Le corps d'Amélie s'était figé dans une raideur quasi cadavérique, ce qui la faisait paraître plus grande. Sa pâleur mettait en relief de fines veinules bleutées qui sillonnaient ses tempes ; ses mains, accrochées aux poignées de son sac, semblaient agrippées à une dérisoire bouée qui l'entraînait dans un abîme sans fond. Elle sentit un bras qui passait sous son coude, la menait vers un fauteuil et la faisait asseoir. Elle n'opposa aucune résistance et dit enfin d'une voix blanche :

— Je veux tout savoir de cette maladie… Tout ce que vous en savez, bien sûr.

Elle accompagna sa demande d'un triste sourire. Et le docteur ne lui cela rien des crises invalidantes de la maladie, des périodes de rémission où le malade récupère tout ou partie de ses fonctions, puis des rechutes de plus en plus rapprochées, de plus en plus douloureuses.

111

— On s'accommode, plus ou moins, d'un bras raidi, d'une jambe qui se tétanise, de la parole qui devient inaudible. Mais on ne peut plus vivre, quand l'asthénie des muscles est totale, quand la paralysie s'en prend aux poumons, au cœur qu'elle comprime et rétrécit.

Le docteur s'arrêta, à peu près certain que la jeune femme allait s'effondrer. C'était son quotidien. Il n'en fut rien, Amélie assimilait, emmagasinait, s'imprégnait une fois pour toutes des situations qu'elle aurait à affronter. Car elle avait pris une décision capitale : les années qui leur étaient comptées seraient encore plus belles que celles écoulées.

— Mon mari ne doit rien savoir de tout cela, docteur.

— Il est de mon devoir, madame...

— Considérez que vous l'avez accompli, docteur, n'en dites pas plus.

Le médecin exhala un soupir, il n'avait jamais vu une personne sortir aussi dignement de son bureau.

La récupération de Guillaume fut totale. La jambe tétanisée qui lui avait valu sa chute, spectaculaire mais sans gravité, de l'échafaudage avait retrouvé toute sa mobilité et, la volonté aidant, il ne paraissait plus rien de cette maladie qui se faisait pour un temps oublier.

Comme elle se l'était promis, Amélie entama un marathon de la joie communicative, de l'amour qu'elle dispensait sans compter, de la sollicitude discrète. Un tourbillon de bonheur entraînait ceux de La Tourette dans un éblouissement quotidien où tous se laissaient prendre. Parfois même Amélie.

La première rechute intervint au début du printemps 1902. Terrible ! Du creux des reins jusqu'au bout des orteils, Guillaume endurait une souffrance intolérable. Il lui semblait que ses muscles se nouaient, se raidissaient et se bloquaient.

— Je suis fichu, avoua-t-il à son épouse qui massait longuement ses jambes douloureuses.

— C'est un peu vite résumer une fatigue accumulée ! Je te connais, mon chéri, dans un mois tu en remontreras à Marcélou.

Elle avait été optimiste. Deux mois avaient été nécessaires, mais la récupération totale fut un grand soulagement.

— Encore une fois, c'est toi qui avais raison, ma sage et belle épouse.

— Tu aimes un peu trop mes massages, toi ! fit-elle mine de gronder, l'index menaçant et un sourire qui démentait le geste.

Il fallait plaisanter pour que s'éloigne cet affreux goût de fiel montant de ses entrailles comme un poison mortel.

Ainsi, de rechutes en rémissions, s'écoula une année ponctuée, à Noël, par la visite de Zélie, qui souhaitait présenter un jeune homme à son frère.

Il te plaira, assurait sa missive. *Comme toi, il a de l'or dans les mains.*

La réaction de Zélie à la vue de son frère fut quasi imperceptible mais foudroya les yeux myopes et amoureux d'Amélie.

Plus tard, en aparté, Zélie s'en prit à sa belle-sœur :

— Mon frère a été malade et on ne m'a rien dit ! Vous auriez pu...

— Guillaume n'a pas souhaité te plonger dans l'inquiétude.

Au ton qu'avait adopté Amélie, à son visage fermé, à ses yeux fixes qui retenaient ses larmes, Zélie comprit qu'elle ne devait pas insister.

Jusqu'à Guillaume, qui donna le change en plaisantant :

— Alors, ce jeune homme aux doigts d'or, il a eu peur de la comparaison ?

— Une exposition. Il s'excuse.

Autant parler chinois au charpentier. Zélie expliqua avec fierté :

— Alexis Minsk est sculpteur. Ses œuvres sont des merveilles.

— Tu sembles très objective ! Minsk, polonais ? Tchèque ?

— Un nom d'artiste, voyons ! De son vrai nom, Alphonse Minard.

— Et ce monsieur Alexis Minsk ou Alphonse Minard, il vit de ses « œuvres » ?

Alban fit irruption à point nommé pour éviter à Zélie une réponse dont Guillaume se doutait.

— Tatie, viens voir mon livre de bêtes sauvages ! Viens !

Avant que Zélie ne retourne à Montpellier, à ses études et à son sculpteur, son frère avait voulu s'entretenir en tête à tête avec elle. Amélie ne s'en offusqua pas, Guillaume allait certainement l'alerter sur des études qu'il ne financerait pas éternellement. Vingt ans, un bachot, deux années à l'université et toujours à attendre les largesses de son frère !

Que n'avait-elle eu l'audace d'écouter aux portes ! Quelle édifiante révélation aurait eue Amélie !

114

— Je suis malade, Zélie et viendra le jour où la charpente, pour moi, il n'en sera plus question.

— Qu'est-ce que tu racontes, Guillaume ?

— Chut, petite sœur, je veux que tu m'écoutes. Ce jour-là, il ne faudra pas accabler Amélie, elle est tout simplement merveilleuse. Tu la soutiendras de toutes tes forces et, si toi et ton sculpteur, vous désirez vous installer ici, je te le dis, la maison de notre père est à toi.

Zélie fronça les sourcils. Avec l'âge, son frère devenait-il mélancolique, voire dépressif ? Plus sûrement était-il dans un mauvais jour à cause d'un chantier qui allait de travers. Elle prit le parti du persiflage.

— Message reçu, mon adjudant ! dit-elle en faisant claquer ses talons et en portant sa main à la tempe.

Une aussi radieuse saison ne pouvait s'achever dans les affres d'un nouvel accès, d'une résurgence de la maladie. Non. Amélie repoussait cette idée de toute sa volonté.

Au terme d'un été qu'elle s'était forcée à rendre magique – bien servie aussi par une longue période de rémission – la jeune femme étouffait. Son secret l'étouffait. Mais avec qui le partager qui aurait sa force et son entêtement à faire comme si ? Avec personne, sinon un cahier, elle qui n'avait jamais tenu ce que ses camarades de l'Ecole normale nommaient leur « journal intime ».

Je n'ai jamais vu plus grande fierté dans les yeux bleus de mon Guillaume que le jour où notre Violette lui a fait la lecture de tout un chapitre de son livre de la Bibliothèque rose illustrée, Un bon petit diable, *sans buter une seule fois. Et la joie de cette belle enfant d'avoir ravi son père ! Tous ces*

115

bonheurs ne peuvent, un jour, nous être dérobés, un père a tant d'occasions de vibrer grâce à ses enfants.

Elle observait son mari, le plus discrètement possible, et il n'y avait pas un de ses gestes qu'elle n'analysât. Sa démarche avait quelque raideur au lever. Et sa main, n'avait-elle pas lâché, par deux fois, son couteau ? Un soir, au retour d'une longue journée à débarder en forêt, Guillaume avait ouvert les bras à Alban, l'avait pressé sur son cœur avant de le faire sauter en l'air. Tout le corps d'Amélie s'était crispé sur le coup d'une légitime angoisse : et si ses forces le trahissaient ? Ce n'avait heureusement pas été le cas et le gamin, poussant des cris faussement peureux, avait crié :

« Encore, mon papa chéri ! Tu es le plus fort des papas ! »

Sotte que j'étais ! Ne plus faire confiance à Guillaume, c'est le pire des affronts. Il est si fort, mon amoureux, un chêne. Pourquoi abattrait-on les chênes ? Cela ne se peut !

Un père, mais aussi un mari, un amant, un ami dont Amélie niait l'éventuelle et définitive absence. Chaque jour, chaque nuit, elle appréciait la caresse de ses paroles, l'intensité de ses étreintes, la solidité d'une épaule compréhensive. Ce qui l'amenait à douter de sa décision.

Un ami à qui l'on dissimule une vérité à laquelle on ne peut échapper, un mari que l'on abuse en faisant l'enjouée, un amant à qui l'on donne tout sauf son âme déloyale. Je suis indigne de cet ami, de cet amour, de cet amant. *Je l'aime et je le trompe comme la dernière des inconstantes.*

Dès les premiers jours d'automne, le cahier d'Amélie resta enfoui au fond de son sac en tapisserie. Guillaume avait rechuté. Son grand corps vigoureux n'était plus qu'un bâton noueux qui occupait tout le lit ; c'en était fini de leur bel été.

Amélie sut, d'instinct, qu'ils venaient d'emprunter un chemin de croix et qu'au bout de ce chemin, comme sur un nouveau Golgotha, elle verrait sa vie voler en éclats.

Il fallait cependant, comme elle se l'était promis, faire face de la meilleure des façons. Ne rien changer dans l'exercice de son métier d'enseignante, rester une mère attentionnée envers ses propres enfants et surtout pallier les incapacités de son mari dans la gestion de l'entreprise. Dieu merci, Marcélou était un ouvrier fiable. Guillaume l'avait dit à Zélie et cela se confirmait au quotidien : Amélie était merveilleuse ! Elle était partout à la fois, ne négligeait rien ni personne. Dans les rares moments où elle consentait à penser à elle avec lucidité, c'est sa capacité à repousser l'heure de la révélation qui la tourmentait. Car elle n'était pas dupe, viendrait le jour qu'elle exécrait d'avance, celui où Guillaume planterait son regard bleu dans ses yeux noirs pour y chercher la vérité.

L'année 1903 montrait tout juste son nez quand, après une courte période qui avait permis à Guillaume de caresser maladroitement ses outils sous le regard désolé de Marcélou, la rechute fut à ce point terrible qu'il ne fut plus question de laisser le malade seul.

Amélie se résigna à faire venir une béate. Elles étaient quatre, bien connues dans la Vallée Borgne, qui vouaient leur vie à Dieu hors des murs d'un couvent pour mieux servir leurs frères. Capables de faire des piqûres, des pansements, elles veillaient le jour, la nuit, à la demande, refusant tout salaire et n'acceptant que la soupe quotidienne.

Marie Pantel arrivait les jours de classe à huit heures et repartait à six, au retour d'Amélie et des enfants. Au début réticent, le malade apprécia, au fil des jours, sa présence attentive tout autant que discrète. Pourtant, tous deux jouaient à se plaindre à Amélie.

— Seigneur Jésus, madame Masméjean, quelle journée ! Dieu veut éprouver ma patience à veiller sur l'incarnation de Satan !

— Amélie, je t'en supplie, sauve-moi de cette gorgone. Elle a voulu m'empoisonner avec sa tisane !

Amélie entrait dans leur jeu, prêtait une oreille complaisante aux lamentations de l'une, aux doléances de l'autre, sans toutefois y donner suite.

Le diable et la gorgone firent cependant bon ménage. Marie Pantel devait accompagner Guillaume jusqu'au bout.

— Et si l'on arrêtait de se mentir, ma vaillante ?

— De quoi parles-tu ? Je n'ai jamais eu de secret pour toi, mon chéri, j'ose espérer que c'est réciproque.

Le ton se voulait railleur, il était pathétique.

— Je ne te reproche rien, Amélie. Tout ce que tu as fait et que tu fais encore, je sais que c'est par amour. J'ai agi de la même façon à ton égard, mais je crois que le moment est venu de tomber les masques. Une fois. Une fois pour toutes. Après, il n'en sera plus question.

La première réaction d'Amélie fut de se révolter. Elle jouait donc cette dramatique comédie pour rien ?

— Tu savais ? Le docteur de Florac n'a pas tenu parole…

— Ne sois pas injuste avec lui, ma Mélinette. Il n'est pas en cause.

Mélinette. Un surnom affectueux que lui donnait sa mère et que Guillaume – inspiration divine ? – employait pour la première fois. Cela suffit pour briser toutes les résistances de la jeune femme. Elle s'allongea près de lui sur le lit, laissant crever l'orage qui libérait son cœur tandis que Guillaume caressait son visage de sa main malhabile et confessait :

— Je suis retourné chez le docteur Perrier, l'été dernier, alors que je travaillais à la toiture du temple de Saint-Jean-du-Gard. Lui, le taciturne, l'homme impavide, il m'a parlé longuement de cette maladie de Charcot et chacun de ses mots trouvait un écho dans mes maux. Au bout d'un long moment, il m'a raccompagné à sa porte en me disant « Désolé ! » et moi, je lui ai répondu « Merci ».

Une chance que les enfants soient à l'atelier sous la surveillance de Marcélou, comme c'était souvent le cas au plus fort des crises de Guillaume ! Après les larmes qu'elle versa sans retenue, Amélie laissa venir l'apaisement pour enfin expliquer :

— J'ai agi ainsi autant pour moi que pour toi. Je ne veux pas penser à une vie dont tu ne ferais plus partie.

— Mais je ferai toujours partie de ta vie, ma douce. Et de celle de nos enfants. Simplement d'une autre façon, et ça il faut l'admettre.

Les paroles de Guillaume agirent comme un baume réparateur. Curieusement, le fait de poser des mots sur le déni qui l'avait habitée rendait les choses plus simples et plus saines. Le cœur d'Amélie s'emballait, son rythme effréné scandait une entêtante ritournelle : « Tant qu'il est là ! Tant qu'il est là ! Tant qu'il est là ! »

Il serait bien temps de souffrir après.

Alors que depuis une semaine l'aphasie empêchait Guillaume de s'exprimer, que ses larges et belles mains d'autrefois gisaient noueuses, amaigries et passives sur le drap, il eut en ce beau soir de mai la grâce qu'il demandait dans ses prières : celle d'un adieu fermement formulé.

Amélie sentit une poigne se saisir de sa main et la serrer avec force en même temps que de manière lente, et calme, Guillaume lui faisait don de son dernier souffle de vie :

— La vie continue. Ta vie continue, Amélie !

7

L'église du village de Larbousse ne put accueillir tous ceux qui se pressaient aux obsèques de leur maire. Cela servait bien, en fait, les mécréants et les huguenots, qui firent le planton sur son parvis. Enfin, les plus courageux ! Les autres préférant l'ombre des marronniers de la place ou la terrasse du café-restaurant Paulin.

Et ceux-là qui suivaient tout à l'heure, graves et compassés, le cortège mortuaire jusqu'au cimetière déblatéraient, parce qu'il fallait bien, après tout, entretenir la conversation :

— Du jamais-vu ! Vous êtes d'accord avec moi, du jamais-vu ! En tout cas, pas chez nous. Lors des enterrements, les femmes restent à la maison et elles pleurent.

— Pour sûr, c'est pas leur place. Ni même de recevoir les condoléances.

— Ça vous étonne, vous, d'une femme qui fait du vélo, qui va seule à Paris, qui est dans les petits papiers du rectorat ?

— Comment ça, « dans les petits papiers » ?

— Elle est bien vue, quoi. On dit même qu'elle pourrait être nommée directrice de l'école des filles.

Tous à cracher sur Amélie et pas un pour les faire taire ? Un homme s'était approché du comptoir et avait demandé une limonade qu'il but d'un trait, la sueur perlant à son front. Il avait secoué sa lévite noire, blanchie de la poussière du chemin, et lustré ses bottines avec des feuilles de marronnier. Puis, un peu remis de sa marche pressée, il se dirigeait vers l'église pour s'y faire une place quand il intercepta la conversation des sempiternels médisants de Larbousse.

— Vous ne seriez pas en train, messieurs, d'offenser une dame aujourd'hui dans la peine ? demanda-t-il, les foudroyant du regard.

Trois paires d'yeux se braquèrent sur l'intrus.

— De quel droit, monsieur, vous mêlez-vous à notre conversation ? On ne vous connaît pas.

— Joseph Mazal, instituteur à Saint-Roman et, à mes heures, défenseur de la veuve et de l'orphelin avec qui vous prenez, ce me semble, d'outrageantes libertés.

— C'est comme on dit pour tuer le temps qu'on clabaudait un peu, bredouilla l'un d'eux.

— Je vous engage, si tel est votre passe-temps, à crier haro sur tout autre que l'honorable madame Masméjean. Je ne vous salue pas, messieurs.

Joseph Mazal se faufila dans la foule qui occupait le parvis, puis disparut dans l'église, au grand soulagement des trois pékins restés cois à la terrasse du café Paulin.

D'un étroit banc accolé au mur parallèle à la nef où de braves gens s'étaient serrés pour lui céder un bout de place, Joseph Mazal pouvait voir, au premier rang de la travée de droite, tout près du cercueil en chêne sur lequel elle avait posé sa main, une petite silhouette noire, raidie dans sa douleur, entourée d'une nombreuse parentèle. Dans l'autre travée avait pris place une jeune fille tout aussi drapée de noir qu'Amélie, soutenue par une sorte d'hurluberlu à cheveux longs.

— Un poète ! entendait-on chuchoter d'un banc à l'autre.

— Plutôt un théâtreux dans sa veste trop étriquée.

Après tout, la vox populi n'avait pas tort en soup-çonnant l'artiste dans l'allure générale du dénommé Alexis Minsk.

Une fois de plus, Amélie avait préféré confier ses enfants, qu'elle jugeait trop jeunes pour vivre cette éprouvante journée, à mémé Juliette. Celle-ci, avant de les prendre sous son aile, avait fait ses recommandations à son époux :

« Ton discours est bien tourné, Pierre, il va toucher les cœurs et particulièrement celui de notre chère Amé-lie. Sois courageux, mon Pierre, et va jusqu'au bout. »

Il n'y eut pas seulement Pierre Bourgnolle à faire l'éloge funèbre de son successeur ; Marcélou le discret, l'ouvrier admiratif et efficace, avec des mots simples, sans fioritures, sincères et souvent hachés par l'émotion, brossa du charpentier le plus vrai des portraits, le plus loyal témoignage de reconnaissance.

Plus tard, bien des années plus tard, quand elle pourra évoquer cette période de sa vie avec sérénité, Amélie dira qu'elle n'était pas dans cette enveloppe noire, près de ses frères et sœurs. Elle s'en était échap-pée et flottait, immatérielle, à la recherche d'une âme, celle de Guillaume qu'elle ne pouvait imaginer empri-sonnée dans ce cercueil.

Autour du tombeau, ce fut une ultime et déchirante épreuve que cet adieu à l'image encore si présente de l'homme qui avait mis son cœur et son corps en émoi.

Courageuse jusqu'au bout, Amélie satisfit au long défilé des condoléances, brefs et respectueux saluts, interminables embrassades humides à travers son voile de veuve, étreintes convulsives des plus émotifs, mais aussi longs et empathiques serrements de main, comme celui de Joseph Mazal, dernier à se présenter devant son amour d'enfance, celle qui avait froidement repoussé ses avances.

— Je hais ces tristes événements à l'origine de nos rencontres, chère madame Masméjean. Naguère votre papa, aujourd'hui votre époux... Croyez, madame, à mes accents sincères si je vous dis que je prends part à vos épreuves.

— Toute forme de sincérité me touche, monsieur Mazal, et je ne doute pas de la vôtre.

— En toutes choses, vous avez en moi un ami tout dévoué.

Les obsèques de Guillaume Masméjean avaient eu lieu un mardi, le samedi suivant Zélie réapparaissait, seule, à La Tourette.

Amélie avait passé ces derniers jours dans une vacuité morale qui ressemblait à un dégoût de l'existence. N'étaient ses petits, récupérés le soir même chez mémé Juliette, qu'elle devait laver, nourrir, vêtir comme à l'ordinaire, elle n'aurait pas quitté son lit où un vêtement de Guillaume, caché sous son oreiller et tout imprégné de son odeur, le faisait revivre, l'espace d'une fausse pensée, d'une belle illusion.

N'était aussi cette petite phrase, sa dernière, qui s'invitait malgré elle : « La vie continue. Ta vie continue, Amélie ! », elle aurait fermé définitivement les portes et les volets de sa maison, sa classe à l'école de Larbousse comme elle avait fermé les yeux de son Guillaume, comme elle avait mis un point final à sa vie de femme de trente ans.

Mais ses enfants étaient là, si câlins, si fragiles, et ses élèves l'attendaient à l'école, si désireuses d'apprendre ou de lui faire plaisir, et la voix de Guillaume était là, si pressante, si cruellement réaliste ; alors, elle l'avait décidé : lundi, elle reprendrait sa classe dispersée pour quelques jours chez ses serviables collègues, Violette retrouverait ses petites amies d'école et Alban jouerait encore un peu au bébé dans le giron de mémé Juliette.

Curieusement, cela lui avait fait du bien d'organiser les jours à venir, c'était poser les bases de leur avenir, à elle et ses enfants. Et voilà que l'irruption de Zélie venait troubler l'infime respiration de la maison en deuil.

A la voir drapée de noir, ce qui faisait ressortir avantageusement son teint clair et ses cheveux blonds, Amélie eut une mauvaise pensée.

« Elle n'ignore pas que le noir sied si bien aux blondes ! »

Les larmes et les sanglots de Zélie lui firent regretter sa méchanceté gratuite.

— C'est gentil à toi, Zélie, de venir passer un peu de temps avec nous.

En même temps, le goût amer de ses longues absences la ramena à ses jugements sévères.

« Dommage que tu en aies privé ton frère, qui était si heureux de te voir ! »

— Ton... futur mari ne t'a pas accompagnée ? demanda-t-elle afin d'éloigner ses rancœurs.

— Des expositions, comme toujours. Mais il viendra... la prochaine fois.

Parce qu'il y aurait des prochaines fois ? Etait-ce le diable qui jetait encore des ferments de soupçon ? Amélie ne tarda pas à découvrir les intentions de Zélie qui, tout doucement, amenait sa belle-sœur sur le chemin du désarroi.

— J'ai pensé, Amélie... vous ne pouvez pas rester ici. Ce n'est pas bon pour vous, ni pour les petits. Trop de souvenirs... Vous commenceriez une nouvelle vie dans un de ces logements de fonction au-dessus de l'école, par exemple.

— Les souvenirs ? Ce sont eux qui m'aideront à vivre. Je n'en ai que de merveilleux ici, répondit Amélie avec un sourire mélancolique.

— Tôt ou tard, il le faudra bien. Alors mieux vaut y songer dès maintenant.

— Comment ça, « tôt ou tard » ? Où veux-tu en venir, Zélie ?

La jeune femme n'était plus dans le doute. Le malheur, dit-on, appelle le malheur. Zélie était celle par qui il arriverait.

— La vieille maison, l'entreprise et ses locaux, ceux que vous occupez y compris, reviennent par moitié à vos enfants et à moi, c'est triste pour vous, mais c'est ainsi.

Amélie étouffait de chagrin et maintenant de colère. La sœur chérie de Guillaume ouvrait les hostilités.

— Et alors ? demanda-t-elle d'une voix glacée.

Sans se démonter, la jeune fille répondit :

— Alors je veux ma part, tout simplement !

— Ce qui n'implique, en aucun cas, que je vide les lieux. Ton frère t'avait fait part de sa décision, si je ne

126

m'abuse, de te donner la maison de ton enfance ? Alors, elle est à toi, fais-en bon usage, comme la vendre, je suppose ?

— Il faut que nous parlions sérieusement, Amélie, je ne suis plus une petite fille qu'on fait taire en plissant les yeux ou en lui proposant un hochet. Le patrimoine des Masméjean, tout le patrimoine, m'appartient par moitié. La sagesse impose de mettre tout en vente, mais libre à vous de me donner ma part, ma vraie part, dûment évaluée, par tout moyen qu'il vous conviendrait… si tant est que vous en ayez les premiers sous. Quant à cette soi-disant donation prévue par Guillaume, vous savez, tout comme moi, que la maladie de mon pauvre frère lui faisait traverser des périodes… disons de troubles de l'esprit… Et je l'aimais trop pour le contrarier…

La main d'Amélie partit et gifla Zélie à toute volée.

— Vous n'avez pas le droit ! hurla Zélie en tenant sa joue en feu d'une main et saisissant son sac de l'autre. Je venais en amie, dorénavant vous recevrez des nouvelles de mon avocat.

— En amie, dis-tu ? Tu traites ton frère de fou, tu désires spolier ton neveu et ta nièce et, suprême satisfaction, me faire vider les lieux. Heureuse de savoir que tu n'es pas mon ennemie, alors ! Je serais curieuse de savoir ce que pense ton sculpteur d'une fiancée aussi dévouée à sa famille.

Amélie suffoquait d'une telle audace. Le ricanement de Zélie qui passait la porte lui fit l'effet d'un bloc de glace dégoulinant dans son dos.

— Il a hâte de pouvoir ouvrir sa propre galerie !

Il fallut un an d'avancées et de reculades avant qu'un compromis ne soit trouvé. Zélie était parvenue à ses fins, empochant sa part de la vente des biens, à savoir la vieille maison et l'entreprise.

Grâce à une habile transaction suggérée par le notaire, Amélie avait limité la casse, conservant au nom de ses enfants hangars et ateliers, surmontés de l'appartement, et même les bois de chênes et de hêtres. Elle déplorait néanmoins que l'exploitation familiale des Masméjean s'arrêtât à la troisième génération. Son impuissance la désolait, non pour elle mais pour la mémoire de son mari.

« Tu aurais été si fier, mon Guillaume, que notre Alban soit un nouveau maillon. Tu avais tant à lui apprendre. »

En sortant de l'étude notariale où elles étaient toutes deux, Amélie s'étant opposée à la présence du sculpteur qui, elle n'en doutait pas, ferait main basse sur le travail de Guillaume, la jeune veuve repoussa le baiser de Judas que Zélie s'apprêtait à lui donner, et ne lui tendit pas la main.

— Adieu, Zélie, et fais bon usage de ton héritage, dit-elle simplement.

Puis elle ajouta :

— Si tu veux bien te souvenir de la fable de la cigale et la fourmi, freine les ambitions de ton cigalon !

Une belle joie avait été donnée à Amélie, quoique teintée d'une grande mélancolie, quand Marcélou, l'ouvrier, s'était proposé pour racheter l'entreprise. Tout gauche et emprunté, il triturait son chapeau, dansant d'un pied sur l'autre avant de lâcher le morceau.

— J'ai l'argent, madame Amélie ! lança-t-il enfin. Celui de ma paye que j'économisais et celui de mon papé. Comme on dit, il dormait sur un bon matelas, le pauvre, et sans m'en dire un mot de sa vie, juste au moment de sa mort. « Là, Marcélou ! » souffla-t-il à mon oreille en montrant du doigt la cheminée. J'ai cherché toute la nuit et j'ai trouvé l'*oule*[1], derrière la pierre branlante.

— Qu'est-ce que tu dis, Marcélou ? Tu as l'argent ?

— Pas pour tout, madame Amélie. L'entreprise, les outils, la marchandise, mais pour les bois...

— Demain, nous irons ensemble chez le notaire.

Ils étaient descendus tous deux à Saint-Jean-du-Gard où maître Givelet, qui avait déjà entériné une promesse d'achat pour la vieille maison, avait écouté, réfléchi, expliqué :

— L'apport de monsieur Marcel Dumas, ajouté à celui de la vente de la maison, représente exactement la part qu'entend récupérer votre belle-sœur. Voilà ce que je vous propose : vendez à monsieur Dumas, et donnez l'argent qui lui est dû à mademoiselle Masméjean.

— Et le hangar, l'atelier, et notre logement ?

— Ils sortent de la succession dès lors que la cohéritière a perçu la somme qui lui est due. Et monsieur Dumas devient votre locataire. Je peux vous établir un bail...

— Mais... Zélie acceptera-t-elle ? demanda Amélie, frémissante.

— C'est son intérêt, à moins qu'elle ne présente un acquéreur mieux-disant que monsieur Dumas. Néan-

---

1. Occitan : cavité creusée dans un mur.

moins, vous avez un droit de préemption, cher monsieur, en tant qu'ouvrier dans l'entreprise depuis... depuis... ?

— Dix ans, maître. J'en avais treize et je n'ai jamais quitté l'entreprise, j'ai été exempté de service militaire pour soutien de famille, une famille qui se résumait à mon vieux papé.

— Alors, c'est dit ? J'enregistre vos deux propositions, la vôtre, madame Masméjean, et celle de monsieur Dumas. J'en fais part à la cohéritière et on attend.

La cigale, sous la pression de son cigalon impatient d'étaler son art dans des lieux adéquats, ne fit aucune objection, au grand soulagement d'Amélie qui, malgré tout, ne manquait pas de s'interroger sur l'anéantissement des valeurs humaines et familiales.

« Sacrée Zélie ! Gamine, elle m'a fait courir sur les sentes buissonnières ; aujourd'hui il s'en est fallu de peu qu'elle ne me fasse marcher sur la tête ! »

La sourde colère nourrie par l'attitude de sa belle-sœur s'effaçait néanmoins, la nuit venue, quand elle accourait à son rendez-vous avec Guillaume.

— C'est tout ce que j'ai pu faire, mon amour. La vieille maison est vendue, l'entreprise aussi, mais fort heureusement elle est en de bonnes mains avec le providentiel Marcélou.

Les batailles d'Amélie, qui, depuis son enfance, n'avaient pas fait défaut, donnaient à la jeune femme toute sa valeur : elle ne s'y était jamais dérobée. Et chacune de ses victoires lui apportait, outre la satisfaction naturelle du vainqueur, une récompense inattendue. Elle se faisait cette réflexion en dépouillant le courrier du rectorat qui l'informait d'une promotion assortie d'une majoration de son salaire, lequel, à ce jour de 880 francs annuels, passerait à 1 200 francs, répartis en douze mensualités. Avec qui partager cette nouvelle, sinon avec la fidèle Juliette ?

— Vous avez devant vous la directrice de l'école des filles de Larbousse, madame Juliette.

— *Eh bé*, félicitations, ma belle, c'est bien mérité. Ils ont mis le temps, ces bougres. Depuis qu'on en parlait !

C'était comme ça à Larbousse, et ce n'était pas près de changer, ah, ça non !

Matériellement, Amélie s'en sortait bien. Oh, elle ne gaspillait pas, conditionnée depuis l'enfance à la maîtrise des dépenses et à la constitution de ces petites « poires pour la soif » que sont les économies mesurées. Soucieuse de préserver l'héritage de ses enfants, déjà bien compromis par les exigences de Zélie, elle s'était fait un devoir de thésauriser le loyer scrupuleusement versé par Marcélou. En voilà un qui faisait honneur à son patron et pérennisait l'œuvre de Guillaume comme s'il en était le fils. Quelle satisfaction !

Restait la douleur ineffable de l'absence qui, parfois, s'apparentait à une souffrance physique, les membres et le cœur broyés dans un même étau de solitude morale, de monotonie des jours, de vide affectif où le corps, tout comme l'âme, réclamait sa part. Et toujours cette lancinante exhortation :

« La vie continue, Amélie. Ta vie continue ! »

Elle continuait, oui, avec Violette et Alban qu'elle aimait pour deux… à la manière des mamans chats, cajoleuse, protectrice, une attitude si peu conforme aux attentes de la fillette de neuf ans alors que le garçonnet de trois ans son cadet, y trouvait son compte.

Dès les premiers jours de leur nouvelle vie à trois, accablées par leur malheur, Violette et Amélie s'étaient manquées par trop d'amour.

— Papa serait content de ma bonne note en dictée ! avait lancé la fillette en rentrant de l'école.

Amélie avait alors explosé en sanglots comme jamais sa fille ne l'avait vue, ce qui avait déclenché ses propres larmes et la décision de Violette : plus jamais elle ne devait parler de son papa à sa maman, cela la faisait trop souffrir !

Même réflexion chez Amélie, qui, pour protéger sa fille, bannissait tout épanchement, tout abandon de soi, toute faiblesse. Pourtant, en agissant ainsi, elles portaient chacune leur fardeau alors qu'il aurait été plus léger à deux.

Eh oui, tout en se protégeant, mère et fille s'éloignaient ; Violette pleurait souvent dans les bras de mémé Juliette, qui tentait de la consoler maladroitement ; elle aimait aussi parler de son père avec Marcélou.

— Alors, c'est vrai qu'il vous a tout appris, mon papa ?

— Vrai de vrai, fillette ! *Té*, je m'y prenais comme un manche avec le rabot, pire avec la grande varlope. Monsieur Guillaume m'en a jamais fait le reproche. Il m'expliquait.

— Il me manque, vous savez, Marcélou ! Mais n'en parlez pas à maman, elle est si malheureuse.

Alban, lui, cherchait une référence masculine dans son nouvel univers féminin. S'il s'accommodait des câlins de maman, du joug pesant d'une sœur aînée investie

132

petite mère et des *poutous*[1] mouillés de mémé Juliette, il avait trouvé en monsieur Sylvestre, son instituteur, le grand-père qui lui manquait. Hélas, à la prochaine rentrée, il ne serait plus là, le bienveillant aïeul.

— Pourquoi ? lui avait demandé l'enfant au regard incrédule.

— Je suis vieux et je prends ma retraite, mon garçon. Tu auras un nouvel instituteur.

— Mais ce ne sera pas vous, monsieur Sylvestre ! se désola Alban.

Aussi ménagea-t-il ses arrières en se rapprochant, lui aussi de Marcélou. Et de se planter devant le jeune charpentier, le défiant du regard.

— Tu remplaces peut-être mon papa, Marcélou, mais je parie que tu n'es pas aussi fort. Montre voir si tu peux me jeter en l'air et me rattraper comme il faisait.

Marcélou, toujours de bonne composition, prenait le gamin aux aisselles et le faisait voltiger, suscitant ses cris de joie. Pour tout remerciement, dès qu'il était déposé au sol, Alban faisait la moue :

— Peuh ! Mon papa me lançait plus haut.

Néanmoins, il revenait le lendemain et, sans se démonter, réclamait sa dose d'adrénaline :

— Voyons si tu fais des progrès, Marcélou !

Cette complicité naissante ne faisait pas l'affaire de Violette, qui désirait l'amitié exclusive de Marcélou. Par tous les moyens, elle cherchait à se débarrasser du gêneur.

— Maman t'attend pour te faire lire ta page, Alban.

---

1. Occitan : bisous.

Alban parti, Violette s'asseyait à califourchon sur un madrier, observait en silence les gestes du charpentier. De temps en temps, elle exhalait de profonds soupirs et, si Marcélou avait le malheur de lever les yeux vers elle, les soupirs se muaient en sanglots.

Maladroitement, le jeune homme la consolait :

— Il n'y a pas de honte à pleurer, Violette, et c'est bien de le faire hors de la vue de madame Amélie. Elle est bien malheureuse, la pauvre !

« Et moi, alors ? » criaient les yeux noirs tout noyés de larmes.

Pauvre Marcélou, incapable de consoler l'enfant ! Sa main balayait la longue chevelure noire de la fillette, s'arrêtait sous son menton qu'il soulevait d'un doigt.

— Allez, Violette, un petit sourire pour faire plaisir à Marcélou !

De façon récurrente, monsieur et madame Saumade, le couple d'instituteurs, postulaient pour une nouvelle affectation qu'ils espéraient de tous leurs vœux. A l'évidence, ces deux-là ne souhaitaient pas faire de vieux os à Larbousse.

Amélie se rappelait s'en être étonnée auprès de Guillaume.

« Ils sont jeunes… avait-il répondu évasivement.

— Jeunes ? Et moi donc, j'avais tout juste dix-neuf ans !

— Toi, tu n'avais qu'un objectif : me prendre dans tes filets, coquine.

— C'est toi qui me dis ça, vil séducteur de jeunes institutrices ! »

Il l'avait fait tournoyer, insouciante et légère ; ils avaient ri aux éclats et maintenant elle pleurait. Elle pleurait sur cette complicité perdue, sur cette épaule solide qui lui faisait défaut, sur cette oreille qui n'était plus à son écoute.

Avec qui commenter, aujourd'hui, en riant sous cape, la nouvelle déception des époux Saumade, dont le contrat avait été renouvelé pour une année de plus à Larbousse ? A qui confier la tristesse d'Alban et son propre regret de voir partir le vieux monsieur Sylvestre ?

Et avec qui s'étonner de la nomination du nouvel instituteur ?

Pour Joseph Mazal, il n'y avait rien d'extraordinaire à avoir obtenu son exeat de Saint-Roman, une bourgade frappée d'un exode rural bien au-dessus de la moyenne et, simultanément, sa nomination à Larbousse, où il aurait en charge les divisions du cours préparatoire, des cours élémentaires première et deuxième année.

C'est en homme délicat qu'il aborda Amélie le jour de la rentrée. Après les salutations d'usage, suivies de quelques phrases amicalement compréhensives, il manifesta son plaisir d'avoir Alban dans sa classe.

— A la lecture de la liste des élèves qui me sont confiés, je me suis douté qu'il s'agissait de votre fils, madame Masméjean.

— Un petit garçon curieux de tout, il vous donnera satisfaction, monsieur Mazal, lui répondit-elle avec un tendre et douloureux sourire.

— Je n'en doute pas, madame Amélie… vous permettez, n'est-ce pas ?

8

Larbousse vivait à l'heure des changements. Certains disaient des bouleversements, amorcés l'année précédente avec le départ à la retraite de monsieur Sylvestre et l'arrivée de Joseph Mazal, son remplaçant. La rentrée 1905 répondait enfin au désir des époux Saumade de jouer les citadins.

Les prévisions relatives à leur remplacement aiguisaient les langues, comme on savait si bien le faire à Larbousse :

— On va nous envoyer des jeunots, frais émoulus de l'Ecole normale. Avec leurs grands principes et leur cerveau formaté, ils ne manqueront pas d'adhérer à la Fédération des syndicats d'instituteurs. Un truc qui vient de voir le jour.

— Ou de vieux birbes à deux années de la retraite qu'il faut bien caser quelque part...

— Moi, je parierai sur un couple, ils aiment bien ça au rectorat, ça stabilise les postes, qu'ils disent.

Les deux indéracinables – c'est ainsi que madame Masméjean se définissait et ainsi que Joseph Mazal l'entendait, lui qui avait fait des pieds et des mains pour obtenir ce poste –, ces deux-là donc discutaient du départ des Saumade avec détachement, quoique avec une pointe de nostalgie de la part d'Amélie.

— Je n'ai jamais rencontré la moindre difficulté à travailler avec madame Saumade. Et Violette a pu apprécier son côté maternant, un comportement louable pour un couple dépourvu d'enfants.

— Les habitants de Larbousse n'ont pas fait dans la dentelle à leur sujet... tout comme, je suppose, ils font de même dans mon dos.

— Et certainement dans le mien ! ironisa Amélie.

Enfin un sourire sur le visage désormais trompeusement serein de la jeune veuve ! Il réjouit le cœur de Joseph Mazal : la femme de ses pensées avançait sur le chemin de l'apaisement. Quelle désillusion s'il avait pu sonder son esprit où se déroulaient en spirales infinies les vers de Lamartine :

Que me font ces vallons, ces palais, ces chaumières
Vains objets dont pour moi le charme est envolé ?
Fleuves, rochers, forêts, solitudes si chères,
Un seul être vous manque, et tout est dépeuplé !

Comme un prélude au rajeunissement des institutions larboussiennes furent nommés Justin Lagrange, jeune normalien de vingt-huit ans, et son homologue féminin, pour qui le visage d'Amélie s'illumina sans retenue.

— France ! Si je m'attendais... Quel bonheur ! Après avoir été ton institutrice, je vais être ta directrice, mais surtout ta collègue, une très chère collègue.

La joie d'Amélie n'était pas feinte, raison de plus pour que Joseph Mazal déclarât la jeune femme définitivement pacifiée.

— Votre allégresse fait plaisir à voir, Amélie ! Vous permettez que je vous appelle Amélie ?

— N'en faites rien, je vous prie, monsieur Mazal. Je n'ose imaginer les ragots qu'une telle familiarité susciterait.

L'intonation sèche avait déstabilisé l'outrecuidant ; elle lui tourna ostensiblement le dos, se saisit des mains de France, l'entraîna à l'écart et la pressa de questions :

— Alors, raconte ! Je te savais à Lasalle…

— Mon premier poste, en effet, et je ne cessais, chaque année, de réclamer une mutation à Larbousse, sans succès.

— Ta famille te manquait ?

— Je ne sais qui d'elle ou de vous me manquait le plus, madame Amélie. Il me semblait impératif de venir enseigner dans l'école où j'avais été instruite, et surtout depuis que… que je vous savais seule avec vos enfants.

— Merci, France.

La jeune femme comprit que le sujet était tabou, alors elle prit un ton enjoué pour demander :

— Voulez-vous me faire les honneurs de ma classe, madame la directrice ? Ainsi que ceux de mon appartement de fonction ?

— Tu ne vas pas loger chez tes parents ?

— La maison et les terres sont maintenant à mon frère aîné, à charge pour lui d'assumer les parents et aussi les deux derniers de la fratrie. Mais j'ai pensé que ce serait mieux, si j'étais nommée à Larbousse, de prendre avec moi Eugénie et Philippe. Je pourrai veiller à leurs études.

— Tu es une jeune fille réfléchie, France. Tes parents ont de la chance.

Amélie se revoyait en France. Même souci de la famille, mêmes obstinations et mêmes décisions en sa faveur. Le vieux soldat d'Empire pouvait être fier de ses enfants comme l'avait été des siens le père d'Amélie, le garde forestier Ruben Rouvière.

La nomination de Justin Lagrange suscita quelques questions de pure forme... Oui, il avait postulé pour Larbousse, bien que natif d'Alais, où ses parents tenaient un commerce de chaussures. Mais ses grands-parents maternels, chez qui il passait les mois d'été et toutes les vacances au hameau de Bellecoste, commune de Larbousse, lui avaient donné le goût des paysages vallonnés de la Vallée Borgne, du bucolique serpentin d'eau qu'y dessinait le Gardon, de cette douceur de vivre, selon leur dire, à nulle comparable.

— Un retour aux sources, en quelque sorte ! conclut-il en dédiant un sourire charmeur aux deux institutrices, ce qui lui valut une réflexion un peu acerbe de Joseph Mazal :

— A la différence, jeune homme, que tu ne viens pas ici en vacances mais pour travailler. Suis-moi, je te montre ta classe.

Puis, se ravisant :

— Ah, je voudrais prendre les cours supérieurs, tu n'y trouves pas à redire ? Je te laisse le cours préparatoire et les cours élémentaires.

— Comme il vous plaira, collègue ! concéda Justin.

Les habitants de Larbousse n'en avaient pas terminé avec les sujets à débattre sur la place publique. Encore que le dernier en date demandât plus de circonspection, tout ce qui touchait à la religion achoppant, dans ce coin de Cévennes au passé historique houleux, sur des sensibilités qui avaient traversé les siècles et ne désarmaient pas.

Enfin, en un mot comme en cent, le vieux curé, en charge depuis plus de quarante années des âmes du village, avait été invité, par son évêque, à rejoindre la maison de vieillesse des abbés du diocèse à La Blâche pour une retraite bien méritée.

Le rondouillard et patelin abbé avait, en cette contrée de rebelles, manié à son plus haut degré l'hypocrisie dans le beau sens du terme, à savoir louvoyer afin d'éviter les crises et les affrontements. Sur le chemin de l'exil, il priait Dieu de doter son successeur d'indulgence.

De la Montagnarde descendit un matin un échassier bizarre, de genre indéfini. Le héron collait à sa morphologie, tout en maigreur et longiligne, perché sur d'interminables jambes sans mollets comme le laissaient deviner ses grandes foulées nerveuses. Du milan, non seulement il arborait le plumage noir et lustré, mais de plus le nez « bec en croc » de certains rapaces. Il avait nom Innocenti, était né de parents italiens et se présenta, dans sa première homélie, comme l'humble berger de Larbousse. Les mots qui suivirent démentaient cette feinte humilité :

— L'intention de monseigneur l'évêque, en me confiant cette paroisse, est de lui donner la dimension évangélique qu'elle n'a jamais eue. Je m'y emploierai avec l'aide de Dieu.

C'était faire fi de la mission pastorale exercée par son prédécesseur, c'était surtout méconnaître l'âme cévenole, dans sa générosité comme dans ses révoltes au joug, de quelque ordre qu'il soit.

— Si l'Escoufle[1] nous prend pour des moutons, on va lui en remontrer. Messe basse, grand-messe, vêpres et puis quoi ? Moi, la manille du dimanche, c'est sacré. *A vespera m'esperara*[2].

Le sobriquet était lancé et Dieu sait qu'ils ont la vie dure. On ne parlait plus que de l'Escoufle pour désigner, en aparté, l'abbé Innocenti. Jusqu'à l'équipe d'enseignants, qui devaient rétablir, au quotidien, le respect dû à l'homme qui allait devenir leur pire ennemi.

Il n'était pas rare qu'un élève interpelle son instituteur :

— Monsieur ! Monsieur ! Je n'ai pas eu le temps de faire mes problèmes, l'Escoufle m'a donné à copier cent fois l'acte de contrition.

Joseph Mazal n'était pas tombé de la dernière pluie et se doutait bien que les gamins de Larbousse n'étaient pas moins roués que ceux de Saint-Roman.

— Ton excuse est vieille comme le monde, Gilbert !

La chose se renouvelant, il décida d'être bon joueur.

— Garçons, la prochaine fois, vous agirez ainsi : cinquante lignes pour monsieur le curé, que je vous prie d'appeler ainsi, et deux problèmes sur quatre pour satisfaire votre instituteur.

— Mais, monsieur, s'il nous tire les oreilles ?

— Est-ce que je vous les tire, moi ? Répondez-lui poliment qu'il faut rendre à Dieu ce qui est à Dieu et à César ce qui lui appartient, il saura ce que cela veut dire.

---

1. Vieux français pour désigner un oiseau de proie, qui sera dévié en insulte : rapace, dans le sens d'avare. Au Moyen Age, dans nombre de villes, les rues des Escoufles étaient celles où tenaient boutique les usuriers.

2. Occitan : à vêpres, il m'attendra.

Mêmes déboires à l'école des filles, où Amélie et France usaient d'une pareille philosophie.

— Maîtresse, je ne pourrai pas rester à l'étude ce soir, l'Escoufle...

— « Monsieur le curé » ! Combien de fois devrai-je vous le répéter ? C'est valable pour vous toutes, mesdemoiselles. Donc, tu ne peux pas rester...

— Moi non plus ! Moi non plus !

Quatre, cinq, six doigts s'étaient levés. Amélie voulait une explication, d'autant que celui de sa fille s'était joint timidement aux autres.

Un brouhaha s'ensuivit qu'apaisa Amélie et les exigences du curé la laissèrent pantoise. Toutes les fillettes désirant faire leur communion devaient être instruites, nourries même, avait dit le curé, de l'histoire sainte.

— Et le jeudi au catéchisme ne suffit pas ? s'étrangla Amélie.

Elle réfléchit un court instant puis s'adressa aux élèves concernées :

— Vos parents sont libres de leur choix. Dites-leur simplement que Violette Masméjean ne se pliera pas à cette exigence et que sa maman ne renonce pas pour autant à ce qu'elle fasse sa communion.

Il s'en trouva deux à choisir l'histoire sainte. Amélie se douta qu'elle entendrait rapidement parler de l'Escoufle !

La loi du 9 décembre 1905, qui entérinait la séparation de l'Eglise et de l'Etat, ne lui laissa pas le recours d'une entente à l'amiable. L'abbé Innocenti déclarait ouvertement la guerre aux écoles sans Dieu et à ses enseignants. Vilipendés en chaire, dans un anonymat douteux, toisés dans la rue d'un « Je ne vous salue pas » méprisant, invoqués dans des prières exorcistes, refoulés de l'église à travers les enfants qu'il pointait du doigt, Amélie, France, Joseph et Justin firent un temps le dos rond.

La plus touchée était à l'évidence Amélie Masméjean ; elle avait maigri, ses traits étaient tirés alors qu'à son front se creusaient des rides léonines. Plus d'une fois, Joseph Mazal la devina au bord des larmes. C'en était trop ! Mais que faire ?

L'apparente passivité d'Amélie n'était pas sans étonner France, qui l'avait connue autrement plus combative.

« Son deuil encore trop récent lui aurait-il brisé les ailes ? » se demandait la jeune femme.

La tonitruante colère d'Amélie à la dernière exigence de l'abbé Innocenti, qui fit trembler les murs de l'école des filles et dont les éclats se répercutèrent dans celle des garçons, rassura sa jeune collègue. Madame Amélie n'avait rien perdu de sa pétulance !

— Il veut la guerre ? Il va l'avoir ! tonnait-elle, les deux poings appuyés sur son bureau. Prenez note, mesdemoiselles, des sorties pédagogiques programmées le premier jeudi de chaque mois. La première aura lieu sur le site de Peyroles, où nous observerons et étudierons les dolmens et menhirs en Cévennes.

— Ce n'est pas possible, maîtresse, jeudi il y a catéchisme le matin et patronage l'après-midi. Et l'abbé dit que...

— Et moi, je dis qu'il en sera ainsi dans mon école et que le passage en classe supérieure sera subordonné à votre participation à ces sorties.

Passé cette jubilation à l'idée de marcher sur les plates-bandes du curé qui piétinait les siennes en toute impunité, Amélie Masméjean fut saisie d'un doute sur ses pouvoirs en la matière qu'elle fit partager à ses collègues à la fin de la journée. Une même réaction anima France et Joseph Mazal : leur chère Amélie relevait la tête, c'était bon signe.

Justin Lagrange, lui, apporta ses conseils de syndicaliste encarté – preuve qu'à Larbousse on avait des antennes !

— Il faut faire une demande au rectorat en détaillant le projet pédagogique et sa finalité. On peut compter sur la Fédé pour nous soutenir. Une assurance couvre ces activités annexes.

— C'est ça, il ne faut pas sortir de la légalité, approuva Mazal, qui réfléchissait au bien-fondé de cette action. Et ne pas laisser madame Amélie mener seule cette action innovante, poursuivit-il. J'organiserai ce même jour une étude géologique et sylvestre au col de l'Espinasse.

— Je suis votre homme, Mazal ! s'enthousiasma Justin Lagrange tandis que France promettait de joindre ses élèves à celles d'Amélie.

Joseph Mazal n'était cependant pas convaincu par la fougue des jeunes gens. Il intervint avec discernement :

— Ne vous emballez pas, jeunesse ! Régler son compte à l'abbé en toute légalité avec notre rectorat est une chose. Et les parents que nous mettons devant le fait accompli ? Et les enfants que nos prenons en otage ? Y pensons-nous ?

Amélie lui décocha un regard plein de reconnaissance. Joseph Mazal était la sagesse incarnée. Avoir son écoute et son jugement lui devenait précieux.

— Que proposez-vous, monsieur Joseph ?

— Une réunion de parents d'élèves en terrain neutre. La salle des mariages de la mairie, par exemple. Et seulement après que nous aurons l'accord du rectorat.

Quoique pour des raisons opposées, les parents d'élèves se pressaient en masse à la mairie. On allait enfin s'expliquer, s'engueuler, s'insulter, s'étriper, il ne fallait pas manquer ça !

Or, ils avaient, face à eux, non un curé en chaire vitupérant sa haine de l'école laïque, mais deux maîtres et deux maîtresses qui n'avaient rien à prouver sinon leur choix d'enseigner à Larbousse, la neutralité qu'ils observaient à l'égard des obédiences divergentes de la commune et leur motivation à ouvrir les portes du savoir à leurs élèves.

Cette entrée en matière, professée par un Joseph Mazal dépourvu d'acrimonie, calma les esprits et Amélie put expliquer son projet devant un public apaisé :

— Le choix d'un jeudi par mois n'a rien d'une provocation, il est la conséquence des heures d'études manquantes pour les raisons que chacun de vous connaît et que je n'ai pas à commenter. L'école est un gage de vie meilleure pour nos enfants. Je vous parle en toute sincérité, avec mon cœur de mère et mon expérience d'institutrice.

A son tour, Justin Lagrange affronta les parents d'élèves. « Déjà le syndicaliste perçait sous l'enseignant », aurait pressenti le grand Victor Hugo.

— Comme madame Masméjean vient de vous le dire, l'école c'est l'avenir de vos enfants ; ils feront la société de demain, y prendront part, seront députés, peut-être ministres...

D'une discrète pression au coude, Joseph Mazal tempéra le tribun, qui poursuivit d'un ton plus paternel :

— L'école, c'est le progrès, et le progrès c'est l'école, celle qui a pour projet de s'ouvrir aux enfants de cinq ans…

Des « Ohoo », des « Ahaa » fusèrent, suivit un silence intéressé.

— Je ne fais qu'anticiper une volonté de notre ministère, soutenue par la Fédération. Les écoles qui auront la capacité de les accueillir – et les mairies la volonté de créer des classes – se verront dotées d'enseignants, les classes enfantines vont voir le jour, ce qui permettra de dédoubler les cours dans le plus grand intérêt des élèves.

Les Larboussiens auraient du grain à moudre, le soir venu, dans leur chaumière, à propos de ce hussard de la République, pourfendeur de l'illettrisme et ardent républicain. Pour l'instant, ils restaient à l'écoute et n'étaient pas les seuls, France buvait les paroles de Justin, mais évitait, pour ne pas être troublée à en rougir, de porter son regard sur lui, ce qui lui permit d'intercepter une ombre noire glissant discrètement devant la fenêtre jusqu'à la porte de la mairie laissée entrebâillée. L'abbé Innocenti ! Ce ne pouvait être que lui.

C'est le moment que choisit Justin pour laisser à sa jeune collègue le soin de dire le mot de la fin. Un instant embarrassée et rougissante comme une première communiante, elle se ressaisit, encouragée par un regard appuyé d'Amélie. Alors, elle commença :

— Mes collègues vous ont tout dit. Moi, je vais seulement ajouter une anecdote qui me vient à l'esprit. Un père, fidèle à un homme d'Etat dont il avait embrassé la cause, s'opposait avec virulence à l'institutrice de sa fille, l'accusant de tous les maux, en particulier de vanter les strophes d'un poète détracteur de son idole. Invité à partager les leçons, à donner sa version, il ne put qu'apprécier une école où les idées de chacun sont respectées pourvu qu'elles soient respectables.

Echange ému de regards avec Amélie, puis interception d'un autre, admiratif, celui de Justin Lagrange. France avait fait son effet, les parents d'élèves quittèrent la mairie en silence, noyant dans leurs rangs les ailes noires de l'Escoufle.

L'amorce d'une conciliation suivit la courageuse intervention de l'équipe enseignante. Mais il fallut du temps, à Larbousse comme dans toute la France, pour que s'apaisent les esprits d'une population tiraillée entre passéisme et modernité.

La complicité mère-fille, souhaitée par Amélie, n'en sortit pas grandie. L'adolescente, comme toutes les filles de son âge, prisait peu d'être, en fille de la maîtresse, le point de mire des regards. Le seul qu'elle espérait croiser, intercepter, fouiller, celui de sa mère, se dérobait sans cesse.

Avec ses enfants, Amélie n'était pourtant pas avare de démonstrations affectives. Sur qui d'ailleurs aurait-elle déversé son trop-plein d'amour ?

Elle se retrouvait souvent dans cette enfant sensible, secrète ô combien, si lisse d'apparence alors qu'en elle tout bouillonnait. Surtout ne pas troubler cette âme délicate dont la blessure, lentement, semblait se refermer !

A nouveau, même impératif pour Violette : ne pas chercher à briser la carapace qui formait bouclier à la souffrance de sa mère. Et de se réjouir tout en repoussant le pire :

« Une chance pour maman que, toute à son engagement à défendre l'école laïque, elle en oublie sa peine. Pourvu qu'elle n'en oublie pas mon papa chéri ! »

Non moins affectueux que sa sœur et tout aussi choyé, Alban avait su trouver seul un équilibre dans sa jeune vie. Idéalement partagé entre l'amour maternel exercé sans faiblesse et dispensé sans compter, celui indulgent de sa mémé Juliette et l'attention particulière quoique sans concession de son instituteur, Alban Masméjean était un enfant heureux, au visage ouvert, dont les yeux bleus reflétaient une indéniable intelligence. Sa franchise était désarmante.

— J'ai à peine connu mon papa, monsieur Sylvestre ne m'a pas fait la classe plus d'un an… Vous ne quitterez pas Larbousse, vous aussi, monsieur Mazal ? Vous ne me quitterez pas, dites ? avait demandé le gamin trop mature.

En quoi Joseph Mazal l'avait totalement rassuré :

— J'ai remué ciel et terre, mon garçon, pour être nommé à Larbousse. Je ne vais pas me défiler une fois le but atteint.

Encore n'avoua-t-il pas ce qui avait motivé son entêtement.

Alors, depuis quatre ans qu'il avait Alban dans sa classe, en plus de l'intérêt que suscitait cet élève exceptionnel, l'affection s'était frayé un chemin et, à l'évidence, elle était réciproque. De plus, l'avenir de l'enfant provoquait entre la mère d'Alban et son instituteur des échanges, inhibés au début, nourris petit à petit de sujets plus larges, jusqu'à s'animer en conversations à bâtons rompus d'une intense richesse, au dire de chacun. Le consensus n'était cependant pas toujours au rendez-vous.

— Faire l'impasse sur une nouvelle classe ? Vous n'y pensez pas, monsieur Joseph ! J'ai consenti, du bout des lèvres et sur votre insistance, qu'Alban saute un cours élémentaire...

— L'avez-vous regretté une seule fois, chère madame Amélie ?

— Là n'est pas la question, voyons ! Imaginons que j'y consente, à quel âge Alban sera en mesure de présenter le certificat ? A onze ans ? Vous voyez, c'est impossible !

— Nous demanderons une dérogation, et avec son dossier scolaire nous l'obtiendrons, croyez-moi.

— Vous me mettez dans l'embarras, Joseph. Violette va se présenter au certificat cette année, rien n'assure qu'elle l'obtiendra, elle est si déroutante et si peu concentrée. Imaginez qu'elle doive le représenter l'année suivante, avec son frère donc... qui est de trois ans son cadet ! Non, je... je, il me faut réfléchir et même en parler avec eux.

Un bon mois s'était écoulé, Amélie ne pouvait différer sa réponse à Joseph Mazal. Elle allait le décevoir et cela lui faisait de la peine. L'avait-elle détesté, pourtant, dans sa jeunesse, ce gamin qui s'était instauré, à son corps défendant, son chevalier servant, qui se targuait d'être son prétendant, qui s'invitait à Larbousse pour son plus grand déplaisir ! Aujourd'hui, elle révisait sa copie, les qualités d'enseignant de Joseph n'étaient plus à démontrer, sa bonne moralité non plus, sa sagesse en faisait un homme de paix et son humanité, un altruiste reconnu. Sa décision allait le blesser, elle en était marrie.

— Monsieur Mazal ! Joseph, m'accordez-vous un instant ? le héla-t-elle de la cour de l'école.

— Plus encore, Amélie, si vous le désirez.

Elle eut un pauvre sourire.

— C'est vous qui ne le désirerez plus quand je vous aurai dépité par ma décision. Alban ne sautera pas une nouvelle classe. Non pour protéger sa sœur, mais pour lui, pour préserver son enfance, et aussi pour moi, je l'avoue. Les enfants vous échappent si vite ! Pardonnez-moi, Joseph.

— C'est moi qui vous fais mes excuses, Amélie. Vous étiez dans le vrai, comme seules le sentent les mères. J'ai beaucoup réfléchi après notre conversation, je me suis trompé. Pas sur votre fils, Alban nous surprendra. Non, si j'ai omis la dimension maternelle qui m'échappe, je reconnais avoir éprouvé la fierté d'un père grâce à votre fils. Fou que j'étais !

— Non, pas fou, Joseph, généreux ! murmura Amélie en serrant les mains de l'instituteur.

Avec beaucoup de concentration, un peu d'imagination et une grande pratique des rumeurs qui prenaient vite feu à Larbousse, on aurait pu entendre le ragot circuler :

« S'intéresser au fils pour avoir la mère ? Un truc vieux comme le monde ! »

Le givre qui avait, sans discontinuer, dessiné des étoiles aux fenêtres des classes, qui avait fait rougir les cercles en fonte des poêles garnis à bloc pour réchauffer les doigts gourds, et qui avait plongé la Vallée Borgne dans un sommeil d'hiver, laissait enfin la place à un redoux annonciateur de printemps.

Un temps désormais propice à la reprise du travail des champs, mais aussi à la construction de deux nouvelles classes à l'école de Larbousse.

Un qui n'était pas peu fier, c'était Justin Lagrange ! L'annonce anticipée, lancée dans un excès de zèle mêlé à un bel espoir, voyait enfin sa réalisation. La rentrée des classes 1908 pourrait accueillir deux belles fournées de bambins, et l'équipe enseignante, deux nouveaux collègues.

De plus, le rectorat, ne faisant pas les choses à moitié, nommait Joseph Mazal directeur de l'école des garçons.

Il fut congratulé par ses pairs, cela va de soi, mais, commentée dans le bourg, la promotion de cet homme intègre donna lieu à ce dont Larbousse avait fait sa spécialité : les cancans.

— Et allez ! Vas-y que je gaspille les deniers publics ! Qu'est-ce que ça change à son travail, sinon sa paye ?

— Faut pas jouer les mesquins et voir la gabegie partout, Léon. Moi, il me plaît, ce Mazal. J'ai plus de méfiance envers Lagrange, un peu trop grande gueule, celui-là.

Les uns le jugeaient grande gueule, une autre le trouvait belle gueule. Ainsi va la vie.

Robes claires imperceptiblement raccourcies, écharpes légères délicatement bousculées par une douce brise, capelines de paille et, par-dessus cela, un ciel ennuagé : le mariage de France et de Justin ressemblait à un tableau d'Eugène Boudin.

Le cœur de Violette avait éclaté de joie à la vue de la robe mauve agrémentée de dentelle blanche que portait sa mère, elle avait l'air si jeune sans ses habits de deuil. Mais au soir de la noce, elle s'était cachée pour pleurer son chagrin quand elle avait entendu Joseph Mazal demander :

— Je suis un piètre danseur. Voulez-vous guider mes pas, Amélie ?

9

Pour Amélie, le départ de Violette s'apparenta à une souffrance physique proche des douleurs de l'enfantement. Son désarroi la précipita dans les affres d'une séparation qui ressemblait à celle vécue cinq ans plus tôt, à la mort de Guillaume.

Elle avait beau se faire violence, se dire que c'était le lot des mères de voir partir leurs enfants, et surtout se répéter qu'il s'agissait des études de Violette et de son avenir, sans cesse les morsures du mal d'absence la torturaient.

Si encore l'adolescente avait vibré d'enthousiasme ! Mais non, pas la moindre émotion à se projeter dans une nouvelle vie, pas plus en tout cas que celle manifestée à l'annonce des résultats du certificat d'études, ni de son admission au cours complémentaire de Saint-Jean-du-Gard.

— Alors, tu es heureuse, ma chérie ? lui avait demandé Amélie en posant sur son front un baiser en guise de couronne de laurier. Te voilà en route pour décrocher le concours d'entrée à l'Ecole normale.

— C'est ce que tu voulais, maman.

La réponse passive de sa fille l'intrigua.

— Il me plaît de t'orienter vers une voie que je connais, Violette, mais ce n'est pas dans mes intentions de te l'imposer. Sais-tu seulement ce que tu veux faire, mon enfant ?

— Aller vivre à Saint-Jean-du-Gard chez tante Blandine ne me déplaît pas, même si j'aurai des regrets à quitter La Tourette.

— Mais tu nous reviendras chaque week-end, ma chérie !

Violette avait détourné la tête et leur conversation s'était arrêtée là, sur des non-dits, des tendresses refoulées, des rancunes celées. En dépit du malaise indéfinissable que lui causait le départ de sa fille, Amélie se réjouissait de la savoir chez sa sœur. Chère Blandine ! La joie de vivre personnifiée, le cœur sur la main, la générosité sans limite.

— Tu es sûre, Blandine, que Violette ne sera pas une gêne ? Je veux dire pour la place...

— Les filles se serreront, avait répondu la grassouillette concierge de la filature Bondurand. Tu te souviens, au Pontet, à quatre dans la chambre haute ?

Si elle se souvenait ? Malgré certains souvenirs difficiles, cette période de son enfance faisait et ferait toujours partie d'elle, viscéralement. Pour autant, Amélie ne voulait pas se laisser entraîner dans une nostalgie morose et, malgré les dénégations que ne manquerait pas d'avancer Blandine, elle s'était voulue pragmatique :

— Je te payerai une pension, Blandine. Ne proteste pas ! Savoir ma fille dans un foyer chaleureux n'a pas de prix, elle est si vulnérable, ma Violette.

— Elle est surtout maigrichonne, ta fille. On va essayer de la remplumer.

Amélie n'avait pu retenir un sourire, sa sœur et ses nièces ressemblaient à de petites cailles bien dodues.

— Pas trop quand même ! avait-elle lancé.

Il avait fallu aussi habiller Violette de pied en cap. Le tablier n'était plus de mise dans sa nouvelle école et les galoches, par trop grossières, se devaient d'être remplacées par une paire de bottines à boutons qui auraient fait rêver toute autre jeune fille que la mignonne sauvageonne de La Tourette.

A cette occasion, deux scènes s'étaient imposées et opposées dans la mémoire d'Amélie : ses propres achats, si modestes, presque indigents, à son admission à l'Ecole normale et l'outrancière dépense que Zélie avait exigée de son frère. Ni les uns ni l'autre pour sa fille, un juste milieu pour ne pas déparer, pour ne pas épater. Par chance, Violette n'était pas Zélie !

Depuis les noces de France et de Justin, où elle avait décelé la cour discrète de Joseph Mazal et, pire, l'entrée de sa mère dans le jeu agréable de la séduction, Violette se disait que tout serait mieux plutôt que voir ces deux-là roucouler. A quatorze ans, on a le jugement inique et l'amour exigeant. De là à penser qu'elle et son frère ne suffisaient pas à remplir la vie de leur mère… le pas fut vite franchi.

« A Saint-Jean ou ailleurs, pourvu que je parte d'ici ! »

Impulsive était sa décision ; difficile fut de prendre congé de tous ceux qu'elle aimait. Mémé Juliette et son vieux bougon de mari, Alban, son petit frère adoré, Marcélou le charpentier, dont les coups de maillet rythmaient sa vie à La Tourette, qui prêtait une oreille attentive à ses chagrins d'enfant. Or, l'épaule où elle nichait sa tête se déroba à l'adorable ingénue dénuée d'artifices.

— Tu me refuses un baiser sur la joue, Marcélou ?

— Vous n'êtes plus une fillette pour cela.

— Et tu me vouvoies ? Je te croyais mon ami, tu me déçois.

— Je suis toujours votre ami, Violette, mais je ne tutoie pas la jeune fille que vous êtes devenue et c'est très bien ainsi.

— Alors, adieu, Marcélou et souhaite-moi bonne chance.

— Revenez-nous vite, murmura le charpentier en se penchant sur son travail pour dérober ses yeux humides.

Les veillées passaient vite à La Tourette quand Joseph Mazal y était invité. Contrairement à sa sœur, qui le nommait en son for intérieur « l'Indésirable », Alban appréciait sa présence qui, en dehors de l'école, prenait une autre dimension. Quoique fidèle à une attitude imposant la crainte et le respect qu'il se devait d'inspirer, Joseph Mazal enrobait de naturel les conversations soutenues échangées avec ce garçon d'une surprenante intelligence.

Plus qu'à l'aise en calcul et problèmes qu'il survolait largement, Alban ne négligeait pas pour autant tout ce qui touchait au français. Dictées, règles grammaticales, explications de texte et rédactions lui demandaient plus de concentration. Son désir d'analyser et de clarifier, révélation d'un esprit cartésien, faisait les délices de son instituteur.

— Monsieur Mazal, j'hésite souvent sur le genre des noms d'apparence féminine comme sosie, caducée... Y a-t-il une règle qui m'aurait échappé ?

— Pas vraiment, mon garçon. Tu es là devant un problème étymologique, le point commun à ces noms trompeurs est d'être issus du grec, comme d'autres viennent du latin. Tu auras l'occasion, au cours de tes études, de te pencher sur ce qui te semble si mystérieux.

— Vous me croyez capable d'aller plus loin que le certif ? Vrai ? s'étonnait Alban en toute naïveté.

— Bien plus loin, je t'assure.

Amélie n'avait pas encore ouvert les yeux sur l'entreprise de séduction déployée par son collègue. Elle avait fait un grand pas en répondant à son amitié, s'était sentie soutenue dans l'âpre lutte qui l'avait opposée au curé Innocenti ; l'épisode était loin maintenant, néanmoins elle trouvait bon d'avoir quelqu'un sur qui compter.

— Vous restez pour souper avec nous, Joseph ? proposait-elle. A la fortune du pot !

— Un pot qui fait saliver, Amélie ! J'avoue en avoir les narines chatouillées. Comment refuser une telle offre ?

Il dégustait alors, avec force compliments, la plus banale des soupes de poireaux, dans laquelle avaient cuit des roulades de couenne, des saucisses ou un simple morceau de lard maigre qu'il savourait avec des mines de chat gourmand. Le dessert de son enfance était toujours présent à la table d'Amélie ; qu'elle soit de fête ou de tous les jours, y trônait invariablement une jatte de caillé que chacun agrémentait à sa guise.

— Un peu de gelée de framboise, Alban ?

— Oh oui, maman ! Celle de mémé Juliette, je parie ? C'est la championne des confitures.

— Flatteur ! Pareil pour vous, Joseph ?

— Me trouverez-vous ridicule, Amélie, si j'y préfère un soupçon de poivre ? C'est ainsi qu'on la dégustait chez nous.

Ces soirées-là se déroulaient toujours en semaine, car, Amélie l'avait bien compris, sa fille ne prisait pas la présence de l'instituteur.

« C'est bien normal qu'elle préfère se retrouver en famille à chacun de ses retours ! » se leurrait-elle, vibrant à la complicité qu'elle espérait retrouver et chaque fois déçue, Violette s'invitant dans l'atelier de Marcélou quand elle ne passait pas de longues heures chez mémé Juliette.

— Tu pars déjà ? demandait Amélie quand sa fille préparait son bagage qu'elle assurait dans les sacoches de sa bicyclette achetée tout exprès pour lui assurer une liberté de déplacement en dehors des horaires peu accommodants de la Montagnarde. Tu as passé plus de temps chez Juliette...

— Elle vieillit, maman ! Et tu ne t'en rends pas compte. C'est normal, tu la visites si peu.

— C'est Juliette qui t'a dit ça ? Je ne passe pas un jour sans lui faire un coucou... malgré le temps après lequel je cours.

— Le temps... on en trouve toujours pour les gens que l'on aime, n'est-ce pas, maman ?

Ces réflexions sans fondement, comme les jugeait Amélie, lui étaient douloureuses. Pourquoi Violette se comportait-elle ainsi ? Pourquoi ne se comprenaient-elles plus, elles qui avaient été les plus proches du monde ?

Son front soucieux avait suscité, lors d'une de ces soirées improvisées, quelques prudentes questions de Joseph Mazal :

— Quelque chose vous chiffonne, Amélie ? Un problème dans votre classe ? Pas de soucis de santé, j'espère ?

— Violette m'échappe... ou peut-être est-ce moi qui ne la comprends plus...

— Un âge difficile, je suppose. J'avoue ne rien connaître aux tracas des jeunes filles.

— Elle... oui, elle se détache de moi. C'est du moins ce que je ressens et cela me peine.

— Non, non ! Je ne veux pas vous voir chagrine, Amélie !

Ce disant, Joseph Mazal s'était emparé de la main d'Amélie pour la porter à ses lèvres ; il avait retenu son geste, se contentant d'une pression prolongée. Surtout, ne rien précipiter. Il avait appris ce qu'était la patience.

L'année scolaire s'était terminée sans qu'Amélie se soit à nouveau épanchée au sujet de sa fille. Joseph en avait déduit que les choses s'étaient arrangées. En fait, Violette prenait prétexte de l'hiver, puis des révisions du troisième trimestre pour espacer ses retours à la maison et Amélie n'avait pu qu'accepter ces allégations.

Ses résultats confirmèrent les raisons avancées par la jeune fille : elle passait en classe supérieure.

Les grandes vacances prirent une saveur nouvelle. Frère et sœur retrouvaient leur complicité et Amélie couvait d'un regard tendre ce retour à un cercle familial hélas réduit mais enfin apaisé. Joseph Mazal et elle avaient passé un accord tacite, celui d'une pause dans leurs soirées à La Tourette, trêve d'autant plus évidente que le célibataire apparemment endurci que promettait d'être l'instituteur allait vivre les mois d'été chez ses vieux parents à La Falguière.

En cela, Violette était reconnaissante à sa mère et espérait encore sortir du mauvais rêve qui lui avait gâché son plaisir lors du mariage de France et de Justin.

Ces deux-là étaient, décidément, la cause des malheurs de Violette. En plus du courrier dont il avait la charge, le facteur de Larbousse se faisait un devoir de relayer oralement les nouvelles, bonnes ou mauvaises, avec la même jubilation.

— Il s'en passe de drôles, là-haut, à Bellecoste !

Amélie, agacée par ses mines qui se voulaient mystérieuses, voulut en savoir plus.

— Ne me dites pas que le bébé de France est déjà arrivé ? Il serait bien pressé de venir au monde.

Le facteur prit un air pincé pour lâcher :

— C'est pourtant bien vrai, madame Masméjean !

— Fille ou garçon ?

— *Eh bé*, une fille *et* un garçon. *Té*, je parie que ça vous en bouche un coin !

— Des jumeaux ! Ça alors ! France va avoir du pain sur la planche ! Elle est organisée et s'en sortira très bien. Vous lui direz que nous irons voir ses bébés la semaine prochaine.

Alban avait préféré rester à regarder travailler Marcélou. Pour une fois que le jeune charpentier n'était pas sur un de ces fameux chantiers d'été, une manne, comme le lui avait enseigné son patron. Il s'en fallut de peu que Violette ne fasse comme son frère.

A la vue des deux petits paquets emmaillotés, coiffés d'une colinette[1] et si joliment semblables, Violette se sentit émue par ce miracle de la nature et se réjouissait d'avoir accompagné sa mère à Bellecoste quand elle perçut une voix honnie apostropher gentiment l'heureux père :

— Et alors, Justin Lagrange, tu ne veux pas la voir fermer, notre école de Larbousse ! Des jumeaux ! Fichtre !

Joseph Mazal ! Voilà qui sabotait sa joie, sa journée, ses vacances. D'autant qu'il tenait, trop longuement à son gré, la main que lui tendait Amélie, qu'il n'avait d'yeux que pour elle au détriment des deux mignons bessons.

Violette tentait vainement d'accrocher le regard de sa mère, elle avait hâte de partir. Quel soulagement quand elle l'entendit dire :

— Les visites les plus courtes sont les meilleures, mais nous reviendrons, France. Tes enfants sont adorables.

Mais quelle désillusion quand Joseph Mazal, ayant pris congé à son tour, proposa :

— Je pars avec vous, Amélie, si vous le permettez. Nous ferons route ensemble.

Et puis, le coup de poignard :

— Venez boire un peu d'eau fraîche ou un café, Joseph. Vous avez encore du chemin jusque chez vos parents. Vous me donnerez un peu des nouvelles de la Vallée Française.

Ce fut alors un chassé-croisé dans l'atelier de Marcélou : Alban courant à la rencontre de son maître et

---

1. Bonnet de bébé qui se noue sous le menton.

Violette entrant en trombe, l'œil sombre et la bouche amère.

— Ils sont si moches que ça, les jumeaux de Bellecoste ? plaisanta Marcélou pour apaiser la tornade qu'il devinait dévastatrice dans le cœur de Violette.

— Si tu savais ce que je m'en moque, Marcélou !

Elle s'abattit en pleurant dans les bras du charpentier.

La nouvelle année scolaire, qui allait être décisive pour l'avenir d'Alban, le serait aussi pour celui de Joseph, c'est en tout cas ce qu'il appelait de tous ses vœux. Pour cela, il n'avait pas mégoté pour renouveler sa garde-robe.

Adieu sa lévite lustrée et ses cols en celluloïd qui lui donnaient des allures de rabbin ! Ces habits avaient fait leur temps dans son ancienne vie ; la nouvelle, qui lui apparaissait possible, méritait qu'il se vête au goût de l'époque. Les derniers beaux jours d'automne l'avaient vu rajeuni dans un pantalon noir avec une veste en alpaga beige, cravate nouée assortie. Aux premières bourrasques d'automne, il sortit de la naphtaline un costume en velours marron, une chemise blanche et une lavallière à pois, se coiffa d'un feutre mou, apporta plus que jamais du soin à se raser, à séparer ses cheveux noirs d'une raie médiane comme tracée au cordeau.

Violette repartie à Saint-Jean, Joseph se trouva à son avantage pour reprendre le chemin de La Tourette avec, pour prétexte, l'orientation d'Alban.

— Votre fils mérite mieux qu'un cours complémentaire, ma chère Amélie. Il faut l'envoyer au lycée.

— Il est si jeune ! protesta Amélie.

Soudainement, elle éclata en sanglots. Dieu, qu'ils venaient de loin, qu'ils étaient oppressants, ces pleurs intarissables ! D'un pas, il fut près d'elle, l'entoura de ses bras et doucement, tendrement, posa une main sur sa nuque qu'il amena contre sa poitrine.

Amélie s'était laissé faire, elle hoquetait toujours ; lui, baisotait ses cheveux noirs ramassés en chignon et murmurait :

— Pleurez, pleurez, ma tendre amie. Laissez sortir votre peine trop longtemps enfouie.

Il se fourvoyait sur ses pleurs. Dieu sait si elle avait versé des larmes sur son amour perdu ! Mais le temps avait fait son œuvre et elle pouvait évoquer Guillaume avec sérénité.

Alors, à travers son rideau de pluie, elle se confessa :

— Tout va trop vite, Joseph. Mes enfants me quittent. Hier Violette, demain Alban. Je n'avais qu'eux et je les perds.

— Vous m'avez moi, Amélie, si vous le désirez.

Il avait joué son va-tout. Elle le regarda, incrédule, puis baissa les yeux en rougissant.

— Votre amitié m'est précieuse, bredouilla-t-elle.

— C'est mon amour que je vous offre, Amélie. Celui de mes treize ans, renforcé chaque jour. Je vous aime.

Elle le regarda avec intensité et ne déroba pas ses lèvres au baiser-dévotion qu'il y déposa.

S'il en avait douté, Joseph Mazal ne tarda pas à convenir qu'il y avait deux femmes en sa bien-aimée. Et même, à y bien réfléchir, il en discernait trois : la femme dans son bel âge prête pour une nouvelle vie, la mère scrupuleuse et attentive au bonheur de ses enfants, mais aussi la veuve de Guillaume Masméjean. Dans sa folie d'amour sur le point de se réaliser, il se sentait capable d'aimer les trois.

Pour l'instant, la mère occupait toute la place.

— Gardons cela secret, Joseph, encore quelques mois. Il ne faut pas que l'esprit d'Alban se dissipe avant les examens.

Joseph avait convaincu Amélie au sujet de son fils. Il passerait son certificat, puis se présenterait à un examen d'entrée au lycée. Pour cela, il pouvait compter sur celui en passe de devenir son beau-père – mais chut ! il fallait garder le secret – qui avait entamé avec lui un programme de révisions tandis qu'Amélie préparait activement le côté administratif.

Son but était le même pour ses deux enfants : subvenir à leurs études sans entamer d'un sou l'héritage de leur père, qui grossissait chaque mois du loyer ponctuellement versé par Marcélou.

Avec Violette, elle s'en sortait honorablement grâce à l'hospitalité de Blandine, mais c'était reculer pour mieux sauter quand sa fille entrerait à l'Ecole normale. Cette idée lui apportait cependant suffisamment de joie pour qu'elle relègue les soucis financiers.

« Encore un an. J'ai bien le temps d'y penser. »

Néanmoins, elle se promit d'être plus que jamais vigilante dans ses dépenses.

Les dispositions naturelles d'Alban, renforcées par un ardent désir de ne pas décevoir tant sa mère que monsieur Joseph, qui s'impliquait dans son avenir comme un père, firent merveille ; il avait devant lui tout un été pour se reposer sur ses lauriers et songer à la nouvelle vie qui l'attendait à Alais, au lycée Jean-Baptiste-Dumas.

Douce plénitude aussi pour Amélie qui se prenait à rêver d'un bonheur nouveau : celui d'une vie à deux aux côtés de Joseph Mazal, à qui elle avait enfin dit oui.

— Voulez-vous que nous fassions publier les bans pour la fin de l'été, Amélie ? avait-il demandé, plein d'espoir.

— Aux vacances de Noël, cela me paraît plus sage. Il y a la rentrée de Violette, celle d'Alban, notre classe à préparer. Oui, à Noël ce sera très bien.

— Comme il vous plaira, ma très chère.

Il s'était juré d'aimer les trois Amélie ; bien qu'un peu déçu de son manque d'empressement, il n'allait pas reprocher à la jeune femme de ne rien négliger dans son rôle de mère.

Il n'en aima que plus la veuve Masméjean quand celle-ci lui avoua, d'un air embarrassé :

— Joseph, j'ai bien réfléchi, nous ne serions pas pleinement heureux ici, à La Tourette. Vous me comprenez, n'est-ce pas ? Ces lieux font partie d'une autre vie. La nouvelle Amélie, celle qui va devenir madame Mazal, n'y a plus sa place.

Joseph Mazal prenait sur lui pour ne pas sauter de joie, lui qui n'avait pas osé évoquer le malaise qu'il ressentirait à se glisser dans une place occupée, un temps, par un autre. D'autant que Violette ne désarmait pas avec ses airs réprobateurs. De tout l'été, elle ne lui avait pas adressé la parole, sinon pour lâcher de petites phrases assassines qu'il feignait d'ignorer.

— Vous ne vous sentirez pas trop à l'étroit, ma chérie, dans mon deux-pièces de fonction ?

— Pourquoi ne pas demander le logement vacant depuis le départ des époux Saumade ? Il comporte, si je me souviens bien, quatre belles pièces ?

Revint alors en houle douloureuse au cœur d'Amélie le souvenir de l'inauguration de la maison d'école. Les murs eux-mêmes avaient donc pressenti le malheur qui allait l'accabler ? Elle se ressaisit, n'était-elle pas une battante ? Une nouvelle vie l'attendait ici, qu'elle n'avait pas l'intention de bouder. Joseph, cependant, avait vu sa pâleur, il s'était approché d'elle et l'avait prise dans ses bras.

— Tu pourras retourner de temps en temps à La Tourette si tu en ressens le besoin. Il n'y a rien que je ne peux souhaiter pour ton bonheur, mon amour.

— Mon bonheur, ce sera avec toi, au-dessus de nos salles de classe. Je t'aime, Joseph... même si je ne suis pas très démonstrative. Je... je n'ai plus vingt ans, tu sais.

— Tu veux que je te dise ? Tu es encore plus belle, plus désirable, plus troublante qu'à vingt ans !

— J'admire ta constance. Aimer la même fille à treize ans, à vingt, à trente-sept...

Amélie avait passé le cap de la nostalgie, elle était même fébrile comme une jeune fille en installant leur futur ménage dans le grand appartement de fonction. Joseph, heureux de sa joie, jouait au père Noël.

— Nous irons choisir une chambre chez Maindret à Alais. Que dirais-tu de jeudi prochain ? Nous ferions la surprise à Alban et le sortirions du lycée pour la journée.

— Quelle merveilleuse idée ! Il nous faudrait aussi un fourneau, un gros pour chauffer toutes les pièces. Pas trop cher, tout de même... Il faut faire face à d'autres dépenses...

— Je ne t'ai pas dit ? Mes parents nous donnent leur salle à manger, un bahut à deux corps, la table à rallonge et les six chaises cannées.

— C'est très gentil à eux, ça ne leur fera pas défaut, au moins ?

— Bien au contraire ! la rassura Joseph. C'est du travail en moins pour ma mère, une maniaque des meubles bien cirés. Mon père lui en donne assez avec ses jambes qui ne le portent plus. Un comble pour un facteur habitué à couvrir quotidiennement ses trente kilomètres.

— Nous irons passer tout un jeudi avec eux, promit Amélie.

Joseph sourit à cette proposition qui ne le surprenait en aucune façon, d'abord parce qu'il savait combien sa promise était une femme de cœur et aussi parce qu'il n'ignorait pas combien ce cœur battait pour ses enfants au point de se vouloir toujours libre de les accueillir le dimanche.

Pour ce qui concernait Alban, elle savait pertinemment qu'il ne pouvait remonter à Larbousse toutes les semaines et se faisait une raison ; c'était différent pour Violette, qui avait toute latitude de rentrer le samedi après-midi et qui, de plus en plus, faisait faux bond.

Le lundi, Joseph voyait arriver sa fiancée à l'école avec son regard des mauvais jours et ne s'étonnait pas d'entendre :

« J'ai attendu Violette et elle n'est pas venue. Elle m'avait pourtant promis et j'avais préparé pour elle son dessert préféré.

— Des révisions, je suppose, la rassurait Joseph. A moins qu'un amoureux ne la retienne à Saint-Jean... »

Il l'avait dit sans conviction mais se mit à penser que ce serait la meilleure chose qui pourrait arriver à cette adolescente en révolte contre une mère aux yeux scellés.

« Un amoureux ? Ma petite fille ? »

C'était bien la dernière chose qu'Amélie voulait entendre ! Mais avoir sous les yeux le bonheur tout neuf de sa mère, c'était bien la dernière chose que Violette pouvait supporter !

Pas le 22 décembre 1910, en tout cas ! Surtout pas ce jour-là, qui vit l'union d'Amélie et de Joseph. Une cérémonie qu'ils avaient voulue simple, un passage discret en mairie, une plus longue étape en l'église de Larbousse où officiait le remplaçant de l'abbé Innocenti, parti sous d'autres cieux exercer son ministère avec, cela était à souhaiter pour ses ouailles, plus de clairvoyance et de mansuétude.

Un sacré psychologue, ce nouveau curé, parfaitement au courant du passé des époux – mais qui ne le serait pas à Larbousse ? – et qui choisit de développer un passage de l'évangile selon Matthieu d'une rare finesse :

— « Vous êtes la lumière du monde. De même qu'on n'allume pas une lampe pour la mettre sous le boisseau, la lumière de votre amour doit briller devant les hommes. » Vous n'avez pas choisi, vous, Amélie, ni vous, Joseph, d'être porteurs de cette lumière ; Dieu a choisi pour vous et ce qu'Il fait est bon. Il veille à ce qu'aucun de Ses enfants ne perde le goût de la vie afin de ne pas perdre le goût de Dieu. Tel un père aimant, Il panse les plaies, rapproche les affinités, fait fi des différences, parfois des incompréhensions, car c'est dans celles-ci, et non dans l'uniformité, que se construit le Royaume de Dieu.

Violette en prenait pour son grade, mais écoutait-elle seulement l'homélie ? Et si elle l'écoutait, l'entendait-elle ? Cédant aux insistances de tante Blandine, elle avait promis de faire bonne figure et s'en tenait là. Entourée de ses blondes cousines au visage replet creusé de moelleuses fossettes, au corps si joliment dodu et à l'humeur toujours gaie, elle paraissait fragile au propre et au figuré. Trop menue pour sa taille et si sombre avec son regard perdu, elle faisait penser à ces gracieuses libellules qu'un vent léger ballotte à son gré.

Prise dans le petit groupe qui se pressait pour féliciter Amélie et Joseph, une seule pensée l'obsédait, son papa venait de mourir pour la seconde fois, alors qu'autour d'elle jaillissait la même phrase, diversement modulée :

— Beaucoup de bonheur, Amélie, dans votre nouvelle vie !

10

Alors que Joseph découvrait, jour après nuit, les joies du mariage, Amélie apprivoisait à nouveau le bonheur. Il ne ressemblait en rien à celui de ses vingt ans et, s'il répondait à ses attentes, c'est sans doute qu'elles n'étaient pas celles d'une midinette.

Trouver à chaque instant une oreille attentive, être assurée d'une épaule sans faiblesse, partager les joies et les soucis d'un même métier qui était pour tous deux un vrai sacerdoce, tout cela aurait suffi à combler la jeune femme. Mais c'eût été faire peu de cas de son corps, qui réclamait sa part d'un assouvissement trop longtemps refoulé.

Joseph cultivait, en toutes circonstances, l'indulgence. Amélie avait pu l'apprécier, le soir de leurs noces, quand il laissa venir à lui son épouse offerte. Dans ses bras, elle s'était abandonnée à ses caresses proches de la dévotion et quand il l'avait prise avec délicatesse, Amélie avait eu une révélation : Joseph ne la possédait pas, il se donnait à elle.

Se prit-elle à penser, à cet instant, à la passion fougueuse de Guillaume ? Si oui, il n'entrait pas dans ses visées de comparer les deux hommes. Dans sa tête comme dans son cœur, il y avait désormais deux vies, l'une passée et qu'elle ne reniait pas, l'autre présente, dans laquelle elle espérait donner et obtenir le meilleur. Elle avait fermé La Tourette comme l'on cadenasse un coffre-fort, y laissant pêle-mêle les meubles et les souvenirs. Et avait ouvert un nouveau livre dans le grand logement qu'ils avaient obtenu.

Pas aussi grand que ça, en fait.

— Cela ne t'ennuie pas, Joseph, si nous installons les meubles de tes parents dans la cuisine ? En plus de notre chambre, il en faut une pour Alban, une autre pour Violette.

— Ce sera comme tu l'entends, ma chérie.

Il y avait comme de la résignation dans son acquiescement. A son sens, Amélie allait au-devant d'une fâcheuse déconvenue, sa fille se faisant plus rare à Larbousse que les beaux jours.

Les beaux jours, justement, en ce mois d'avril 1911, annonçaient les vacances de Pâques et le retour des enfants au bercail. Du moins l'espérait-elle. Alban, libéré du matin, arriva le premier, s'extasia sur sa chambre et entama une conversation à bâtons rompus avec celui qu'il n'osait tutoyer mais trouvait approprié d'appeler Joseph.

— Je ne te force en rien, Alban, simplement oublie le « monsieur », qui me semble un peu guindé.

Alban avait apprécié cette liberté de choix à sa juste valeur : il n'était plus considéré comme un enfant à qui il est plus simple d'imposer que de proposer. En lycéen conscient de ce qu'on attendait de lui, il ne différa pas la divulgation de ses notes et l'appréciation de ses professeurs qui, tous, s'accordaient à lui prédire une brillante carrière.

Emue et fière, Amélie s'extasiait sur le bulletin trimestriel de son grand garçon.

— Il n'y a pas un sacrifice que je ne ferais pour satisfaire tes ambitions, mon cher enfant. As-tu déjà une idée pour l'orientation de tes études ?

— A vrai dire, maman, je n'en ai aucune ! s'excusa quasiment l'adolescent.

— Rien ne presse, ma chérie. Alban, je le sais, n'aura que l'embarras du choix au terme de son internat.

Joseph parlait d'Alban comme un père. Amélie ne l'en aima que plus.

Une journée aussi bien commencée ne pouvait se terminer que sur un point positif : celui de l'arrivée d'une Violette qui aurait enfin rendu les armes devant la félicité de sa mère.

Hélas, c'était trop demander à l'adolescente blessée, révoltée et bien décidée à n'en faire qu'à sa tête. La chambre, toute pareille à celle de son frère, hormis le jeté de lit en cretonne fleurie beaucoup plus féminin que celui, en reps uni, d'Alban, lui tira un sourire narquois et une remarque désobligeante :

— Tu ne pensais quand même pas, maman, que j'allais dormir chez… chez… enfin ici ?

— Où irais-tu, sinon, mon enfant ? C'est maintenant ici que j'habite, que nous habitons !

— Ne me dis pas que tu as vidé La Tourette ? s'offusqua Violette, la voix chargée de colère et de sanglots.

— Je ne l'ai pas vidée, Violette, je l'ai fermée. Ma nouvelle vie est dans ce lieu, désormais.

— Moi, la mienne est là-bas. Je peux avoir les clés ?

— Tu… tu veux t'installer à La Tourette ? Seule ?

Sans réponse de sa fille, elle insista :

— Il y a si longtemps que nous nous sommes vues, ma Violette. Nous avons tant de choses à nous dire, plaida encore Amélie.

Puisant son aplomb dans une abyssale souffrance, Violette répliqua avec impertinence :

— Moi, ce que j'ai à te dire se résume en peu de mots : j'arrête l'école et je commence à travailler au 1er juillet.

— Tu ne peux pas faire ça, Violette ! Non, tu ne peux pas gâcher ta vie de la sorte !

Amélie avait jeté cette phrase dans un cri de révolte. Piquée au vif, Violette prit la même intonation pour lancer :

— En matière de gâcher ma vie, je ne crois pas que tu sois la mieux placée pour me donner des leçons !

La main d'Amélie s'abattit violemment sur la joue de Violette, la porte claqua et Joseph reçut sa femme sanglotante dans ses bras.

— Qu'ai-je fait, mon Dieu, qu'ai-je fait ?

Il n'était pas question que son mari s'en mêle, c'eût été jeter de l'huile sur le feu. Amélie ne voulait pas non plus impliquer Alban dans leur querelle de femmes, car elle l'avait bien compris, Violette n'était plus une enfant, et si elle n'était pas encore entrée dans le monde des adultes, elle s'en arrogeait les prérogatives.

« Juliette ! Juliette Bourgnolle sera parfaite dans le rôle de médiatrice ! » se dit-elle à bout de ressources.

Priée par Amélie, Juliette accourut sur ses vieilles jambes à La Tourette. Elle dut crier, tout essoufflée, pour se faire ouvrir et reçut contre sa poitrine généreuse le corps menu et secoué de sanglots de la petite demoiselle. En même temps que ses confidences.

— Elle n'avait pas le droit, mémé Juliette, non, elle n'avait pas le droit d'effacer mon père de sa mémoire.

— Qui te dit qu'elle l'a effacé, grande nigaude ? Le lui as-tu seulement demandé ?

— Pas la peine, ça crève les yeux ! Et mon frère, ce benêt qui bade devant leur bonheur, leur installation, leur amour. J'ai honte pour lui !

— Il laisse parler son cœur, mon petit Alban. Toi, tu l'étouffes pour donner la parole à la jalousie. Oui, tu es jalouse que ta mère ait trouvé un autre bonheur que celui de ses enfants. Bon sang, mais elle a le droit d'être heureuse, non ? Surtout que toi et ton frère vous passez avant tout dans ses tracas quotidiens. Quelle reconnaissance !

Juliette ne mâchait pas ses mots alors qu'Amélie lui avait recommandé la douceur. Finalement, ils poussaient Violette à se vider de ses ressentiments : en permanence s'opposait l'image de sa mère à nouveau heureuse à celle de son père disparu.

— Bientôt, il n'y aura plus trace de mon père à Larbousse, sinon sur le registre des naissances et celui des décès. Fermée, La Tourette. Vendue, l'entreprise...

— Bon sang, Violette, tu la veux, celle-là ? s'écria Juliette en la menaçant de la main.

— Une de plus ou de moins, si ça peut te faire plaisir...

Et elle s'effondra en pleurs silencieux, accompagnée d'une Juliette tout aussi désespérée qu'elle. Ce fut un gamin du hameau qui alla avertir Pierre Bourgnolle que son épouse ne rentrerait pas de la nuit. Le lendemain, dans la journée, elle alla rendre des comptes à Amélie.

— Nous avons beaucoup parlé, surtout Violette. Si vous voulez mon avis, elle ne changera pas d'idée pour l'école. Pardi, tout le monde est pas comme vous, madame Amélie. Pour le reste, laissez passer quelques jours avant d'aller la retrouver à La Tourette.

— Madame Bourgnolle est de bon conseil, ma chérie. Ta fille ne risque rien là-bas, attends qu'elle se calme, insista Joseph.

Amélie s'en remit volontiers aux recommandations de Joseph et de Juliette, d'autant qu'une lassitude inhabituelle la rendait réticente à un nouvel affrontement. Elle prenait ce mal-être à son compte, se reprochait son geste violent tout en déniant à Violette le droit de lui parler comme elle l'avait fait. Elle reconnaissait aussi cette blessure d'amour-propre dans la décision qu'avait prise sa fille et qui la désolait. Il fallait qu'elles en parlent en toute sérénité, ce n'était certainement qu'une provocation.

Violette investissait, dès son lever, l'atelier de Marcel, celui que son père avait surnommé Marcélou, ce qui seyait à l'arpète qu'il était alors mais ne correspondait plus à l'homme qu'il était devenu, solidement charpenté, si pareil à son père dans son amour pour le bois et dans ses gestes quand il le travaillait.

— Puisque je te dis que j'ai pris ma décision, Marcel ! Et vois-tu, je ne regrette pas. Les études, ce n'est pas pour moi.

Dans ce lieu et en sa compagnie, elle redevenait la Violette enjouée, bavarde sur mille et un sujets pour le plus grand plaisir du jeune charpentier qui lui jetait, à la dérobée, des œillades indulgentes,

— Tu ne vas pas sur un chantier cette semaine, Marcel ?

— Je prépare un chantier, justement. J'ai bien pour dix jours d'atelier, au moins.

— Si nous mangions ensemble ? s'enthousiasmat-t-elle. Un petit repas tout simple, j'ai seulement des œufs, du fromage et de la confiture. Ça te va ?

— Je ne sais… Que dirait votre maman si…

— Il y a tellement de sujets sur lesquels nos avis divergent. Un de plus, ce n'est pas bien grave.

Amélie surprit les jeunes gens en grand péché de gourmandise. Tous deux piochaient allègrement au même pot de confiture, puis étalaient leur provende sur un disque de pâte, cuit à la poêle, qui tenait plus de la galette que de la crêpe dentelle.

« Au moins, se rassura Amélie, ma fille ne se laisse pas mourir de faim ! » Ce lui fut un réconfort, en plus d'une belle entrée en matière.

— Les pommes de terre en salade et la saucisse aux herbes que j'apportais feraient bien grise mine auprès de cet alléchant dessert, les aborda-t-elle en se forçant à sourire.

Puis elle ajouta, comme une excuse :

— Je suis contente que Marcélou te tienne compagnie. Te savoir seule…

— Marcel n'a plus douze ans ! Il est bien bon de tolérer cet absurde surnom.

Amélie réprima un soupir désolé, sa fille ne désarmait pas. Quant à Marcélou, gêné d'être au centre d'un conflit alimenté d'autres causes, il prit prétexte que le travail l'appelait pour fuir courageusement.

Un grand silence se fit, ni Violette ni Amélie n'osant lancer la conversation. Il le fallait pourtant. Or, pour Amélie, il était inconcevable d'aborder le sujet de son remariage, une pudeur innée lui faisait taire ce qui touchait à son intimité de vie, de sentiments. Alors restait à s'affronter sur l'avenir de Violette, ce qu'elle fit avec circonspection.

— D'où vient, Violette, ce soudain désir d'arrêter tes études ? Tu obtiens de bons résultats, la vie à Saint-Jean ne semble pas te déplaire...

Mots malheureux. Violette saisit la perche :

— J'y suis au moins en famille !

Aussitôt dit, elle regretta cette pique mordante. Trop tard. Sa mère accusa le coup, mais se garda de répliquer avec violence, elle regrettait trop son geste.

— Violette ! s'écria-t-elle.

Son cri était prière. Violette baissa la tête. Allaient-elles enfin se retrouver dans les aveux et dans les larmes ? Pour cela, il fallait toucher le fond de la douleur et la jeune fille n'en avait pas fini avec ce qui s'apparentait à une descente aux enfers.

Cependant, consciente de la souffrance de sa mère, elle s'appliqua à lui faire admettre son irrévocable décision. Elle n'était pas faite pour les études, ni pour ce métier d'institutrice qui l'éloignerait à coup sûr, et peut-être pour de longues années, de cette vallée qu'elle aimait tant. Larbousse, La Tourette, Saint-Jean, c'était son univers, elle n'en souhaitait pas d'autre. Et elle déballa son projet bien ficelé :

— J'ai été amenée, et à plusieurs reprises, à seconder le comptable de la filature Bondurand, un vieil homme dont la vue baisse inexorablement, mais d'une probité à toute épreuve. Mise à jour des livres de comptes, établissement des bulletins de salaire et bien d'autres paperasses à classer, travail dont il m'a fait compliment en ajoutant qu'il aurait bien besoin d'une aide-comptable à plein temps.

— Monsieur Courtin, si je le connais ! Il était déjà aux commandes des chiffres quand je travaillais à la filature.

— Toujours est-il qu'il a si bien manœuvré avec ses patrons qu'ils sont convenus d'embaucher une assistante et que je fais l'affaire. Grâce à monsieur Courtin. Je toucherai cinquante-cinq francs par mois et payerai pension à ma tante Blandine à raison de vingt francs mensuels jusqu'à ce que je trouve un petit logement pas cher à Saint-Jean.

Il n'y avait plus rien à dire. La boucle était bouclée. Violette allait travailler de plein gré à la filature Bondurand, là où sa mère, un quart de siècle plus tôt, était rentrée à son corps défendant.

Joseph Mazal tempérait sa joie, il lui paraissait malvenu d'exulter alors qu'Amélie subissait tous les désagréments d'un début de grossesse. Rien ne lui était épargné, ni les nausées, ni les étourdissements, ni cette fatigue qui l'avait amenée à consulter.

— De petits tracas qui vont aller en s'estompant, madame Mazal. Vous dormez bien ?

— Trop ! Je n'ai pas pour habitude de traîner au lit et, ces derniers temps, j'aspire à me coucher tôt le soir et j'ai toutes les peines à émerger le matin.

— Rien que de très normal pour une gestation que j'évaluerai à douze semaines environ.

Amélie avait pâli, puis rougi et enfin balbutié :

— J'attends un enfant ? Vous en êtes sûr ? Je... je ne comprends pas...

Des femmes qui juraient d'une intervention du Saint-Esprit, le docteur Pélissier en avait vu défiler, dans son cabinet de Saint-André-de-Valborgne. Il ne s'attendait pas à ce degré d'incrédulité de la part de cette jeune femme au regard pétillant d'intelligence derrière ses lunettes rondes.

Amélie avait perçu son incompréhension et s'était sentie obligée de justifier maladroitement son scepticisme.

— J'ai une fille de seize ans et un garçon qui va en avoir treize... Ce serait un peu ridicule, n'est-ce pas, docteur ?

Le docteur Pélissier lui avait mis la main sur l'épaule et, se méprenant sur les intentions de sa patiente, lui avait livré son sentiment.

— Ce qui serait ridicule, chère madame, serait de refuser cette grossesse et de prendre des risques inconsidérés contre lesquels je ne peux, hélas, que m'insurger. Croyez-moi, il est triste pour un homme qui combat pour la vie de fermer les yeux sur ces pratiques dangereuses visant à donner la mort.

Aux propos désabusés du docteur Pélissier, Amélie s'était sentie humiliée, elle avait hâte de quitter ce cabinet. Elle n'avait su que balbutier :

— Vous ne me prescrivez rien contre les nausées ?

— Dans un mois, elles auront disparu !

Amélie aurait voulu taire son état, le temps de réaliser ce qui lui arrivait. C'était compter sans les attentions dont l'entourait son époux. N'avait-il pas lui-même insisté pour qu'elle allât consulter ? C'est dire qu'à son retour il attendait fébrilement le diagnostic.

— Du surmenage, je parie. Tu veux être sur tous les fronts, ma chérie. Le certificat, la fête de l'école, sans parler de notre logement que tu briques comme un sou neuf. Et je passe sur le souci que te donne ta fille.

— Du surmenage ! Comme tu y vas, Joseph. Je ne fais ni plus ni moins que les autres années. Non, ce n'est pas ça.

— Mais c'est quoi, alors ? Tu n'es pas malade, au moins ? Une de ces maladies… Non, non, tu ne tousses pas…

— Joseph !

Mon Dieu ! Ce cri, cet appel ! Et sa pâleur ! Il lui tendit les bras, la serra contre sa poitrine alors qu'elle sanglotait :

— Je ne suis pas malade, Joseph. J'attends un enfant. Tu vas être papa… et moi je… je n'avais pas pensé à cette éventualité. Tu es heureux au moins ?

Pour toute réponse, il mêla ses larmes aux siennes.

Le docteur Pélissier n'avait pas menti. Au mois de juin, dans la grande ligne droite des révisions ultimes qui précèdent les épreuves redoutées du certificat, Amélie Mazal était au mieux de sa forme. Toute menue encore quoique sa poitrine tirât plus que de coutume sur les boutons de son chemisier, le teint point du tout chaviré, elle était heureuse du secret qu'ils réussissaient à cacher à leur entourage.

Illusion perdue !

— Vous n'avez pas oublié de me dire quelque chose, madame Amélie ?

Juliette Bourgnolle avait pris prétexte d'un *sanquet*[1] tout frais pour investir l'appartement des Mazal, bien décidée à avoir confirmation de ce qu'elle supputait.

« Qu'est-ce que j'aurais bien pu oublier ? » se demanda Amélie, loin de se douter du piège.

— Et là, chuchota Juliette en pointant le ventre d'Amélie d'un doigt complice, y a pas un *droulet,* par hasard ?

— Qui vous a dit ? s'insurgea Amélie.

— Mon petit doigt, cachottière ! *Té,* vous croyez que ma vue est devenue si basse que je sais plus reconnaître une *coconhera*[2] ?

— Par pitié, Juliette, n'en dites rien ! Pas avant la fin de l'année scolaire. Si cela parvenait aux oreilles de Violette, d'Alban... Non, je veux qu'ils l'apprennent de ma bouche, et pour ça nous avons le temps.

— Promis, juré ! Mais ne vous tracassez pas, Violette fera sa mauvaise tête pour la forme, puis elle et Alban seront gaga de leur petit frère ou de leur petite sœur.

Puis, se ravisant sur le pas de la porte :

— Dites, c'est moi qui le garderai, hein, le *droulet* ?

Amélie leva un sourcil étonné. Le garder ? Elle n'en était pas encore à s'organiser matériellement, mais bien plutôt à essayer d'accueillir, avec autant de joie que son époux, ce qui leur arrivait.

— Nous en reparlerons, Juliette, promit-elle, se forçant à sourire.

Alors qu'Alban rentrait au bercail, un bulletin scolaire élogieux en poche, pour des grandes vacances bien

---

1. Occitan : sang de poule coagulé sur des morceaux de pain rassis, aillé, persillé et frit.
2. Occitan : couveuse.

méritées, Violette sortait honorablement du circuit scolaire – le brevet élémentaire obtenu avec aisance – et
entrait dans le monde du travail.

Pour Amélie ne tarderait pas à venir le temps de
révéler ce qu'elle nommait, en toute intimité, son « doux
secret ». Ce temps de pause et d'introspection avait été
nécessaire, aussi et surtout, l'accompagnement délicat
de Joseph, pour qu'elle apprécie à sa juste valeur ce
nouveau don de vie. Pour preuve de leur béatitude
commune, ils en étaient au jeu des prénoms et s'accordaient pour appeler une fille Laure, comme l'égérie de
Pétrarque, dont ils savouraient tous deux le *Canzoniere*[1].
Pour le garçon, leurs avis divergeaient, encore qu'Hugo
soit en bonne place.

« On n'a pas fini, à Larbousse, de clabauder sur ces
prénoms inusités ! riait la jeune femme.

— Je parierais que cela te plaît de les choquer ! »

S'amuser de ces petits riens qui font la vie charmante
permettait de remettre à plus tard ce qui commençait
à se deviner, à se colporter, à courir les campagnes et
descendre en ville. Et, pour le coup, Juliette Bourgnolle
n'y était pour rien. Promis, juré !

Un ouragan, il n'y a pas d'autre mot, investit un
chaud dimanche d'août l'appartement conservé frais par
la pénombre des volets entrebâillés. Joseph et Alban dis-
putaient une partie de dames acharnée tandis qu'Amélie
s'alanguissait dans un fauteuil de rotin, une acquisition
de son époux afin qu'elle se repose.

La porte, ouverte à la volée sur une Violette rouge
de sueur autant que de colère, les fit sursauter tous

_____
1. Recueil de poèmes et de sonnets consacrés à Laure.

trois. Sa voix, qui n'était que sanglot et révolte, les cloua sur place :

— Ce n'est pas vrai ? Dis-moi que tu n'as pas fait ça !

Elle s'adressait à sa mère, oubliant son jeune frère et occultant totalement la présence de « l'Indésirable ». Ce fut lui, pourtant, qui s'avança vers elle, bouclier d'amour de l'épouse adulée.

— Nous ne sommes pas sous la halle, Violette, pour vociférer comme des harengères. Entre, veux-tu, et parlons calmement.

— Vous, je n'ai rien à vous dire, c'est à ma mère que je demande des comptes.

Comme piquée par un dard, Amélie bondit de son fauteuil et s'interposa entre son mari et sa fille.

— Des comptes ? Quels comptes ? S'il s'agit de l'héritage de ton père, je le tiens à ta disposition, il ne manque pas un sou. Mais s'il s'agit de l'enfant que nous avons conçu, Joseph et moi, je ne te dois rien, pas même une explication. C'est ma vie, c'est notre vie. A toi de savoir si tu veux en faire partie ou non...

Autant de mots échangés, autant de maladresses. Autant de souffrances infligées, autant de souffrances rendues. Eperdue de douleur, Violette courait se réfugier à La Tourette, Amélie sanglotait dans les bras de Joseph, puis se forçait à sourire aux gentillesses d'Alban.

— Pourquoi m'avoir tu cette bonne nouvelle, maman ? Rien ne pouvait vous arriver de plus beau qu'un enfant pour couronner votre union. Attendons qu'il soit né, ma sœur sera folle de joie de jouer à la poupée.

Alban avait dit ce que les époux voulaient entendre. Heureux enfant à naître, ils seraient au moins trois à l'aimer !

La Tourette, et surtout Marcélou... pardon, Marcel !... refuge des chagrins de Violette. L'oiseau était au nid quand elle y arriva, en quelques vigoureux coups de pédales. Echevelée, mâchurée de larmes et de sueur, un coin de la bouche relevé nerveusement, Violette était pitoyable.

Oubliant toute retenue et parce qu'il retrouvait l'enfant au chagrin insondable, Marcel lui ouvrit les bras, Violette s'y lova, au début agitée, volubile, vociférant sa colère, son dégoût, sa honte, son chagrin et puis, enfin calmée, pleurant silencieusement sur son bonheur perdu.

— Un homme détestable, ce Mazal ! hoquetait-elle.

— As-tu seulement pris la peine de connaître celui que tu juges ainsi, petite fille ?

Marcel l'avait tutoyée tout naturellement.

— Il m'a pris ma mère, fascine mon frère et moi... moi...

— Toi, tu es trop sensible, jolie Violette. Allons, sèche tes larmes et souris-moi, s'il te plaît.

Obéissante, elle leva son visage chagriné, qui s'illumina en rencontrant le doux regard de Marcel. Sans calcul, sans précipitation, attirées comme des aimants, leurs lèvres s'unirent pour le plus tendre, le plus passionné des baisers. Une lucarne de bonheur s'entrouvrait, qui allait redonner une raison de vivre à Violette.

La grande plaine est blanche, immobile et sans voix.
Pas un bruit, pas un son, toute vie est éteinte.
Mais on entend parfois, comme une morne plainte,
Quelque chien sans abri qui hurle au coin d'un bois.

Les élèves, penchées sur leur cahier de poésie, s'appliquaient à écrire sous la dictée de la maîtresse. Amélie avait choisi ce texte pour la beauté des mots, parce que Maupassant parlait à l'âme, et surtout à cause de l'hiver qui, pas plutôt commencé, promettait d'être rude.

N'avait-on pas vu, en cette première quinzaine de janvier, voleter des papillons blancs pour le plus grand plaisir des enfants qui ne rêvaient que de batailles de boules de neige dans la cour de l'école ?

Tel le chien qu'elle venait d'évoquer, Amélie crut hurler, au coin non pas d'un bois mais d'une des travées qu'elle parcourait à pas lents, lisant par-dessus l'épaule de ses élèves. Quel affreux déchirement que cette douleur émanant de ses reins ! Et quelle abominable gêne que ce liquide chaud coulant le long de ses bas de laine !

C'était son dernier jour de travail, sa remplaçante serait là lundi et elle allait devoir abandonner sa classe, toutes affaires cessantes. Malgré sa souffrance et son embarras, elle dépêcha une des grandes dans la classe de France, la jeune femme saurait agir au mieux.

Le reste, tout le reste, se déroula comme dans un brouillard où tout se mêlait : douleurs, répits, sensations d'épuisement, injonctions de la sage-femme, encouragements de son époux, jusqu'à ces miaulements aigus qu'elle perçut, déchirant le silence cotonneux, suivis d'un doux murmure au creux de son oreille :

— Tu viens de donner la vie, Amélie !

11

Violette entrebâilla sans bruit la porte de la chambre. Le dos calé par un grand oreiller blanc, ses longs cheveux épars croulant sur l'écharpe de laine qui couvrait ses épaules et se répandant sur le drap, d'apparence si fragile dans la chemise de nuit sagement fermée d'un col rond, Amélie effleurait d'un doigt le visage fripé de son bébé. Sur une chaise qu'il avait approchée du lit, Joseph Mazal couvait d'un regard fasciné les doux « objets » de son ravissement.

Comme elle s'y attendait, ce tableau idyllique lui donna la nausée, elle ne put réprimer un sanglot de fond de gorge et referma brusquement la porte.

Son instinct de mère fit dire à Amélie :

— C'est toi, Violette ? Entre, ma chérie.

En même temps, Joseph quittait sa chaise et allait ouvrir la porte. Ce fut pour entendre une cavalcade de pas descendant l'escalier et une voix enrouée crier :

— Je viendrai plus tard !

Plus tard ? Quand il n'y aurait pas Joseph, sûrement !

Violette n'avait pas attendu le lendemain pour monter à Larbousse. Un besoin viscéral la poussait vers sa mère et cette petite sœur qui venait de lui naître, heureuse nouvelle qui avait sauté les vallées pour avertir toute la famille, alors qu'un télégramme en informait Alban dans son lycée. Chaque tour de pédales avait été rythmé par une mélopée qui était un souhait : « Voir ma mère et ma sœur, mais pas l'Indésirable. Voir ma mère et ma sœur, mais pas l'Indésirable. Voir ma mère... »

Or l'Indésirable était là, et comment pouvait-il en être autrement à huit heures du soir ? Et demain, dimanche, il en serait encore ainsi. Elle éprouvait la désagréable impression de se heurter, telle une mouche contre un carreau de verre, à un sort contraire qui s'acharnait à mettre des embûches sous ses pas. Elle avait tant envie, tant besoin d'une caresse maternelle, au même titre que cette nourrissonne dont elle ignorait encore le prénom.

Une fois de plus, mais il en était coutumier, Marcel le charpentier lui ouvrit sa porte et ses bras.

— Ils étaient là... tous les trois... heureux. Pourquoi, Marcel ? Pourquoi ?

— Parce tout le monde a droit à sa part de bonheur, ma Violette. Tu n'es pas heureuse, là, tout contre moi ?

— Aime-moi, Marcel ! Aime-moi ! le supplia-t-elle, les bras serrés autour de son cou, son corps gracile plaqué contre le sien, vigoureux et frémissant.

— Tu sais bien que je t'aime, petite fille. Et même qu'un jour je te prendrai pour épouse... si tu veux toujours de moi.

— Je n'en veux pas d'autre, mon Marcel, et sans attendre. Ta femme, je veux l'être tout de suite. S'il te plaît !

Marcel n'était pas un vil suborneur, son amour était pur, ses intentions honnêtes, mais la chair est faible quand l'amour est ardent et la proie consentante.

Le jour où Amélie devint mère pour la troisième fois, sa fille devint femme. L'égalité d'état raboterait-elle enfin les douloureuses aspérités faisant barrage à leur rapprochement ?

Quand Violette s'éveilla, le dimanche matin, dans les bras de Marcel, la mine sombre de ce dernier l'alerta.

— Tu n'as pas aimé, Marcel ? bredouilla-t-elle, le visage chiffonné comme une enfant qui s'attend à être grondée.

— Trop ! Beaucoup trop, ma précieuse ! Il ne faut plus…

— C'est bien ce que je dis, tu ne m'aimes pas ! Pas comme moi, en tout cas !

— Bien sûr que je t'aime et n'aimerai jamais que toi. La raison me dicte une autre conduite que celle qui nous a fait franchir, cette nuit, une limite… périlleuse.

— Comme, par exemple, mettre un bébé en route ? Et pourquoi pas ?

— Violette ! Tu n'as pas encore dix-sept ans ! Je te promets, ça ne se reproduira plus avant notre mariage.

Marcel était raisonnable pour deux, il poussa Violette hors du lit, comme pour un jeu, et la pressa d'aller faire la connaissance de sa petite sœur.

— Ça comblera ton envie de bébé, se moqua-t-il gentiment.

Boudeuse, elle obéit et passa la porte en grognant :

— Pourvu qu'il n'y ait pas l'Indésirable.

Comme le sont les bébés entourés d'amour, Laure Mazal, rebaptisée Laurette à son premier sourire aux anges, obtenait tous les suffrages ; il n'était pas un de ses proches ou plus lointains parents et amis de la famille

191

qui ne tombât sous le charme enjôleur de la jolie brunette, de ses yeux en amande, de ses lèvres charnues faites pour les risettes.

Combien de fois Amélie se récita-t-elle mentalement les vers de son cher Hugo vieillissant :

Lorsque l'enfant paraît, le cercle de famille
Applaudit à grands cris. Son doux regard qui brille
Fait briller tous les yeux...

Jusqu'à Violette qui, s'assurant de ne pas être vue, de ne pas être entendue, chantonnait à l'enfant :

Ainsi font, font, font, les petites marionnettes.
Ainsi font, font, font,
trois p'tits tours et puis s'en vont...

Ce n'était qu'un semblant d'acceptation du bonheur de sa mère, mais Amélie avait la sagesse de s'en contenter et Joseph n'était pas le dernier à l'y encourager.

— Ne précipite rien, ma chérie. Ta fille sortira bientôt de cette adolescence ingrate qui la tient prisonnière, l'enserre comme une camisole de force dont elle ne sait, encore, comment s'échapper.

Alors Amélie se laissa aller à cette plénitude que confèrent un foyer harmonieux, des enfants en bonne santé, un travail, moteur de sa vie.

Amélie avait tout cela et en rendait grâce, chaque jour, à ceux qui, de l'autre côté du miroir qu'est la vie au-delà, lui reconnaissaient sans réticence le droit au bonheur retrouvé. Mais ils n'étaient pas assez puissants, ces êtres chers qui veillaient sur elle et les siens, non, ils n'étaient pas assez forts pour faire barrage à la folie des hommes, en passe de mettre le monde à feu et à sang.

L'été était à son apogée depuis déjà une semaine et la canicule, bien installée, menaçait de s'éterniser. Joseph avait installé un porte-bébé sur la bicyclette d'Amélie, y avait assis Laurette, une sangle passée sous ses bras.

— Alban et moi, nous viendrons vous rejoindre ce soir, mes chéries, dès que nous aurons terminé la pièce.

— Vous ne tarderez pas, Joseph, il faut souper avant la nuit et rentrer assez tôt pour le coucher de Laurette.

Cette journée du 1er août 1914 serait une de celles qui restent à jamais gravées dans les mémoires par leur apparente banalité, une de celles qui n'appellent que des remarques insignifiantes, « Ce jour-là, il faisait un soleil radieux », ou bien encore « Ce jour-là, j'avais une robe bleue ». A son tour, Amélie pourrait dire « Ce jour-là, j'avais emmené Laurette sous les frondaisons de La Tourette ».

Elle en avait parlé à Violette, bien sûr, le dimanche précédent, lui demandant comme une sorte de permission d'investir les lieux que l'entêtée s'était appropriés.

— Joseph va repeindre notre cuisine, Alban s'est proposé pour lui donner un coup de main. Je pensais aller passer la journée dans les prés, autour de La Tourette ; le soir, les hommes nous rejoindraient pour un souper sur l'herbe, si tu n'y vois pas d'inconvénient. Tu peux te joindre à nous...

Un haussement d'épaules désabusé en guise de réponse, Amélie avait pris cela pour un assentiment. Et puis, elle se contentait de cette autorisation plus arrachée qu'obtenue, Alban, lui, étant dans son bon droit pour investir, quand bon lui semblait, La Tourette.

Elle avait installé Laurette sur une couverture à l'ombre du tilleul et nouait les deux liens d'une charlotte de toile sous le menton de la fillette quand les cloches de l'église de Larbousse se mirent à lancer le plus lancinant des sons, notes lentement, gravement égrenées. Leur répondirent aussitôt celles de Sant-André-de-Valborgne, puis celles des Plantiers. Amélie jura même reconnaître dans le lointain celles des églises de la Vallée Française.

Au mépris du grand soleil, les gens se ruaient hors des maisons, sans chapeau ni foulard, et les plus âgés, qui avaient eu le malheur de l'entendre bien des lustres auparavant, commentèrent la signification de ce lugubre tocsin :

— La guerre ! C'est donc qu'on est en guerre !

— Comment ça, la guerre ? Jaurès avait juré que, lui vivant, la France se refuserait au conflit armé.

— Lui vivant, peut-être, seulement il est mort ! Le premier mort de la guerre, c'est celui qui ne la voulait pas.

Le petit hameau de La Tourette ressemblait à une marmite en ébullition.

« Larbousse, alors, doit s'apparenter à un chaudron », se dit Amélie tout en serrant Laurette dans ses bras : la paisible fillette, ressentant la panique ambiante, s'était mise à pleurer.

— Ne crains rien, mon trésor, la berçait Amélie. Papa va bientôt arriver, Alban aussi, tu feras « à cheval » sur son dos.

Il ne fallut pas longtemps pour que se confirment ces paroles réconfortantes. Joseph et Alban avaient délaissé peinture et pinceaux et, après avoir échangé quelques impressions avec de nombreux Larboussiens accourus sur la place de la mairie, il leur avait paru urgent d'aller rejoindre Amélie et la petite.

— Tant de fois on a failli riposter à la provocation et à chacune on s'est repris. J'espérais encore… soupira Joseph.

Il avait passé un bras autour des épaules de son épouse et la tenait contre lui tandis qu'Alban essayait de ramener un sourire sur les lèvres encore tremblo-tantes de Laurette.

— A trop souvent agiter le chiffon rouge, on finit par voir arriver le taureau ; c'est ce que disaient les gars de math spé au lycée. Vous le redoutiez aussi, Joseph ? demanda-t-il, anxieux, à son beau-père.

— Pour dire vrai, mon garçon, je craignais cette éventualité, mais je m'accrochais à cette belle utopie d'un siècle de fraternité comme jamais le monde n'en avait connu.

Amélie voulait à tout prix se rassurer, même s'il s'agissait d'une réaction bassement égoïste.

— Mais tu ne partirais pas, dis, Joseph ?

— Dois-je prendre cela comme un compliment, ma chérie ? Parce que si je résume ta phrase, tu me trouves trop vieux pour aller défendre mon pays, plaisanta Joseph. Plus sérieusement, je te rassure, nous avons à ce jour plus de huit cent mille hommes sous les drapeaux. Ce n'est pas rien, si on y ajoute une armée de métier !

Sa désinvolture forcée tombait à plat, Amélie pour-suivit :

— Et Alban ? On ne nous le prendra pas pour en faire de la chair à canon, n'est-ce pas ?

— Calme-toi, voyons. A-t-on vu des jeunes gens de seize ans porter les armes contre l'ennemi ?

— Bon sang, vous avez raison, Joseph ! s'écria Alban. Ils n'en feront qu'une bouchée de l'ogre allemand, nos vaillants soldats. Tu sais, maman, il nous arrive de voir défiler à Alais les artilleurs du 40e régiment d'infanterie de la caserne Thoiras. Magnifiques avec leurs vareuses à basques relevées, leurs ceinturons et leurs pantalons garance, je suis sûr qu'ils ne s'en laisseront pas conter.

— Alors, te voilà rassurée, ma colombe ?

Amélie fit oui de la tête, mais sa journée champêtre était irrémédiablement gâchée. Elle le fut bien plus quand arriva, toujours à grands coups de pédales de son vélo qu'elle ne ménageait pas, une Violette excitée comme une puce.

— Vous savez ? Dites, vous savez ? cria-t-elle, n'attendant pas l'arrêt de l'engin pour en sauter et courir au-devant d'eux.

— Hélas oui, ma chérie, nous savons. Après avoir fait tinter leurs cloches à grandes volées, les églises organisent des veillées de prières...

— Des prières ! Il s'agit bien de ça ! s'énerva Violette.

— Calme-toi, ma fille. Ni ton... ni Joseph ni Alban ne seront concernés.

— Ça ne m'étonne pas de toi de te limiter à ton petit cercle ! éructa la jeune fille dont les yeux noirs lançaient des éclairs à sa mère. Et Marcel, y as-tu pensé ? Et tous les jeunes hommes qui vont partir, séance tenante...

— Enfin, Violette, tu déraisonnes !

— Maman a raison, tu exagères !

Seul Joseph restait muet. Il s'était toujours imposé de rester en dehors des affrontements mère-fille, pour autant qu'Amélie fût en mesure de se défendre. De plus, sans vouloir jouer les alarmistes, de sombres pressentiments l'amenaient à rejoindre le point de vue de sa belle-fille.

— Ah oui, j'exagère ! Et la mobilisation générale des réservistes, c'est juste pour la parade ?

— Où vas-tu chercher ça ?

— Sur les portes des mairies. En même temps que sonnait le tocsin, on affichait à Saint-Jean l'ordre de mobilisation.

Personne ne répondit à Violette. Tous tendaient l'oreille à un roulement de tambour qui allait s'amplifiant à mesure que le garde champêtre et son aboyeur avançaient sur le chemin menant à La Tourette.

— Avis au public. L'Etat français décrète la mobilisation générale. Prière de se conformer aux informations affichées en mairie. Il n'y aura pas de convocation individuelle. Qu'on se le dise !

Un interminable silence suivit. Joseph le brisa d'une affirmation à laquelle, comme tous, il se raccrochait :

— La mobilisation n'est pas la guerre !

Quoi qu'il en soit, la couverture sur le sol et le panier de victuailles ne faisaient plus recette.

— Nous rentrons. Viens-tu avec nous, Violette, ou bien redescends-tu à Saint-Jean ? demanda Amélie.

— Ni l'un ni l'autre. J'attends Marcel. A l'heure qu'il est, il doit être au courant des événements et ne tardera pas à rentrer de Faveyrolles. Je l'aiderai à faire sa valise.

« Fidèle et généreuse en amitié, ma rebelle chérie », se dit Amélie, et elle gratifia sa fille d'un doux et triste sourire.

197

Le jour déclinait quand Violette reconnut l'attelage de Marcel. Elle courut à sa rencontre. Il tira sur les rênes, ralentit son cheval et la jeune fille grimpa d'un élan gracieux pour se blottir dans les bras du charpentier. Ils ne parlèrent pas jusqu'à l'atelier. Là, Marcel rangea minutieusement ses outils, empila ses planches dans la réserve avant d'y garer la charrette. Restait l'animal. Sans qu'il ait à dire un mot, Violette le devança :

— Amenons-le chez toi, dans son écurie. Je viendrai m'en occuper, sois sans crainte.

— Tu monterais tous les jours de Saint-Jean ?

— Bien sûr, et si j'ai un empêchement, je passerai la consigne à Alban. Tu ne vas pas être parti longtemps, à ce qu'il se dit.

Sans répondre, Marcel alla chercher une valise dans la chambre de son grand-père et, telle une petite femme préparant les affaires de son homme, Violette y déposa chemises, chaussettes, caleçons, mouchoirs. Marcel la regardait, attendri par son sérieux ; il voulut plaisanter :

— Léger, mon bagage, ma petite chérie. J'ai de la marche à pied en perspective.

Elle se retourna vivement.

— Tu sais où tu vas prendre le train ?

— Pas de train, mignonne. Pedibus, comme on dit, et jusqu'à Nîmes, où je dois être demain soir.

— Comment le sais-tu ?

— Je suis passé à la mairie de Larbousse avant de rentrer. Modèle A pour ma classe et il faut prévoir une musette avec deux jours de nourriture.

— On détourne les hommes de leur travail, on les expédie à perpète sans prévoir leur transport, pas même

leur nourriture, mais qu'est-ce que c'est que ce gouvernement d'imprévoyants ? s'indigna Violette avant
d'éclater en sanglots.

Ce soir-là, Marcel n'eut pas le cœur ni l'envie de
renvoyer Violette comme il l'avait décidé après leur
première nuit de folie. Il lui avait prêché la patience
et l'avait mise en pratique, réprimant son désir fou et
bridant celui de Violette. Et voilà que les circonstances
balayaient ses bonnes résolutions tenues si fermement
depuis la naissance de Laurette.

Baisers, serments d'amour, recommandations ne faisaient qu'entrecouper de voluptueux silences meublés
seulement de soupirs, de souffles courts et de gémissements.

— Violette, tu es ma femme, celle avec qui je veux
passer ma vie. Attends-moi, mon amour et, dès mon
retour, je t'épouse, si tu veux encore de moi, bien
sûr…

— Je n'imagine plus une seule nuit sans toi, mon
chéri. Reviens-moi vite et nous ne nous quitterons plus.
Je t'aime.

Une nouvelle fois, la centième au moins, il lui ferma
la bouche d'un baiser passionné. Au petit matin, lorsque
Violette, alanguie, le corps repu de caresses, tendit la
main vers la poitrine de Marcel, elle ne rencontra que
le vide. Alors, elle se mit à pleurer.

Ils étaient partis au cri déjà victorieux de « A Berlin »,
appuyé de fallacieux espoirs.

— Nous serons de retour pour les vendanges !

Ça, c'était pour les plus confiants. Certains, incré-
dules, voulaient quand même croire qu'ils rentreraient

assez tôt pour enfumer les *clèdes*[1] et sécher les châtaignes. Les plus moroses, eux, n'en démordaient pas :

— Pour Noël, tout sera réglé, on lui aura fait manger son casque à pointe, à ce kaiser Guillaume !

Vaines espérances ! Les villes et les campagnes se sont vidées de leurs forces vives. A Larbousse comme ailleurs, femmes, vieillards et enfants, tous ont prêté main-forte aux hommes encore là, ils ont cueilli le raisin, l'ont foulé, fiers que le vin soit rentré. Puis ils ont ramassé les châtaignes et, dès la fin d'octobre, on a pu voir les *clèdes* envoyer dans le ciel de longs et lents rubans gris comme le temps et les âmes.

Grises aussi les pensées de Violette, et le seul courrier de Marcel qui lui était parvenu n'était pas pour la réjouir.

Pas le temps, ma jolie, d'entrer dans les détails. Nous marchons, marchons jusqu'à épuisement. La pluie, toujours, nous accompagne. Je t'aime. Ton Marcel pour la vie.

Pourtant, bien qu'il occupât, de jour comme de nuit, toutes ses pensées, un doute depuis quinze jours confirmé s'ajoutait à l'angoisse liée à l'absence. Elle attendait un bébé, un enfant de son cher Marcel ; en d'autres circonstances, elle aurait sauté de joie, mais la guerre avait changé la donne : Marcel parti, sur quelle épaule s'épancher ? A quelle oreille confier son secret ? Quel cœur assez aimant accueillerait avec bienveillance un pareil coup du sort ? Un seul mot lui vint, dans sa nuit d'insomnie, ressassé jusqu'au matin : maman !

---

1. Occitan : séchoirs à châtaignes.

La journée, cependant, s'écoula dans le doute. Elle avait porté un tel jugement sur la grossesse de sa mère ! Son travail terminé aux côtés du vieux monsieur Courtin, dont la vue déclinait et qui lui confiait de plus en plus de tâches, elle chassa d'un trait ses valses-hésitations et enfourcha sa valeureuse bicyclette. Cap sur Larbousse, cap sur le logement de fonction des époux Mazal et tant pis si l'Indésirable était là, elle avait trop hâte de… de quoi, au fait ? De se soulager d'un secret ou de partager une joie ?

Ce fut l'Indésirable qui lui ouvrit la porte. Bridant toute émotion et tout étonnement, il lui sourit et l'invita à entrer.

— C'est toujours un plaisir de te voir, Violette. Entre.

Amélie guidait la main de Laurette, qui apprenait à tenir sa cuillère. Elle leva la tête et rencontra – il était temps ! – les yeux noirs de Violette, si désolés, si éperdus, si las.

— Violette, que se passe-t-il ? Tu n'es pas malade ? Et Blandine non plus, ni ses filles ? Viens, viens, ma Violette, dis-moi ce qui te chagrine.

Violette décocha un regard à Joseph. Le subtil époux d'Amélie eut l'intelligence d'y lire non de la haine ou du rejet, comme cela avait été bien souvent le cas, mais une sorte d'embarras, ou de pudeur féminine. Violette désirait être seule avec sa mère.

— Tu souperas avec nous, n'est-ce pas ? Je vais chercher du pain.

Il sortit, accompagné d'un merci muet d'Amélie. Quel époux délicat ! Elle l'aimait chaque jour un peu plus.

A peine la porte refermée sur Joseph, Violette s'avança timidement vers sa mère. Amélie scruta ses traits tirés, son visage plus pâle qu'à l'ordinaire, l'ombre grise qui soulignait ses yeux et sa maigreur, oui, de la maigreur. De gracile qu'elle avait toujours été, Violette accusait un amaigrissement révélé par son manteau trois-quarts aux découpes appuyées, par sa jupe raccourcie sur des mollets grêles.

— Tu es malade, ma Violette ! C'est ça, tu es malade. O mon enfant chérie !

Affluaient par paquets, agressives, les phases douloureuses de la maladie de Guillaume, son atonie, la dégénérescence de ses muscles, l'irréversible érosion de son corps musculeux. Et si sa maladie était héréditaire ?

Rejoignant les pensées maternelles – encore un bout de chemin qui se faisait ! –, Violette abrégea un discours longuement préparé :

— Rien de tout cela, maman. Je suis enceinte.

Et dans l'instant elle fut dans les bras chéris, bercée comme à cinq ans, baisotée sur le front, les tempes, les cheveux. En un mot, consolée.

— Tu nous présenteras bientôt le futur papa, j'espère. Il faudra aussi se dépêcher pour la noce...

Surtout ne pas gronder, ne pas jouer la moraliste. Amélie marchait sur des œufs avec cette enfant rebelle, exigeante et imprévisible dans ses affections comme dans ses rejets. D'ailleurs, à peine séchés, ses pleurs recommençaient.

— Si seulement j'avais de ses nouvelles, hoqueta l'éplorée. Je n'ai reçu qu'un seul mot de Marcel, si vague, si laconique, et pas une seule adresse pour lui faire réponse.

— Marcel !

Amélie tombait des nues. Quelle mère avait-elle été pour ne rien voir, ne rien pressentir ? Pour ne pas faire la différence entre l'amour et l'amitié ?

Déjà, Violette répliquait dans un frémissement irrité :

— Oui, Marcel ! Ça te gêne que je sois tombée amoureuse d'un charpentier ?

— Oh non, ma chérie, surtout s'il te donne autant de bonheur que m'en a donné ton père. C'est ce que je désire.

— Tu... tu n'as pas oublié...

— Oublier, c'est comme mourir. Non, je ne veux pas oublier, parce que je veux vivre, répondant en cela à Guillaume, qui me l'a expressément demandé. « La vie, ta vie continue, Amélie ! » Ce furent ses derniers mots.

— Oh, maman, je t'aime tant. Pardon. Pardon !

— Nous avons tous à nous faire pardonner, ma fille, mais nous avons tout le reste de notre existence pour le faire.

Avec le tact qui le caractérisait, Joseph traîna sur la place de la mairie, serrant énergiquement des mains connues ou portant un doigt à son chapeau pour saluer un quidam. Une grosse miche sous le bras, le nez rouge et les pieds froids, il se décida enfin à rejoindre son logis.

Amélie et Violette bavardaient à bâtons rompus. Dans la pièce à côte, Laurette avait pris son sommeil pour la nuit ; mère et fille essayaient de rattraper le temps perdu. Restait une inconnue : la mansuétude de la jeune fille s'étendrait-elle à ce beau-père honni ?

Joseph entra naturellement. Il posa le pain sur la table.

— C'est tout ce que j'ai trouvé, dit-il en s'excusant.

Amélie leva sur lui un regard chargé d'amour et de gratitude, puis elle lui sourit, un rien moqueuse :

— Au moins, nous ne manquerons pas de pain.

Puis, prenant un ton grave :

— Assieds-toi, mon chéri, nous avons une nouvelle à t'apprendre, n'est-ce pas, Violette ?

Elle avait cherché l'approbation de sa fille et l'obtint quand, serrant dans ses mains celles de sa mère, Violette affronta enfin le regard de Joseph en disant :

— C'est normal, un couple partage tout, non ?

Nulle acrimonie dans ce truisme énoncé sans rancœur. Le cœur de Joseph Mazal battait la chamade, son tam-tam emplissait ses oreilles, il n'entendait rien de ce que lui disait sa femme. Qu'importait : il savait déjà. Et si la pacification familiale venait par cet enfant, qu'il soit le bienvenu !

Après avoir laissé parler sa mère, Violette baissa la tête et s'adressa à son beau-père.

— Vous me jugez inconséquente, monsieur Mazal ? Et vous avez raison. Ecervelée, je vous le concède, mais surtout amoureuse, très amoureuse. Alors, vous me comprenez.

— Je comprendrai mieux quand tu m'appelleras Joseph.

— Merci, Joseph, murmura Violette.

— Allons, allons, mesdames, un peu moins d'émotivité et un peu plus de pragmatisme, il faut préparer la chambre de Violette. N'est-elle pas belle, la vie, ma tendre Amélie ?

12

Le lendemain matin et les jours qui suivirent, Violette fut incapable de s'extirper de son lit. Sa poignante reddition à la tendre complicité maternelle comme à la bienveillance de ce beau-père volontairement méconnu doublée de l'angoissant silence de Marcel avait eu raison de ses forces ; sa grossesse ajoutait à son épuisement.

— Nous ferons avertir ton patron, de même que Blandine. Il faut que tu te reposes, ma chérie. Il y va de ta santé et de celle de ton enfant.

— J'ai besoin de travailler, maman, justement pour cet enfant dont le père en est empêché.

Joseph se permit d'appuyer la décision de sa femme, en y mettant des formes :

— Ta maman a raison, jeune fille. Quelques jours de repos et hop, te voilà repartie à Saint-Jean.

— Mais plus à bicyclette. Ah ça, non !

— Et pourquoi cela, maman ?

Amélie prit le temps de raconter sa chute et son premier enfant perdu ; elle ne lui cacha pas le chagrin qu'elle avait ressenti, moins pour elle que pour son mari, qu'elle privait de la joie d'être père. L'aveu d'Amélie convainquit Violette, en plus de la rapprocher de sa mère.

Ragaillardie, le visage moins sombre, la poitrine bombée et un tout petit dôme à la place du ventre, Violette reprit son travail après un mois d'absence. Tout un mois à se laisser choyer, à câliner Laurette, à partager l'intimité du foyer de sa mère qu'elle n'imaginait pas aussi chaleureux : tout cela avait contribué à lui redonner l'allant perdu, renforcé qui plus est par une lettre de Marcel, enfin !

Ma petite chérie, je suis au repos car nous sortons des attaques de la Somme où nous avons fait du beau travail. On a avancé, grignoté chaque jour un peu plus du territoire occupé par la fameuse garde prussienne, mais tu comprends, on a eu des pertes... l'ennemi aussi. Comment se porte ma petite femme ? Et aussi mon cheval ? Ecris-moi, ma Violette, raconte-moi la vie, là-bas par chez nous. Elle me manque tant, comme toi tu me manques. Ton Marcel qui t'aime.

Elle lui envoya, en retour, trois belles pages d'amour, celui qu'elle éprouvait pour lui, celui de ses Cévennes comme il le demandait, celui d'une famille qui, enfin, se parlait et se comprenait. D'humeur badine, elle dessina une sorte de rébus pour lui annoncer, le plus allègrement, le plus légèrement possible, sa grossesse. Ainsi l'avait conseillée son beau-père :

— La guerre fragilise le mental des hommes.

— Merci, Joseph. Je vais suivre votre conseil.

Elle n'eut pas à attendre longtemps une réponse qui comblait ses vœux.

Je demande une permission et dès que je l'ai obtenue, je rentre à Larbousse et je t'épouse. Je t'aime. Ton Marcel.

206

Joie ! Une permission ! Son Marcel, bientôt, lui reviendrait.

Hélas ! Elle allait l'attendre longtemps.

La France, inexorablement, s'installait dans la guerre. Pour un enfant qui naissait, conçu au bel été, dix hommes, cent hommes mouraient, tués à l'ennemi.

Les stratégies se succédaient. Après la guerre de mouvement qu'avaient connue Marcel et ses comparses, on opta pour une guerre de positions. Les deux armées s'enterrèrent face à face, dans des tranchées séparées de quelques mètres à peine. Dans un de ces trous à rats, coupé du monde des vivants, Marcel résistait pour l'amour de Violette. Il n'écrivait plus, personne ne venait relever le courrier. Personne n'en apportait. Le seul lien avec la vie semblait rompu.

— Putain de guerre !

Contrainte aux horaires de la Montagnarde, Violette rentrait à Larbousse le samedi soir à la nuit et repartait à Saint-Jean le lundi aux aurores. Aidée de sa mère, elle avait fait un grand ménage à La Tourette, où elle comptait s'installer après la naissance de son enfant.

— Nous serons bien ici, le bébé et moi. Je pourrai m'occuper du cheval de Marcel...

— On ne t'a pas dit. Les gendarmes sont venus le prendre. Réquisitionné, comme les hommes.

— Maudite guerre !

En attendant, c'est chez Amélie et Joseph qu'elle posa son bagage un soir d'avril, ronde comme un tour, les jambes enflées, le teint brouillé. A quinze jours de son terme, elle avait dû renoncer aux longues journées assise devant son bureau à aligner des chiffres pour des bilans financiers, établir les bulletins de salaire, enregistrer les factures... Monsieur Courtin s'en remettait de plus en plus à elle.

Monsieur Bondurand, lui, ne la retint pas. Jeune fille et enceinte, ce n'était pas bon pour la moralité de son usine. Combien de fois avait-il été sur le point de la licencier au motif de la mauvaise image qu'elle donnait ? Chaque fois, monsieur Courtin avait obtenu sa « grâce », invoquant ses capacités de travail et son honnêteté. Merci, monsieur Courtin ! Violette partait de son plein gré, la tête haute, et se gardait une porte entrouverte :

— Si ça vous convient, monsieur Courtin, et aussi au patron, je pourrais travailler chez moi après la naissance du bébé et venir faire le point toutes les semaines ou tous les quinze jours. Je ne vais pas vivre de l'air du temps.

Mazette ! Les femmes prenaient de ces libertés ! Il faudrait désormais compter avec elles, qu'on le veuille ou non.

Maxime n'accorda que peu de répit à sa mère. Le temps de ranger dans une commode la layette de Laurette récupérée, d'y ajouter quelques achats complémentaires, et voilà que le petit garçon pressé frappait furieusement aux portes de la vie. Amélie à son chevet, son beau-père dans la cuisine à suivre les instructions de la sage-femme exigeante qui avalait force cafés et réclamait des tartines de pain beurré pour tenir le coup,

Laurette chez mémé Juliette, Violette mit son enfant au monde dans le plus attentionné des cocons familiaux.

Le premier cri de Maxime, suivi de ses pleurs affamés, déclencha des larmes de joie chez sa mère et sa grand-mère, mal interprétées par la matrone.

— Puisque je vous dis qu'il est pas tordu et bien portant, vous pouvez me croire sur parole, gronda-t-elle, la bouche pleine d'une nouvelle tartine.

Le temps des privations était déjà le lot dans certaines familles et n'allait pas tarder à se généraliser.

— Vous avez raison, madame Lacombe, il faut nous réjouir, ce petit va très bien, hein, ma Violette. Viens le voir, Joseph, il est tout mignon.

Joseph entra sur la pointe des pieds, effleura des lèvres le front du nourrisson, puis il caressa les cheveux dénoués d'Amélie, qui fut prise d'une nouvelle crise de larmes.

Dans son lit, Violette ne perdait rien d'un drame qui se jouait, pensait-elle, à son insu.

— Vous ne voulez pas me le dire ? C'est ça ? Marcel ?

Amélie confia le nouveau-né à madame Lacombe et prit la main de sa fille. De l'autre côté du lit, Joseph se penchait sur elle.

— Calme-toi, Violette, il n'est pas question de Marcel.

— C'est Joseph qui part à son tour, poursuivit Amélie. On appelle en renfort les classes 93 à 98.

Il en était ainsi dans tout le pays, la plus belle des joies s'entachait de peine.

Joseph Mazal avait cinq jours devant lui avant de rallier Alais, d'où un train spécial – il y en avait tous les jours – devait l'emmener quelque part dans la Somme.

En homme méthodique et père responsable, pour se rassurer autant que pour faciliter la tâche de sa chère épouse, il avait rangé ses affaires, déjà bien ordonnées, et préparé l'avenir, sans lui, de sa petite famille.

— Pour l'appartement, je me suis renseigné, Amélie, on ne te délogera pas. Le loyer, par contre, sera intégralement à ta charge. Tiens, j'ai établi une procuration à ton nom pour que tu puises sur mon livret à la Caisse d'épargne.

Amélie écoutait sans broncher, elle savait qu'en agissant ainsi Joseph se rassurait, et elle le laissait dire.

— Dès le mois de janvier prochain...

— Mais tu seras revenu, mon chéri !

— Chut ! Ecoute, j'ai bien réfléchi aux aspirations d'Alban, nous en avons longuement parlé à Noël. Il faut qu'il s'inscrive au concours d'entrée à l'Ecole des hautes études commerciales, je t'ai noté l'adresse, rue Malesherbes à Paris.

— A Paris ? Tu voudrais qu'Alban parte faire ses études à Paris ?

— Ce n'est pas moi qui le veux, mais lui, et Dieu sait s'il avait des scrupules à évoquer cette possibilité avec toi. La distance, le coût... cela lui faisait peur. C'est un bon fils, ton Alban. Moi, je lui ai dit que tu n'étais pas seule, que j'étais là pour apporter mon aide financière si besoin était, et ce sera.

— Oh, Joseph, quel mari merveilleux tu fais ! Et quel bon père pour mes enfants ! Et tu vas me quitter !

— Pour un temps, ma chérie, que j'espère le plus court possible. Tu me promets pour Alban, je prédis une belle carrière à ce garçon qui m'est si cher. Il aura son bachot et ce concours, ma foi, il peut y parvenir s'il s'accroche. De plus, son dossier scolaire vaut un beau sésame, tu peux me croire.

— Tu organises, tu gères, tu nous veux à l'abri des soucis, mais que sera ma vie, notre vie quand tu seras parti ? Et quelle sera la tienne loin de nous ? J'ai si peur, Joseph !

— Moi aussi, j'ai peur, avoua-t-il dans un souffle.

Croisa-t-il le train des renforts, celui des éclopés, des hommes en lambeaux ou tout simplement abrutis d'horreurs vécues ? Ni Joseph qui partait le cœur serré, ni Marcel qui rentrait la tête emplie de cauchemars ne sauraient le dire.

Après dix mois d'absence, Marcel Dumas n'avait qu'une seule envie : se laver. Plonger dans un bain qui, en même temps que la crasse, la vermine, l'odeur de poudre et de mort, chasserait les visions d'apocalypse qui habitaient ses nuits. Ce qu'il fit, coupant à travers bois pour éviter Larbousse, où il savait Violette et son fils en bonne santé, comme l'annonçait le télégramme envoyé par Joseph.

Violette ne l'en avait pas informé, mais il ne fut pas surpris de ne pas voir son cheval, ni à l'écurie ni au pré. Le Cascadet lui fit un clin d'œil, il s'y jeta tout habillé et fut saisi de froid. Puis il s'habitua et lentement se dépouilla de ses vêtements qu'il laissa flotter à la surface. S'immerger, reprendre un peu d'air, à nouveau s'immerger, il n'en finissait pas ; chaque immersion lui faisait l'effet d'une ardoise qu'on efface. Il se saisit de touffes de saponaires aux fleurs violettes et s'en frotta vigoureusement des orteils aux cheveux, griffant rageusement dans les replis pileux de son corps où s'étaient installées des familles entières d'insectes suceurs.

Dans cette onde purificatrice, il perdait la notion du temps, mais gagnait en assurance : Violette allait retrouver son homme tel qu'il l'avait quittée, et son fils, un père dont il n'aurait pas honte.

Le ciel s'enflammait au couchant quand il frappa, pantalon de toile, chemise de bûcheron, mouchoir de cou à carreaux, à la porte de Joseph Mazal. Des pas feutrés et une voix qui lui met du soleil dans le cœur :

— Une minute, j'arrive !

La porte s'ouvre. Violette fronce les sourcils.

— Tu en as mis du temps ! Tu n'es donc pas pressé de voir ton fils ? bougonne-t-elle.

— J'étais si sale, si... mort... Comment sais-tu... ?

— La bonne question est : quel secret peut être gardé à Larbousse ?

Puis elle se jette dans ses bras, l'embrasse, prend son visage dans ses mains, saute à nouveau à son cou pour courir aussitôt au petit berceau d'osier, se saisit doucement du bébé endormi et murmure :

— Je te présente Maxime, qui est très impatient de s'appeler Dumas !

Tout un mois de bonheur pour les deux amoureux qui se sont installés à La Tourette, ont publié les bans et se sont unis à la mairie puis à l'église de Larbousse, clouant ainsi le bec aux âmes charitables qui sifflaient comme des vipères des mots aussi blessants que « coureuse » et « bâtard » quand ils parlaient de la fille et du petit-fils de la maîtresse d'école.

Ils y ont caché leur bonheur, non par ingratitude mais au contraire pour respecter la solitude imposée à son tour à Amélie. Et puis, il a fallu, à nouveau, se quitter.

— Ecris-moi, Marcel !

— Attends-moi, Violette !

Deux femmes amoureuses vivaient désormais dans l'angoisse, guettaient le facteur, priaient pour ne jamais voir le maire, barré de son écharpe, prendre le rôle ingrat des Moires aux longs ciseaux.

Chez les combattants et leurs familles comme dans la sphère dirigeante, on ne le disait pas mais on l'avait très bien compris : la fin des hostilités n'était pas pour demain. Alors, chez les uns et les autres, on s'organisait, à tout prix, pour résister.

Résister ? Ça, on savait faire en Cévennes, l'histoire en témoignait, alors, une fois de plus… On fit le dos rond, mais sans baisser la tête. Les hommes étaient partis ? Les femmes retroussaient leurs manches, allaient aux champs, à l'usine, partout où le travail commandait, laissant aux vieillards le soin de la maison, des petits, du bois qu'il faut couper et de la soupe à cuire.

D'autre part, les courriers de guerre devinrent prioritaires. Les lettres arrivaient du front, dérisoires et pourtant essentielles, maladroites et toujours rassurantes, simples souvent dans leur composition, mais aussi lyriques, d'une sincérité touchante, d'une sensibilité à fleur de peau, à fleur de cœur, à fleur de ventre car elles devenaient cordons ombilicaux qui rattachent à la terre-mère, à la vie, à ceux que l'on a laissés au pays.

Dans les bilans qui ne manqueront pas d'être faits quand tout sera fini, il en est un révélateur, celui des dix milliards d'enveloppes et de petits colis recensés qui arriveront au front et en repartiront. Une pensée reconnaissante volera alors vers Jules Ferry et son entêtement à ouvrir, jusque dans le plus reculé des villages, des écoles de la République. Et vers ses enseignants qui, inlassablement ont fait ânonner les syllabes et former les lettres dans les cahiers à interlignes.

Amélie assuma, comme si de rien n'était, la préparation du certificat. Elle avait même obtenu, par d'insistantes demandes au rectorat, d'intégrer à ses candidates les garçons de son époux.

— Si près du but, ils ne peuvent faire les frais de la folie des hommes.

Les résultats furent à la mesure du travail consacré aux révisions : piètre ! Jeunes gens et jeunes filles étaient plus souvent aux champs qu'en classe, et quand ils y étaient, leur esprit voguait ailleurs, auprès d'un père, d'un frère, d'un cousin, là-bas, sous la mitraille. Pour la première fois de sa carrière, Amélie jugea inopportune la fête de l'école.

Elle avait cependant une autre idée en tête, qu'elle mettrait le temps nécessaire à peaufiner, mais qu'elle se jurait de mettre en place à la rentrée prochaine. En fait, le concept n'était pas d'elle, il avait germé dans l'esprit d'enseignants savoyards qui ouvraient leur école, et les villageois leur maison, à des enfants pupilles de la nation.

« Dans les campagnes on est généreux, alors on partage notre savoir et notre pain. »

Ce slogan, lu dans *La Classe*, magazine des enseignants, l'avait interpellée. A Larbousse on avait le bon air, on était certes cancaniers mais aussi généreux ;

quant à l'effectif de l'école, naguère exponentiel, il stagnait à cause de la guerre.

Dût-elle y travailler tout l'été, elle parviendrait à son
but et ceux qui en doutaient ne connaissaient pas encore
Amélie Rouvière, veuve Masméjean, épouse Mazal !

Heureuse parenthèse que ces grandes vacances qui
virent le retour d'Alban ! Adolescent délié, bel homme
en puissance, il incarnait la stabilité et la pondération,
heureusement saupoudrées d'un peu de fantaisie, sans
laquelle il aurait paru ennuyeux.

Une moisson de bonnes notes en poche, il parla sans
détour de ses projets à sa mère.

— Les copains ont plein de bonnes idées. Par
exemple, on peut trouver facilement des petits boulots
à Paris, et même se loger à moindres frais en échange
de services comme accompagner les enfants à l'école,
au sport, l'aide aux devoirs, et même des gardes de
nuit dans les hôpitaux. Ça je t'avoue, maman, que ça
me tente moins.

— Je te comprends, mon garçon, on se sent si
démuni devant la souffrance. Mais j'espère qu'on n'en
sera pas réduits à cette solution. Joseph m'a fait des
recommandations en ce sens. Il participera aux frais
qu'engendreront tes études… si toutefois elles dépassent
mes moyens.

— Quel homme admirable, maman ! Il me plaît de
te savoir heureuse avec lui.

Joseph Mazal rejoignait enfin le monde des vivants,
à moins que ce ne soit le paradis : il faisait si agréa-

blement chaud et son lit n'était pas un sac de sable. Il en jurerait.

Avant... quand ? Il ne saurait le dire... il grelottait, dans la neige à mi-cuisses, en embuscade derrière un bouleau. Autour de lui, d'ailleurs, ce n'étaient que bouleaux et soldats en alerte. Puis il y avait eu cette épouvantable déflagration suivie d'éclairs aveuglants, de cris et de silence jusqu'à une sorte de lent plongeon dans la nuit de la mort. Les bruits feutrés qu'il percevait autour de lui ressemblaient à des bruissements d'ailes d'anges, son corps exempt de souffrance flottait dans un éther anesthésiant, il était donc mort. Pauvre Amélie !

C'est alors qu'une cavalcade le fit sursauter, réveilla ses douleurs et fit bondir son cœur de joie : il vivait !

La cavalcade, il le devina aisément, n'était autre qu'une nouvelle « fournée » de blessés que convoyait une noria d'ambulances jusqu'à l'hôpital de campagne. Les ordres fusaient, ajoutés aux cris de souffrance, de terreur et aux râles.

— Je dois amputer. Endiguez cette hémorragie, vite, mademoiselle ! Après, je vous laisserai le soin de suturer.

Ou encore :

— On le perd, docteur !

Les heures s'écoulaient sans que l'on vienne au chevet de Joseph. Il était donc perdu ? Bon sang qu'il souffrait ! Toujours ces cris, ces délires, ces phrases ressassées, une en particulier, sûrement un pays à son accent, et aussi à cette expression familière des Cévennes profondes :

— *Paure de ieu, onte sie ?*[1]

_____

1. Occitan : Pauvre de moi, où suis-je ?

Tout son être tendu vers l'identification du Cévenol, Joseph sursauta à l'effleurement d'une main, et au son d'une voix compatissante :

— Vous ne souffrez pas trop, soldat ? Je viens pour renouveler votre pansement.

Un pansement ? Quel pansement ? Il était donc blessé ? Il voulut se tâter, des sangles emprisonnaient ses mains, d'autres entravaient ses pieds, un carcan enserrait sa tête.

— Vous étiez si agité, ces derniers jours, expliqua l'infirmière. Je ne vous libérerai une main que si vous me promettez d'être raisonnable.

Raisonnable, il voulait l'être, mais aussi il voulait savoir.

— Vous avez reçu un éclat de mitraille à la tempe qui a endommagé le nerf optique...

— Je suis aveugle ! beugla-t-il.

— Et vous promettiez d'être raisonnable ! Laissez-moi finir. On espère sauver votre œil et pour cela, il faut votre concours : une immobilité totale. Je me fais bien comprendre ? Et bien sûr, une inactivité totale des deux yeux, d'où ce bandeau. Le pansement concerne la plaie de votre tempe d'où nous avons retiré la ferraille et qui ne doit pas s'infecter. Patience, on ne peut pas encore vous évacuer à l'arrière.

— Encore un mot, s'il vous plaît, mademoiselle. Cet homme qui semble perdu...

— Ils le sont tous. Il paraît que c'était l'apocalypse.

— Celui qui geint, insista Joseph.

— Ils geignent tous !

— Pas en français.

— Le doux dingue ? On ne comprend rien à ce qu'il dit et lui ne sait plus qui il est.

— Il est blessé ? Gravement ?

— Traumatisme psychologique, ont décrété les toubibs, terme poli pour dire qu'il est devenu fou.

— S'il vous plaît, je ne peux pas bouger, est-ce que vous pouvez approcher son lit du mien ?

— Pourquoi je ferais ça ?

— Parce qu'il se pourrait que je le connaisse, que je l'aide à reprendre pied, et aussi parce que vous êtes une personne dévouée. Vous ne seriez pas dans cette galère, sinon.

Par quelle ironie du sort, alors que des millions d'hommes se battaient sur des centaines de kilomètres, Joseph Mazal a-t-il pu se retrouver dans le même hôpital de campagne que Marcel Dumas ?

Car c'était bien lui, le doux dingue ! C'était bien le mari de Violette, dont l'unité, venue en renfort de celle de Joseph, s'était trouvée dans la fournaise de Verdun.

Conscient de son état et de la scrupuleuse immobilisation qu'il lui imposait, Joseph n'avait que sa voix pour communiquer avec le mort-vivant qu'était devenu Marcel. Sans cesse, il lui parlait, d'un ton uni, déroulant ce qu'il connaissait du fil de sa vie, décrivant les paysages familiers de sa vallée, lui citant les personnes aimées.

Il parlait dans le vide... et s'en réjouissait. Il avait le temps de réfléchir à leur situation ; pour lui, il l'avait bien compris, la guerre était finie, il y avait laissé un œil ou tout comme. Mais Marcel ! Sans une blessure apparente, sans une égratignure, il suffisait que cessent ses tremblements qui l'ébranlaient des heures durant, qu'il dise enfin son nom, son matricule, et le voilà reparti dans l'enfer, cible offerte à la première baïonnette. Il ne pouvait s'y résoudre.

— Marcel, je sais que tu m'entends. C'est moi, Mazal, tu reconnais ma voix ? Je ne peux pas bouger et toi, je sais que tu t'accroches à ton lit comme à un canot de sauvetage.

— *Titanic*, articula Marcel en claquant des dents.

— Oui, c'est ça, c'est comme si nous étions des rescapés du *Titanic*, dérivant entre les icebergs. Il nous faut regagner la terre ferme ensemble, tu m'entends, ensemble ! Pour cela, il faut que tu restes dans cet hôpital tant que j'y serai.

— *Titanic !* répéta Marcel, jusqu'à en faire une litanie.

« Pauvre garçon ! » s'apitoya Joseph.

Ils restèrent ainsi, l'un comme une momie, l'autre comme un zombie, jusqu'à ce qu'on jugeât Joseph Mazal transportable… ou qu'il pressât de faire de la place. Lorsque deux brancardiers se saisirent de son lit de camp, Marcel s'y agrippa férocement en répétant :

— *Titanic. Titanic.*

Et Joseph implora :

— Ne nous séparez pas, je vous en prie. Je suis sa tête, il est mes yeux.

Amélie soutenait à bout de bras le moral de Violette qui, après de longs mois d'un angoissant silence, avait reçu la laconique formule : *porté disparu.*

Aux moments d'abattement de sa fille succédaient un refus de cette inéluctabilité et un regain d'espoir.

En ce mois de mai 1916, sans nouvelles de Joseph, Amélie flanchait à son tour quand, jour après jour, le facteur passait devant l'école sans même jeter un regard vers les classes aux vitres ouvertes. Jamais homme n'avait été autant attendu dans les maisons, jamais homme n'avait autant détesté sa sacoche désespérément vide.

Or, voilà que ce matin, il traverse à grandes enjambées la cour, toque au carreau et hèle Amélie d'une voix neutre :

— Madame Mazal, j'ai du courrier pour vous !

Le cœur d'Amélie s'emballe. Elle s'empare de l'enveloppe, n'y reconnaît pas l'écriture de son époux. C'est à peine si elle bredouille un merci, elle va s'installer au fond de la classe, à un pupitre vide, et, dans le silence de marbre qui s'est abattu sur la classe, elle ne diffère pas sa lecture épistolaire.

Ma si précieuse Amélie, j'imagine ton angoisse et veux tout de suite la dissiper. Je vais te revenir bientôt, et définitivement car pour moi la guerre est finie à cause d'une blessure à l'œil qui me vaut ma démobilisation. L'histoire serait trop longue à raconter par écrit, il te faudra attendre pour cela mon retour.

J'ai une autre nouvelle à t'apprendre, pour laquelle je ne sais s'il faut se réjouir ou pleurer : je ne rentrerai pas seul à Larbousse, mais avec Marcel, un Marcel tout pareil à celui de ton souvenir... en apparence seulement. Il est frappé d'une sorte d'amnésie consécutive à un traumatisme psychologique. Voilà pour le diagnostic. Il faut s'en contenter puisque cela lui vaut un retour au pays. Moi, je mise sur une récupération dans son milieu familial et affectif. Je te laisse le soin de préparer notre Violette à ce terrible coup du sort. Mais je t'en conjure, ma chérie, aie confiance, je ne pense pas que cela soit irréversible. Ne réponds pas à ma lettre, j'erre d'un hôpital à l'autre et serai bientôt près de toi que j'espère en bonne santé ainsi que notre Laurette.

Ton Joseph qui n'a qu'une hâte, te serrer dans ses bras.

P.-S. : Il me tarde de savoir si Alban est en passe de réaliser son rêve, j'ai tant pensé à lui.

Sans retenue et sans bruit, Amélie Mazal libérait toutes les larmes contenues.

Ses élèves n'avaient pas bronché. Elles ne la quittaient des yeux que pour lorgner sur la pendule, qui affichait maintenant 11 h 45.

Enfin, Amélie releva la tête et dit d'une voix douce :

— Rentrez chez vous, mes petites.

13

Marcel ne lâchait pas des yeux Joseph Mazal. Se levait-il de la chaise ? Il se levait aussi. Portait-il la tasse de café à ses lèvres ? Marcel faisait mine de boire le sien. Il fallait pourtant rentrer à Larbousse et laisser le jeune couple se retrouver.

Amélie avait tout organisé pour ménager Laurette et Maxime. Mémé Juliette avait été mise à contribution.

— Que ferions-nous sans vous, mémé Juliette ?

Les deux baisers sonnants d'Amélie avaient valeur de récompense. Ils étaient si sincères !

Ainsi, Violette pourrait se consacrer à Marcel et elle à Joseph, ils avaient tant à se dire.

Et voilà qu'il se révéla impossible, aux époux Mazal, de quitter La Tourette, de quitter Marcel accroché à son canot de sauvetage.

— Où es-tu, Marcel ? Tu t'en souviens ?

— *Titanic !*

— Bien sûr que non, nous ne sommes plus sur le *Titanic,* ni sur le canot. Nous sommes à La Tourette. La Tourette, tu connais ?

Le regard fixe de Marcel ne cilla pas. Violette se tenait à distance de Marcel qui, la voyant, n'avait manifesté aucune émotion, n'avait esquissé aucun geste. Elle pleurait en silence, écoutait sans les entendre les encouragements que sa mère lui prodiguait.

— Je ne t'avais pas caché son état, ma Violette. Il faut t'armer de patience, ne pas forcer sa mémoire qui reviendra, j'en suis sûre, par petites touches.

— Se souvenir de quoi ? Il n'y a plus rien dans sa tête ! s'effondra Violette.

— Si. Du bruit ! articula nettement Marcel.

Il se tenait la tête entre les mains, pris d'une indicible souffrance, et tous trois le regardaient, presque gais : il comprenait ce qu'on lui disait, arrivait un peu à exprimer ce qu'il ressentait. Il y avait de l'espoir !

Joseph n'avait plus d'hésitation à quitter La Tourette. Il prit sa veste et l'enfila. Marcel fit de même.

— Tu restes ici, Marcel, c'est chez toi. Tu n'as plus rien à craindre dans ta maison.

— *Titanic !*

— Il n'y a plus de *Titanic*, plus d'icebergs, plus de canots, nous sommes arrivés au port, toi et moi.

— Toi et moi, reprit Marcel en écho.

Le pauvre garçon était pathétique. Amélie prit la décision que lui dictaient son cœur et son bon sens :

— Pour quelques jours, nous allons nous installer ici, avec vous, si tu veux bien, Violette ?

Si elle voulait ? Elle n'attendait que ça, effrayée de rester seule avec cet inconnu qui était son mari adoré. Joseph ne goûta pas, avec le même enthousiasme, la décision de sa femme, qu'il rêvait de serrer toute une nuit dans ses bras. Néanmoins, il donna raison à Amélie quand elle précisa :

— Nous allons réinstaller les lits, en mettre deux dans la même chambre pour ne pas séparer nos soldats. Violette et moi, nous nous débrouillerons dans l'autre.

Elle n'imaginait pas le temps que durerait cet exil forcé, pourtant il fallait se rendre à l'évidence, si l'enveloppe charnelle de Marcel était rentrée au port, sa tête était encore à la guerre.

L'œil de Joseph aussi ! Il avait pourtant été « raisonnable », comme le lui demandait l'infirmière, et même patient, c'était une de ses plus criantes qualités. Mais voilà, à terme, la lésion du nerf optique se révéla irréversible.

« Il faudra faire avec… ou plutôt sans », avait tranché le médecin-major en lui signant sa démobilisation.

Il avait ajouté, car il en avait vu d'autres :

« Ne te plains pas, l'ami ! Tu t'en tires bien, j'ai vu pire. »

Parce que ce toubib avait raison et qu'il jugeait s'en sortir plutôt bien, Joseph Mazal prenait son handicap à la légère.

— Même d'un œil, je me fais fort de détecter les copieurs de tout poil. Et puis, j'étais jaloux de tes lunettes rondes, ma jolie.

— Mais tu ne souffres pas, mon Joseph ? Je veux dire, à la tempe ? Ça forme comme un creux.

Lui avouer qu'il avait souvent la migraine, que de gênantes « mouches » papillonnaient devant son œil perdu, qu'il ne pourrait jamais prétendre à conduire une voiture, surprise qu'il avait pensé lui faire avant que… avant l'horreur ?

— Je n'ai souffert que d'une chose : être si loin de toi !

Joseph, titillé par le besoin viscéral de retrouver classe et élèves, ne supportait cette inactivité forcée qu'en raison de la santé mentale de Marcel, dont il était le seul repère. Alors qu'Amélie partait pour la journée à Larbousse où une école pleine à craquer l'attendait et que Violette se penchait sur les bilans comptables de la filature Bondurand, tout en surveillant son fils et sa demi-sœur, l'instituteur essayait de fixer l'attention de celui qu'à Larbousse on appelait maintenant le *caluc*[1].

— Voilà ce que ça fait, la guerre, entendait-on au café des Platanes. Quand ça tue pas les hommes, ça les rend *calucs* !

— Et *caluc* il l'est, le Marcélou de La Tourette, tout le jour à virer autour de son beau-père.

— *Té,* un qui s'en tire d'une bonne, le Mazal !

— Il a quand même laissé un œil.

— Pardi, il lui en reste un autre ! On peut pas dire pareil de ceux qui y laissent leur vie.

Frappées au coin du bon sens, les lapalissades ne manquaient pas d'alimenter les conversations dont l'unique sujet était cette guerre d'usure dont on doutait de voir la fin.

Joseph avait fait une razzia sur la bibliothèque de l'école. Livres illustrés, ouvrages d'apprentissage à la lecture, atlas géographiques, tout était bon pour ouvrir l'esprit de Marcel à autre chose que l'image d'Epinal gravée dans sa tête et qui n'en sortait plus. Il importait aussi que Violette s'implique dans cette renaissance ; elle y mettait tout son amour mais aussi tout son désespoir devant un état qui stagnait.

— Vous y croyez, Joseph ? Mon Dieu, je vous envie ! s'effondrait-elle à tout propos.

---

1. Occitan : qui a le tournis, en parlant d'un mouton. Par extension, un imbécile.

— Cela ne vous ressemble pas, madame Dumas ! la gourmandait son beau-père.

Puis, devant sa détresse, il maniait l'ironie pour faire passer son message.

— Je t'ai connue plus belliqueuse en des temps pas si lointains... et à mes dépens.

— Je m'en veux tant ! Pardonnez-moi, Joseph.

— Moi, je ne t'en veux pas. J'ai aimé tout de suite l'adolescente entière et révoltée, j'ai été épaté par ta volonté à prendre en main ton avenir, j'ai admiré ton courage à conjuguer travail et maternité. Tu ressembles tellement à une personne formidable que j'adore. Et maintenant tu me décevrais dans ce combat magnifique que tu dois mener à la victoire ? Moi, je ne représente qu'une partie du puzzle en vrac dans la tête de Marcel. Toi, tu dois le mettre en place... à son rythme. Une pièce chaque jour, par exemple.

— Merci ! Merci, Joseph. Je ne pouvais rêver mieux pour remplacer mon pauvre papa.

Personne ne fut surpris ; tout le monde exultait : Alban Masméjean, charmant jeune homme à l'avenir prometteur, porterait à Paris les couleurs de Larbousse ! Il manquait, pour s'en réjouir, un homme cher à la famille, Pierre Bourgnolle, qui avait tiré sa révérence au dernier jour du printemps, laissant une veuve déboussolée.

Parce que Juliette avait été son premier soutien à Larbousse et que leurs liens n'avaient cessé de se renforcer au fil des ans, Amélie se devait de rendre, à son tour, ce qu'elle avait reçu.

227

— Dans un premier temps, vous ne pouvez rester seule à votre maison, ma bonne Juliette. On va vous faire une place à La Tourette. Les petits seront un bon dérivatif à votre chagrin.

— Et mes bêtes, vous y pensez, Amélie ? Je ne peux pas laisser toute la charge à ce pauvre Germain.

— Votre domestique vous est dévoué, il ne refusera pas, pour un temps, cette charge supplémentaire.

Juliette avait beau se faire prier, arguer qu'ils n'étaient déjà guère à l'aise à La Tourette, Amélie ne céda en rien, il y allait de la survie de Juliette qui, à ne plus houspiller son pauvre Pierre, ne tarderait pas à le rejoindre.

— Vivre à l'étroit, ça me connaît. On n'était pas moins de huit autour de la table chez mon père, et trois filles dans le même lit. Ça ne nous empêchait pas d'être heureux.

Judicieuse initiative, de fait, qui joignit l'utile à l'agréable : Amélie eut moins de scrupules quand il fut question, dans le courant de l'été, d'aller s'occuper de l'installation d'Alban.

— Je pars sans inquiétude, vous laissant tous entre les mains de la meilleure des cuisinières et de la plus dévouée des nourrices.

Puis, s'adressant à Juliette :

— Sans vous, j'aurais scrupule à quitter cette petite famille qui est tout pour moi.

Le Paris de 1916 n'avait pas la saveur du Paris de 1900. Certes, les gens allaient toujours de leur pas pressé, mais ils arboraient des mines sombres, lasses, des visages émaciés. Ici, nettement plus marquée qu'en province, s'affichait la pénurie alimentaire qui prenait, en ville, des allures de disette d'un autre temps. Ce qui n'était pas pour rassurer Amélie quant à la santé de son fils.

— Déjà la chambre qu'on a pu négocier n'est pas pour me réjouir, si en plus tu ne manges pas à ta faim… soupira-t-elle.

— Que reproches-tu à ce garni, maman ? Ses cinq étages et son manque de soleil ? Le soleil fait défaut partout à Paris !

Alban cherchait à dédramatiser la situation qui chiffonnait sa mère, mais il n'aurait pas fallu le forcer outre mesure pour lui faire avouer que la chambrette sous les toits n'était qu'un grenier sordide, sommairement aménagé. Mais elles étaient toutes ainsi, les chambrettes qu'ils avaient visitées à proximité du boulevard Malesherbes !

A Paris, les belles avenues servent aussi de paravent aux îlots insalubres, celui où serpentait la rue de Naples n'avait rien d'alléchant. Là n'était pas le point de chute d'Alban, mais une venelle en cul-de-sac, greffée comme une verrue à la rue de Naples et qui allait s'étrécissant jusqu'à un étroit immeuble gris comme le ciel.

Un seul point positif : dans tout le quartier, les rez-de-chaussée d'immeubles étaient des commerces d'alimentation pris d'assaut au lever du jour.

— Tu te lèveras tôt pour être le premier et donc le mieux servi, lui recommanda Amélie.

— Ne te tracasse pas, maman.

— Et puis je t'enverrai un colis toutes les semaines.

— Ah ça, je m'y attendais ! Tous les quinze jours, ce sera bien suffisant. Tu fais déjà tant pour moi, ma petite maman, et Joseph, il est tout simplement admirable.

Au bras de son grand fils, Amélie frémit d'émotion. Alban se méprit sur son silence.

— Comprends-moi, maman. Joseph n'enlève rien à papa, il n'a pas pris sa place, il a pris le relais, et en cela il mérite mon affection.

— Tu ne pouvais me faire plus plaisir, mon fils, balbutia Amélie à travers ses larmes.

Plus que deux jours, deux jours avant d'abandonner son fils à la ville tentaculaire. Amélie vivait intensément chaque minute qui la séparait de son départ.

Une lettre de Joseph l'attendait à la réception de la modeste pension de famille où elle et Alban étaient installés depuis près d'une semaine. Il n'en fallut pas plus pour la jeter dans un grand trouble.

— Pas de panique, maman. Joseph se languit de toi, c'est sa façon à lui d'effacer la distance. Ouvre vite !

La lettre lui tomba des mains à la première phrase tandis qu'elle étouffait un cri de joie.

— Je peux ? demanda Alban en s'emparant de la missive.

D'un mouvement des paupières, elle l'y invita. Ce fut au tour d'Alban d'exulter.

— Alléluia ! Mon beau-frère est guéri ! Je suis si heureux pour Violette et son mignon petit Maxime...

Dix fois Amélie se fit relire les circonstances dans lesquelles le voile de l'amnésie s'était déchiré.

Un déclic était nécessaire, il était là où on ne l'attendait pas. Trompant, sans intention, la surveillance dont il faisait l'objet de la part de Marcel toujours dans sa phase de mimétisme, Joseph avait suivi, d'abord des yeux, puis dans leurs déplacements, les jeux de Laurette et de Maxime.

Du haut de ses trois ans, la fillette avait un grand ascendant sur le bambin, encore hésitant sur ses petites jambes.

« Viens avec moi, Maxime », lui avait-elle ordonné, un doigt sur la bouche et lui tendant l'autre main.

Son air qui se voulait plein de mystère avait alerté Joseph, qui se décida à les suivre sans bruit. Bien lui en prit, la futée poussait la porte de l'atelier du charpentier et allait droit à un tas de copeaux. Vrilles de bois ou pampilles d'éclisses, il n'y avait rien de plus agréable que ce tas de merveilles.

Sous le tilleul, Marcel s'agita. Son regard fouillait à droite et à gauche, éperdu, quand il remarqua la porte ouverte, dans l'embrasure de laquelle il reconnut la silhouette longiligne de Joseph. En trois enjambées, il le rejoignit, s'arrêta à sa hauteur et, plutôt que de contempler les enfants à leurs nouveaux jouets, son regard se posa sur l'établi, de là alla aux planches, chevrons et autres lambourdes entassés dans le fond, avant de revenir à l'établi, vers lequel il s'avança lentement pour mettre un nom sur sa découverte :

— Ma varlope ! Mes ciseaux à bois ! Ma tarière !

Son énumération allait crescendo en fébrilité jusqu'à ce qu'il s'empare de sa sacoche, y fourre ses outils et se dise à lui-même :

— Bon sang, ils doivent m'attendre, à Faveyrolles. Il faut que j'aille terminer les travaux.

Il ne voyait plus les enfants ni Joseph, n'avait qu'une idée : reprendre son chantier laissé en plan au premier jour de la déclaration de guerre. L'écurie du cheval, vide, le laissa perplexe. C'est alors que Joseph, resté en retrait, se manifesta :

— Que cherches-tu, Marcel ?

— Mon cheval ! Tiens, c'est vous, monsieur Mazal ? Quelle bonne surp... mais alors, c'était vous aussi, là-bas ?

— Là-bas, où ça ? demanda Joseph.

— Si je vous disais que je ne sais pas... Et même que je ne veux pas savoir. Allez, on m'attend à Faveyrolles.

— Tu ne vas pas dire bonjour à Violette avant de partir ?

— Elle est ici ?

— Bien sûr qu'elle est ici, et elle a beaucoup de choses à te dire. Par exemple, ce petit garçon que tu vois, là, jouer avec tes copeaux, eh bien c'est ton... Non, va voir Violette, c'est à elle de te le dire.

Le soir même, voulant inclure Amélie et Alban à la liesse générale, Joseph écrivit une longue lettre à sa femme.

A son retour, bien qu'attristée à l'idée du long exil parisien de son fils, Amélie eut la grande joie de ne rencontrer que des visages heureux. Les deux ménages avaient essuyé une grosse tempête et savouraient enfin égoïstement leur bonheur.

Ainsi, en dépit des combats qui faisaient toujours rage et de la mutinerie de Craonne au printemps 1917, mère et fille, plus que jamais en osmose, mettaient au monde, à quelques jours d'intervalle, une petite Noémie pour Violette et une Alice pour Amélie. Lewis Carroll n'avait-il pas bercé les débuts de jeune lectrice d'Amélie Rouvière ?

Il ne manqua pas de Larboussiens, alternant la pitié et la vindicte, pour crier « à l'embusqué », désignant d'un menton vengeur ce Marcel Dumas qui avait si bien su manœuvrer pour se tirer de l'enfer des tranchées. Ceux-là mêmes d'ailleurs qui, d'un air entendu et compassé, l'appelaient le *caluc*.

Il n'était pas rare que l'on associât à son cas d'amnésie passagère Joseph Mazal et ses lunettes de comédie.

— Borgne, le Mazal ? Il vous salue dans la rue comme si de rien n'était. Ma foi, l'autre doit y voir pour deux.

— Et ses ferrailles dans la tempe, vous y croyez, vous ?

En d'autres temps, Amélie aurait rué dans les brancards à ces médisances gratuites qui salissaient sa famille, mais il y avait encore et toujours cette maudite guerre, jamais repue du sang des belligérants, qui appelait à l'indulgence, et son époux qui l'exhortait à la patience.

Et puis, il y avait ces pupilles qu'ils prenaient en charge, chaque année, sans faillir. Joseph avait retrouvé son poste, sa classe, et apportait ainsi son écot par l'instruction des orphelins.

Les époux Mazal se faisaient, à chaque rentrée scolaire, le défi de caser encore plus d'enfants dans les familles au grand cœur. Les gosses mangeaient de façon simple, mais à leur faim, vivaient au bon air et, loin du restant de leur famille éplorée, abordaient le deuil qui les frappait avec plus de sérénité. Jusqu'à Juliette Bourgnolle, rentrée chez elle depuis peu, qui s'était proposée pour prendre deux pensionnaires.

— Des enfants de ma chair m'ont été refusés. Le ciel me comble en me confiant les enfants des autres. Dites, madame Amélie, je préférerais deux filles, un peu grandettes.

Elle avait encore bon pied bon œil, la veuve de Pierre, et Amélie se réjouissait de ce goût à la vie, qu'elle avait failli perdre à la mort de son époux, et qui se révélait plus puissant que jamais.

Les lettres d'Alban arrivaient, peu nombreuses mais toujours rassurantes ; le jeune homme évoquait l'avalanche de travail que distribuaient ses professeurs.

Ils mettent la barre haut… à moins que j'aie eu l'ambition au-dessus de mes moyens. Ne pensez pas, maman, Joseph, que je baisse les bras. Bien au contraire. Je me suis donné un défi, celui de mériter ma place dans cette école plus aisément ouverte aux Fisticis[1]. Ils sont majoritaires en nombre et snobent un peu le provincial que je suis. Mon accent, surtout, est sujet à moquerie. Bien que j'en sois fier et ne renie en rien mes origines, je m'observe afin de rentrer dans le rang. Mais rassurez-vous, aux vacances vous retrouverez l'Alban des Cévennes.

— Si ce n'est pas malheureux, devoir raboter ce qui fait partie intégrante de notre patrimoine, de nos racines !

— Je crois que tu portes un jugement un peu sévère, ma chérie, et je me demande même si tu ne serais pas

---

1. Littéralement : « mon fils est ici ». On appelait Fisticis les élèves admis plus par référence à leur père diplômé de cette école que par leur propre valeur.

de mauvaise foi. Faut-il te rappeler la chasse que nous faisons, nous, hussards de la République, à l'occitan, notre langue mère que ne reniaient pas nos parents ?

— Je t'accorde un point, mon chéri, pour ta remarque pertinente. Quant à l'accent, pourquoi serait-ce nous qui en aurions un et non ces Parigots qui escamotent les syllabes ?

— Match nul, madame Mazal !

Alban Masméjean coulait des jours paisibles entre Larbousse et La Tourette, sans oublier sa vieille mémé Juliette, qui avait toujours un *coco* frais à lui glisser dans la main, comme à un garçonnet.

— Tu peux le gober, Alban, il est tout chaud du cul de ma poule.

— Je le préfère au coquetier avec des mouillettes.

— Des mouillettes. *Qu'es aco ?*

Après deux années préparatoires avec bourrage de crâne intensif, après l'admission en première année d'une scolarité qui n'en compterait pas moins de trois, le jeune homme appréciait ce retour à la famille, au pays… un pays vidé de ses hommes, dont les femmes, vouées aux vêtements noirs, paraissaient sans âge. Les enfants n'avaient plus cette insouciance qui leur sied si bien, leur rire s'étranglait dans leur gorge. Il fallait faire silence sur le deuil du pays.

Alors, c'était là où le bât blessait, là où une idée tarabustait Alban, il la ressassait à chacun de ses moments de solitude et finit, à terme, par s'en ouvrir à celui qu'il considérait comme son père.

— Joseph, j'ai mûrement réfléchi ma décision, le plus dur c'est d'en faire part à maman, à Violette…

— Je sais ce que tu vas me dire, mon garçon. S'il y va de l'estime de toi, ta décision est respectable. Terrible mais respectable. Elle fera souffrir ta mère, ta sœur, elle nous fera tous souffrir et en même temps nous rendra fiers. Tu tiens ton destin entre tes mains, Alban. Dieu te protège.

Amélie se figea, glacée par la tranquille détermination de son fils.

— Tes études, Alban ? Tout ce travail, pour rien ?

— J'ai pris contact avec l'école. Mon concours reste valable à mon retour. De plus, maman, mon engagement n'est pas encore validé, ma demande est en instance d'étude. Je vais avoir vingt ans. Pour autant, l'an passé, ils n'ont pas hésité à enrôler la classe 17.

Amélie revenait toujours aux études, le seul moyen, pensait-elle, de dissuader son fils de partir à la guerre.

— Alors, l'école, tu n'iras plus ? Ton logement, il faut donner le préavis ? Tu as bien réfléchi, mon enfant ?

— Ma chambre, je la garde encore, et l'école, je vais faire la rentrée si je ne suis pas appelé avant. On m'a laissé comprendre que cela peut demander deux à trois mois. Maman, je t'en supplie, ne te mets pas martel en tête.

Toute menue, toute petite, toute fragile, Amélie pleura longuement dans les bras de son fils, puis toute la nuit dans ceux de son mari.

Elle ne fut pas la dernière à sortir sur la place, entraînant ses élèves pour recevoir en plein cœur le son joyeux des cloches. Des bourrasques glacées balayaient le village en ce 11 novembre 1918, mais un zéphyr ouaté emplissait les cœurs. La guerre était finie !

La plus égoïste des pensées, mais aussi la plus naturelle lui traversa l'esprit : « Alban ne partira pas ! »

L'avait-il attendue, cette dérogation, pour devancer l'appel et porter les armes pour la France ? Avait-elle prié pour qu'il ne la reçût pas ? Deux réactions si ordinairement humaines.

L'armistice, signé ce jour à Rethondes, celui auquel on ne croyait plus, mettait fin au plus terrible des conflits, il mettait fin à toute une époque, une façon de vivre, fin aux querelles frontalières qui ne devaient plus avoir lieu, fin à ce qui resterait dans toutes les mémoires mais que personne ne voudrait évoquer. Il mettait fin aux visites de la Grande Faucheuse qui chaque jour rôdait, cherchait une maison où entrer et porter le malheur.

Assurément ?

Si seulement la mort connaissait une trêve ! Si seulement elle parvenait à se rassasier ! Mais non !

Amélie passa des nuits de doute et des matins d'espoir au chevet de la vieille Juliette. L'amour dont elle l'entourait n'était cependant pas assez fort pour venir à bout de ce nouveau fléau que fut la grippe espagnole. Pourtant, ce fut une mort douce et apaisée que celle de Juliette Bourgnolle, lucide jusqu'au bout et franche d'expression.

— Ah, je peux bien vous le dire, Amélie, la mort, j'en avais une peur bleue ! *Eh bé, peuchère,* maintenant que vous me tenez la main, elle peut venir, je ne la crains pas.

Pareille au maire qui, barré de son écharpe, frappait aux portes des maisons afin d'y accomplir son ingrate mission, la grippe se fraya un passage, déposa son obole fatale aux plus faibles des maisonnées. Larbousse ne fut pas épargné qui, tout au long de l'hiver 1918-1919, vit sa population décimée. La mort des civils après celle des soldats ?

Trop ! C'était trop ! On vit alors se lever des poings en colère vers les cieux jusqu'à ce qu'enfin s'apaise la vengeance des dieux.

On avait bien raison des les appeler « folles », ces années qui suivirent immédiatement l'armistice. Folles parce qu'il y avait une certaine folie à survivre après tant de deuils, folles parce qu'elles voulaient faire table rase d'une Belle Epoque par trop émolliente, parce qu'elles voulaient mettre une chape de plomb sur cette trop longue période de souffrance, folles aussi car il semblait qu'elles défilaient, s'enchaînaient sans laisser nulle pause.

Amélie en faisait souvent la réflexion :

— C'est fou ce que les années passent vite, notre petite Alice va faire sa rentrée à l'école enfantine, il me semble si proche le temps où c'était Violette. Pourtant, je ne me sens pas si vieille.

— Et moi non plus, je peux te le prouver. Viens dans mes bras, Amélie, ensemble nous oublierons le sablier du temps.

Le miroir se brouille, les images qu'il renvoie s'estompent, Amélie émerge enfin d'un long voyage dans ses souvenirs et reprend pied dans la réalité.

La poignée de la porte tourne en grinçant légèrement, Joseph passe la tête dans l'embrasure.

— Je parie que tu as fait un somme.

— En quelque sorte, répond distraitement Amélie.

Elle s'approche de lui, se hisse sur la pointe des pieds pour atteindre son visage et poser un baiser sur ses lèvres.

— Il y a longtemps que je ne t'ai pas dit que je t'aimais. Je t'aime, Joseph Mazal, et je suis heureuse d'être ta femme.

— Heureux homme que je suis ! Endors-toi plus souvent, ma chérie, tes réveils sont des délices.

— Un peu de sérieux, monsieur Mazal. Où sont les filles ?

— Dans la cour de l'école. Elles trépignaient de retrouver Maxime et Noémie.

— Eh bien, allons les rejoindre, veux-tu ?

S'il voulait ! Bien mieux, il avait hâte, hâte qu'un hommage unanime soit rendu publiquement à sa femme, hâte que celle qu'il aimait soit mise sur un piédestal.

Une scène en planches – offerte par Marcel Dumas – adossée à la classe enfantine qui fait office de coulisse, décorée de *verdure et de fleurs en papier crépon, attend sagement d'être piétinée pour le plus grand bonheur d'un parterre de parents, de pépés, de mémés, la plupart dans d'éternels vêtements de deuil, celui où les a plongés la Grande Guerre. Ils sont là malgré tout parce qu'il faut bien vivre et regarder pousser la nouvelle génération, assurés qu'elle ne vivra jamais, plus jamais, pareil drame, et on parle, de tout et de rien pour ne pas évoquer l'immense tragédie.*

Le silence se fait quand monsieur le maire monte sur la scène, se racle la gorge et aboie :

— Je demande que viennent me rejoindre monsieur le sous-préfet et madame Mazal.

« Le sous-préfet ? se dit Amélie. C'est bien la première fois qu'il doit mettre les pieds à Larbousse. Et moi, que me veut-il ? Les discours ? Tous ces parents d'élèves ne sont pas venus pour cela. »

En homme habitué à la parole, le sous-préfet prend le relais du maire, le remercie d'une formule passe-partout et, sortant une feuille de la poche de son veston, il s'acquitte de sa mission.

— Croyez, chers habitants de Larbousse, que c'est avec joie que j'ai accepté l'intérim qui m'est demandé aujourd'hui. Pensez donc, je représente à la fois monsieur Millerand, président de la République, monsieur Bérard, ministre de l'Instruction publique, monsieur Gilotte, préfet du Gard, et monsieur Laussel, inspecteur d'académie. C'est à la demande de ce dernier qu'en vertu du décret du 27 décembre 1900 les personnalités citées ont accordé sans restriction la distinction honorifique réservée aux instituteurs et institutrices de l'école publique : à savoir les palmes académiques. C'est donc en leur nom, le mien et, j'en suis sûr, les vôtres que j'ai l'hon-

neur de décerner cette distinction à madame Amélie Mazal. Madame, si vous voulez bien vous avancer…

Amélie cherche du regard son époux. Son cœur cogne si fortement dans sa poitrine qu'elle reste un instant paralysée. D'un hochement de tête, Joseph l'encourage à s'approcher du sous-préfet.

— Madame Amélie Mazal, en vertu des pouvoirs qui me sont conférés, je vous déclare chevalier de l'ordre des Palmes académiques et vous décore du ruban violet au double rameau d'olivier et de laurier.

Sous un tonnerre d'applaudissements, Amélie reçoit l'accolade puis tend les mains à un tout jeune enfant qui lui apporte un bouquet de fleurs aux couleurs de la France : bleuets, pivoines rouges et roses blanches. Et la scène, d'un coup, se trouve envahie d'enfants de tous âges, tendant des cadeaux à celle qui est ou qui fut leur maîtresse.

Amélie reçoit les présents, les baisers, les mercis, veut à son tour exprimer sa gratitude, mais le sous-préfet la devance, il souhaite en finir et regagner ses pénates alaisiens, surtout son frais jardin clos.

Avec force gestes, il demande le silence et déroule un pan de la vie d'Amélie, celui qu'elle a consacré, depuis trente années, à l'école communale de Larbousse. Tout y passe, sa participation à un ouvrage pédagogique avec son alphabet illustré, son implication dans les œuvres complémentaires à l'école que sont les études surveillées, le voyage scolaire visant à récompenser les lauréats du certificat d'études, et quel voyage-découverte que celui qu'elle a orchestré pour l'Exposition universelle de 1900, puis, plus récemment, son engagement envers les pupilles de l'enseignement public qui a fait de Larbousse, dès 1916, un lieu d'accueil pour les enfants dont le père est mort pour la patrie.

*Il se tait enfin et se retire, il fait si chaud sur cette estrade !
Amélie reste seule avec ses fleurs et ses cadeaux, et les mots
qu'elle a sur le cœur.*

— J'ai aimé chaque jour de ma vie d'institutrice à Larbousse et je ne suis pas lasse d'aimer ce que je fais. Je vous
ai aimées, vous toutes, mes grandes filles qui êtes femmes
maintenant, j'aime vos jeunes sœurs et demain, si Dieu me
prête longue vie, j'aimerai vos filles. C'est moi qui vous dis
merci de toutes les joies que vous m'apportez au quotidien.

*Amélie marque un temps d'arrêt, sa voix part en trémolos,
elle doit se reprendre. Mais comment faire quand l'émotion
va grandissant ? Elle se force néanmoins à poursuivre :*

— Vous le savez peut-être, mon chemin n'a pas été facile,
mais il a été parsemé de tant de bonheur, de tant de compréhension, de tant d'amour que je peux affirmer aujourd'hui
ne pas en avoir souhaité un autre.

*Voilà, elle est parvenue au bout de qu'elle avait à dire
et déjà la foule l'abandonne pour aller siroter le verre de
l'amitié. Mais Amélie n'est pas seule, son Joseph l'a rejointe,
et ses filles, Violette, Laurette, Alice, et ses petits-enfants,
Maxime et Noémie… et puis, au milieu d'eux, ce grand
jeune homme blond, aux yeux si bleus… non, ce n'est pas
Guillaume, c'est son fils, son Alban, descendu tout exprès
de Paris. Le bonheur !*

*Joseph passe un bras autour des épaules de sa femme et,
l'attirant contre lui, il murmure :*

— On dirait que tu prends goût aux surprises, Amélie !

SECONDE PARTIE

1964

LA PLUS BELLE
DES RÉCOMPENSES

Le papier peint de la chambrette tourne résolument le dos à la mode de ces années que l'on baptisera « yéyé » pour leur côté insouciant, leur musique balancée, l'audace vestimentaire de leur jeunesse.

Pas de dessins géométriques aux murs, ni de couleurs percutantes. Des médaillons, façon toile de Jouy, d'une banale teinte gris bleuté, répètent à l'infini des scènes agrestes. Un lit d'alcôve s'appuie sur deux murs. Un jeté de velours bleu le recouvre, il est assorti au capitonnage d'un fauteuil Voltaire qu'Amélie affectionne particulièrement. Elle y fait maintenant de longs sommes, refusant, catégorique, le lit où Noémie l'invite à s'allonger.

— Tu y serais tellement mieux, Mamélie.

— Me mettre en position horizontale ? J'ai toute l'éternité pour ça, ma petite !

De ce qui en composait le mobilier dans sa chambre du premier étage en sa maison de La Tourette, lui-même issu de l'appartement de fonction au-dessus de l'école, Amélie n'a gardé que peu de choses, mais elle a tenu expressément à ce que sa commode, le marbre qui la recouvre et la glace qui la surmonte prennent place dans la chambre, celle dévolue à Laurette. Que d'émotion a engendrée cet aménagement dans l'hiver de sa vie ! Mais c'était hier, et même avant-hier que ses enfants et ses petits-enfants, empressés autour de la vieille dame, installaient sa chambre et ses trésors, au rez-de-chaussée. Là, sur cette commode, photos et bibelots racontent sa vie, sa longue vie.

Bien calée dans les bras de son précieux voltaire, Mamélie est songeuse.

« Mais que faire en un gîte à moins que l'on ne songe ? »

Elle se répète, sans effort de mémoire, ce vers de La Fontaine, un sourire las étirant ses lèvres que plus aucun fard ne colore.

— Du rouge à lèvres ? C'est bon pour les jeunes ! Mes ongles ? Ils n'ont jamais vu le moindre vernis ! se récrie-t-elle à l'invitation de Magali, son arrière-petite-fille, nouvelle perle d'un beau chapelet qu'elle se plaît à égrener.

C'est d'ailleurs au son d'une rengaine, tout droit échappée du Teppaz de Magali, qu'Amélie se livre à ce qui est devenu, dans son vieil âge, son passe-temps favori : la méditation. Rien de transcendantal dans son raisonnement, qui se veut réflexion, analyse, mémoire.

Réfléchir au monde qui l'entoure, celui dont elle ne perçoit que les ombres tant ses yeux sont usés. Analyser, car sa soif d'apprendre ne s'est pas éteinte avec ses yeux. Se remémorer, emmagasiner de nouveaux souvenirs, pour les savourer aujourd'hui mais aussi pour les emporter dans son bagage au jour du grand départ.

Réfléchir, oui, et comprendre.

« Quelle idée, bon sang, d'avancer mon anniversaire ? Je ne suis pas si mal portante qu'ils craignent que je n'arrive pas jusqu'au mois d'octobre... »

Amélie s'était bloquée là, à cette décision saugrenue de Noémie qui, prétextant l'été, les beaux jours, les vacances, *avait décidé d'organiser une réunion familiale sous le tilleul de La Tourette.*

— *Tu es bien pressée, petite, de me voir souffler quatre-vingt-dix bougies ?*

— *Et toi, tu es bien présomptueuse, Mamélie, pour affirmer qu'en octobre nous pourrons installer la table dehors. Parce que, vois-tu, à part se replier dans l'atelier de Maxime en cas de mauvais temps, je ne sais pas où...*

— *Tu n'avais pas besoin de déranger le ban et l'arrière-ban pour mon anniversaire. Tu me gâtes trop, ma Noémie ! Et tu te donnes du mal pour...*

— *Pour une coquette qui ne veut plus afficher son âge, veux-tu dire ? Non, pour Mamélie que j'aime, que nous aimons tous !*

— *Viens, ma jolie, que je te donne une grosse bise !*

Qu'elle l'aimait, sa Noémie ! Non qu'elle la préférât à ses autres petits-enfants, tout aussi prévenants, tout aussi dignes d'être aimés, et Amélie, rebaptisée Mamélie, ne comptait pas l'amour qu'elle dispensait à sa famille. Mais Noémie, elle, c'était un peu son prolongement, elle lui ressemblait tant !

Généreuse, volontaire, d'une inépuisable énergie, Noémie était une Amélie bis de physique comme de caractère. En elle, Amélie se voyait à dix ans courant au ruisseau rincer le linge avec sa sœur aînée ; elle se revoyait à vingt ans affronter le regard d'une cinquantaine de fillettes curieuses de découvrir leur nouvelle maîtresse. Et ainsi à chaque décennie qui lui rappelait une étape de sa vie, si semblable à celle de sa première petite-fille.

Alors que dans la pièce à côté le Teppaz s'est tu, que des pas furtifs glissent sur le carrelage, que lui parviennent des conciliabules étouffés, Amélie se complaît entre rêverie éveillée et songe somnolent. Le miroir, toujours bien en place, n'est plus d'aucune utilité à ses prunelles usées, mais sa mémoire a les yeux vifs pour faire défiler sa grande et belle famille. Le kaléidoscope s'arrête, par hasard, sur Noémie.

Qu'elle était charmante, belle et lisse dans sa jupe à plis plats et son corsage couleur framboise, la cinquantaine indulgente semble avoir figé ses traits dans un délicat biscuit. Sa longue chevelure noire ramassée sur sa nuque…

Mais non, ce n'est pas Noémie, elle a sacrifié depuis si longtemps à ces mensongères inventions que sont les « indéfrisables » et autres « minivagues ». Ce serait donc elle, Amélie, recevant de ses élèves des cadeaux et des fleurs ?

Ah, quelle heureuse période !

14

Si heureuse qu'Amélie jurait ne pas l'avoir vue passer ! Les jours, les semaines et les mois de la décennie 1920 avaient défilé, avec leur lot de petits soucis et de grandes réjouissances, et la femme qu'elle était devenue les ressassait toujours avec bonheur.

Certes, la Grande Guerre avait laissé des marques, mais en dépit des deuils, des souffrances endurées, d'autres qui perduraient, mis à part les places restées vides dans chaque foyer, la France tout entière savourait la victoire qui se doublait d'une belle revanche, celle de la guerre de 1870.

Humilier l'ennemi, lui faire mettre genou à terre, faisait passer l'amère pilule d'une époque révolue. Car personne ne se leurrait. Rien, plus rien et plus jamais, ne serait comme avant. Dans le monde paysan plus qu'en tout autre. Et à Larbousse, plus qu'en tout autre lieu où l'on ne manquait pas de commencer une phrase par : « Avant... »

Avant, c'était avant la guerre, avant le cauchemar, avant la fin d'un monde. Ainsi parait-on le monde d'« avant » de toutes les vertus.

— Avant, le pain avait une autre saveur !

Ou bien, dans un autre registre :

249

— Avant, les femmes savaient s'habiller !

En faisait-elle, des gorges chaudes, cette mode nommée Charleston, mais aussi *flapper*, qui vous fichait la taille sous les fesses, qui avait sacrifié tant de beaux et longs cheveux !

Malgré cela et parce qu'il fallait bien vivre avec son temps, après l'heure des bilans était venue celle des bonheurs retrouvés autour d'un baptême, d'un mariage ou d'un anniversaire. Festivités et kermesses marquaient le renouveau. Les enseignants avaient donné le ton, rétablissant, sous la houlette des époux Mazal, l'arbre de Noël, et la fête de l'école, qui clôturait habituellement l'année scolaire.

Celle de 1927, une véritable réussite, emballait le cœur d'Amélie à son évocation. Alice sa fille et Noémie sa petite-fille, toutes deux dans la même classe, y incarnaient, dans un jardin fleuri, l'une un fin myosotis, l'autre un pavot éblouissant. Amélie ne s'était pas trompée, en supputant le choix des deux gamines. Comme elle avait coutume de le faire, la maîtresse avait laissé choisir leur rôle à ses élèves.

« Il y aura cinq groupes de quatre fleurs : la rose, le muguet, le myosotis, la jonquille et le pavot. Choisissez, fillettes, ce qui vous correspond le mieux, en termes de goût et aussi de couleur. »

Sans hésiter, Noémie avait levé le doigt.

« Maîtresse, le pavot est bien rouge ? »

Un signe d'assentiment l'avait confortée dans son choix.

« Alors je veux bien être un pavot !

— Moi aussi ! Moi aussi ! Moi aussi ! »

Pas de surprise. L'intrépide et inséparable quatuor. Alice, elle, attendait que les équipes se forment. Il ne resta que quatre fillettes silencieuses à triturer le coin de leur tablier, elle en faisait partie.

— Ce sera donc vous qui incarnerez les myosotis ? Par défaut ou parce que cette fleur vous attire ?

— Parce qu'il y en a devant ma maison, affirma Jeannette.

— Parce qu'elle ne sent pas et qu'on peut la mettre dans sa chambre, poursuivit à son tour Nathalie.

Toute rougissante, une fillette aux yeux bleus minauda :

— Ma maman me dit que j'ai des yeux myosotis.

Alice se taisait. Sans la brusquer, Amélie sollicita sa fille :

— Et toi, Alice, pourquoi as-tu préféré cette fleur ?

— Parce qu'on l'appelle aussi l'herbe d'amour, murmura la timide fillette en détournant son regard de sa mère.

Comment ne pas fondre pour cette enfant secrète qui, au détour d'une phrase, livrait son âme pure ? Comment ne pas vibrer à l'enthousiasme viscéral d'un tout autre spécimen qu'était la fougueuse Noémie ? Du plus loin qu'elle se souvenait, et cela remontait certainement au jour de leur naissance, Amélie avait englobé dans un même amour sa fille et sa petite-fille, jumelles de hasard. Cela sans que l'impression de voler la place de Violette l'effleure, ni celle de spolier la timide Alice.

Viendrait le temps où elle aurait à s'expliquer sur cette usurpation.

Comment ne pas fêter le retour de Laurette, pensionnaire au collège de jeunes filles d'Alès comme autrefois sa tante Zélie ? La jeune fille, titulaire de ses deux bacs, ne rendait pas peu fiers ses parents, résignés à un futur départ pour l'université.

— Le droit, c'est ardu. Tu es sûre de ton choix, Laurette ?

— Tu le réprouves, papa ?

— Je m'en garderais bien, ma fille. J'espère seulement que tu as conscience de ne pas opter pour la facilité.

— Des études longues ne sont pas pour m'effrayer, si c'est ce que tu veux dire.

Amélie et Joseph s'étaient fait une raison : encore un de leurs enfants qui tournait le dos à l'enseignement ! Ils en avaient ri, un soir, quand, avec tout son sérieux, madame Mazal avait conclu :

— Toi et moi, nous les avons totalement écœurés par notre entêtement à éradiquer l'illettrisme !

Comment aussi ne pas se réjouir pour Alban dont le long cursus voyait enfin l'accomplissement de ses ambitions ? Coiffant au poteau, et d'une bonne longueur, les Fisticis, Alban Masméjean était sorti major de sa promotion. Puis s'en était allé satisfaire, à Saumur, aux dix-huit mois d'obligations militaires, le tarif en vigueur.

Comment ne pas lui faire un accueil triomphal à son retour d'une formation en Angleterre qui le confirmait au sein du conseil d'administration de la banque Maillefaut-Gertler ? Alban Masméjean pouvait envisager l'avenir avec sérénité.

— Explique-moi un peu ta fonction, Alban. J'avoue me perdre dans les méandres d'une hiérarchie bancaire.

— Comme je vous comprends, Joseph ! J'ai eu moi-même quelque difficulté à mes débuts. En fait, je suis chargé de missions pour le directeur administratif sur demande du conseil d'administration. Ce n'est pas très clair, je vous l'accorde.

— Et ce séjour à Londres ?

— Il avait pour but, outre de perfectionner mon anglais, de me familiariser avec le monde international de la finance. Le London Stock Exchange, l'équivalent de notre palais Brongniart, est un passage obligé chez Maillefaut-Gertler.

— Tu vas toujours être entre deux valises, alors ? s'inquiéta Amélie.

— Il se peut, maman, mais je t'avoue que ce n'est pas pour me déplaire. D'ailleurs, n'est-ce pas toi qui m'aurais donné ce virus ? Il me souvient d'un certain voyage à Paris...

— Te souvenir ? Tu étais si jeune !

— Tu nous en as tant parlé.

— Paris ! Tu connais Paris, Mamélie ? demanda Noémie.

C'est elle qui avait trouvé charmant d'appeler ainsi sa grand-mère, et Maxime, son grand frère, n'avait pu que s'incliner ; la gamine avait un tel ascendant sur son entourage.

— Il se pourrait même que j'y emmène deux petites demoiselles si elles travaillent bien en classe...

Les yeux de Noémie brillaient de plaisir. Ceux d'Alice s'assombrirent. Elle était loin d'obtenir les mêmes résultats que sa cousine. Et certainement en travaillant plus ! C'était tellement injuste.

Alors que la France enterrait Clemenceau, alias « le Père la Victoire », et que l'Amérique tressaillait au krach boursier de Wall Street, que villes et villages de province érigeaient les stèles de mémoire que sont les monuments aux morts de la Grande Guerre, Larbousse tournait les yeux vers l'avenir en se dotant de l'électricité.

Adieu quinquets, lampes à huile et à pétrole ! Mais bisque rage pour les hameaux les plus reculés, comme celui de La Tourette, où Marcel était tout déconfit.

— « Déplacez votre atelier à Larbousse », qu'ils m'ont conseillé, ceux d'Electricité de France ! Pardi, mon atelier est monté sur des roulettes ! Pourtant, le nouveau matériel qu'il suffit de brancher dans une prise, sûr qu'il m'aurait bien plu ! J'aurais même pu embaucher un ouvrier, qui sait ?

— C'est un refus catégorique qu'on t'a opposé, Marcel ? demanda Amélie à son gendre.

— Mais on ne me refuse rien ! Je peux l'avoir demain... dans un mois... à mes frais.

Cette discussion, ajoutée à une lettre d'Alban, précipita une décision pour laquelle Amélie avait suffisamment atermoyé.

Très chers parents (un en-tête adopté par Alban et qui, chaque fois, émouvait Joseph Mazal). *Je vous annonce ma visite pour Noël. Ce ne sera pas une surprise comme l'année dernière, où j'ai cru vous voir défaillir tous les deux. Je vous en réserve cependant deux, dont une d'importance : je ne serai pas seul ! Cela devait bien arriver un jour, j'avoue avoir hâte de vous présenter Béatrice. Maman et elle ne pourront que bien s'entendre. L'autre concerne le moyen de locomotion avec lequel nous arriverons à Larbousse. Mais, patience, je ne vous en dis pas plus.*

Votre fils affectionné, Alban.

La résolution d'Amélie prise et applaudie par Joseph, elle en fit part à Violette.

— J'ai pris rendez-vous chez le notaire de Saint-Jean. Quand ton frère viendra, nous irons tous trois régler l'héritage de votre papa...

— Maman, oublie cela, je t'en prie ! s'écria Violette, le visage empourpré. J'ai mal agi à cette époque, je n'étais pas moi-même. J'ai tellement honte de t'avoir blessée.

— Tout est oublié, ma fille. Reste qu'il est temps que je vous rende des comptes.

— Tu ne nous dois rien, maman. Une mère comme toi n'a aucun compte à rendre.

— J'avoue que le mot est malheureux, néanmoins, nous ferons ainsi, Violette, pour votre bien, comme l'aurait souhaité Guillaume.

Guillaume ! Si loin et si proche dans son souvenir ! Il était si bon de l'évoquer sans souffrance, la paix au cœur.

Béatrice Maillefaut éclipsa littéralement la Duesenberg rouge et noir aux pneus blancs, une toute récente acquisition d'Alban.

Il n'y avait pas plus ravissant visage émergeant d'un élégant manteau à grand col boule. D'une délicate nuance rose buvard qui mettait en valeur sa claire carnation, le chaud vêtement de la jeune fille, complété d'un chapeau au bord relevé, dénotait le bon goût et le raffinement d'une personne de la ville.

Amélie avait été sensible à cette première impression et, bien qu'elle se refusât à juger les gens à leur mine, elle se dit que sa future bru marquait déjà un point. De là à imaginer qu'elle rallierait tous les suffrages...

— Mademoiselle Maillefaut ? Mais alors, vous êtes...

— Alban est le bras droit de papa, en effet !

Quelle délicatesse pour dire qu'elle était la fille du patron ! Voilà une modestie qui était toute à son honneur.

Belle, élégante, raffinée, les qualificatifs ne manquaient pas pour comprendre le choix d'Alban. Plus encore, ses vertus morales qui se révélèrent au cours de son séjour cévenol firent d'Amélie la plus comblée des futures belles-mères. Les futures belles-sœurs, elles, ne cachaient pas leur engouement pour la divine Parisienne, sous le charme de la vie simple et vraie de sa future famille.

Le premier souci d'Amélie fut l'hébergement de la jeune fille, certainement habituée à plus de luxe que n'en offrait leur logement de fonction. Alban la mit aussitôt à l'aise :

— Ne te tracasse pas pour cela, maman. En montant, j'ai réservé une chambre d'hôtel à Saint-Jean pour Béatrice. La voiture me sera bien utile pour la descendre le soir et aller la rechercher le lendemain matin.

— A l'hôtel ? Tu n'y penses pas ! Je vais préparer ta chambre pour mademoiselle Maillefaut et toi...

Subjuguée par la jeune fille, Violette avança une autre proposition :

— Béatrice serait mieux chez nous, à La Tourette. Ainsi ne coucherait-elle pas sous le même toit que son futur époux. On éviterait les cancans de Larbousse.

— La Tourette ! s'exclama Béatrice. J'adorerai certainement, Alban m'en a tellement parlé. J'espère, cependant, ne pas vous déranger.

— Ce ne serait pas plus simple si on se tutoyait ? proposa spontanément Violette.

A quoi Béatrice, emballée, répondit par l'affirmative.

La soirée et les jours qui suivirent furent une suite d'enchantements où chacun s'attachait à donner sa place dans la famille à la future épouse d'Alban.

Béatrice n'avait que l'embarras du choix dans ses relations avec cette belle tribu. Elle retrouvait en Violette la chaleur maternelle et enveloppante d'Amélie, partait dans de longues conversations avec Laure d'ordinaire si réservée, se laissait entraîner dans d'interminables parties de jeu de l'oie avec Maxime, Alice et Noémie. Avec pertinence, elle se mêlait aux discussions politico-économiques qui voyaient Alban et son beau-père en totale osmose.

Un soir, la mutine Noémie posa sans détour la question qui était sur toutes les lèvres. Elle n'y mit pas les formes, c'est le moins que l'on puisse dire.

— Dites, mademoiselle Béatrice, vous avez rencontré mon tonton Alban en comptant les sous à la banque ?

Protestations offusquées et conjointes de Violette et d'Amélie.

— Noémie ! Vilaine petite curieuse !

Tout sourire et indulgence, Béatrice réconforta la fillette, vexée de la réprimande.

— Une curiosité bien naturelle et qui va être satisfaite. Je vous en laisse le soin, Alban ?

Alban s'acquitta de sa tâche et tous crurent entendre un conte de fées.

— Lors de mon stage à Londres, nous avons fait connaissance, Béatrice et moi, de façon très fortuite et tellement banale, celle qu'ont les étudiants de se retrouver dans Hyde Park, plus précisément vers Speakers' Corner, le coin des orateurs, un espace de libre expression, de harangue ou de simples déclamations. Ce jour-là, Shakespeare était à l'honneur et captivait l'attention soutenue d'une charmante personne que je m'empressai d'aborder. Elle vivait, me confia-t-elle, en immersion dans une famille anglaise afin de valider un diplôme d'études supérieures en anglais, langue qu'elle avait choisi d'enseigner, au grand désespoir de son père qui la voyait plus sûrement au conseil d'administration de sa banque. J'éclatai de rire tant notre situation me paraissait cocasse : elle décevant un père banquier pour entrer dans l'enseignement, moi décevant des parents enseignants pour travailler dans la finance. Avoue, maman, et vous aussi Joseph, que je vous ai un peu déçus ?

— Jamais, mon fils ! s'insurgea Amélie. Jamais !

— Nous avons toujours été fiers de toi, Alban, ajouta Joseph.

— Bon, admettons, concéda le jeune homme. A la fin de son stage, plus court que le mien, j'osai demander à Béatrice si l'on pourrait se revoir en France. Sans hésiter, elle me confia son adresse. Je lui promis de lui écrire dès mon retour. Je n'en eus pas le temps. Nous nous croisâmes dans la porte à tambour de la banque Maillefaut-Gertler, elle bataillant avec son parapluie qu'elle ne parvenait pas à ouvrir, moi m'ébrouant d'une ondée qui avait trempé mon pardessus. Je vous laisse deviner notre joie. Je m'en souviendrai toujours, Béatrice, vous m'avez dit : « Si le destin s'en mêle... »

— Et vous m'avez répondu : « Prenons bien garde à ne pas le contrarier ! »

— Alors, mademoiselle la curieuse, satisfaite ? ajouta Alban en se tournant vers sa nièce.

Noémie ne se démonta pas.

— C'est un peu comme dans *La Belle au bois dormant*. Mais il manque le baiser du prince.

— Noémie ! Tu es une fouine doublée d'une impertinente.

Le séjour des Parisiens s'achevait, il fallait passer aux choses sérieuses.

— Vous ne m'en voudrez pas, Béatrice, si je vous enlève Alban demain dans la matinée ? Violette, lui et moi avons rendez-vous chez le notaire.

— Et moi qui cherchais une occasion pour te faire essayer ma voiture ! s'écria Alban.

— Ah non, j'ai ma bicyclette !

— Toi, maman ? Ennemie du progrès ? Tu me déçois !

— C'est bien pour te faire plaisir, alors.

Le jeune homme avait opté pour la plaisanterie, sachant quelle corvée ils allaient affronter tous trois. Fouiller dans le passé, celui de son père, les ferait souffrir. Les surprendrait, aussi. Violette fut la première à s'étonner :

— Comment as-tu fait, maman ? Toutes ces années, sans papa, à nous faire vivre avec ton seul salaire !

— A payer mes études, le loyer de ma chambre... poursuivit Alban.

— Nous l'avons fait et cela seul compte, mes enfants. Désormais, vous pouvez jouir en toute liberté des biens que j'ai pu sauver malgré les exigences de votre tante Zélie.

— Oh, celle-là ! Tu l'as toujours évoquée à demi-mot. Raconte, maman.

Amélie attendit d'être dans la Duesenberg pour raconter la vente de la vieille maison familiale, l'inespéré magot du grand-père Dumas, qui avait permis à Marcel d'acheter l'entreprise et son outillage.

— La somme récoltée a servi à débouter la plaignante tout en vous réservant la pleine propriété du sol et du bâtiment pour lequel Marcel s'acquittait d'un loyer que le notaire a réduit de moitié lors du mariage de Violette.

— C'est inouï, maman. Je te parais de toutes les qualités, j'en avais oublié une : la meilleure gestionnaire au monde. Quand tu prendras ta retraite de l'enseignement, je me demande si je ne te proposerai pas un poste à la banque...

Sacré Alban ! Il avait le don de tout dédramatiser. Pour autant, Amélie n'en avait pas terminé.

— Maintenant, mes chers enfants, que vous voilà dans l'indivision pour l'atelier, l'appartement et les bois, je ne souhaite qu'une chose, celle qu'aurait souhaitée aussi votre père : que jamais l'ombre d'une querelle, d'une sourde jalousie, ne trouve place entre vous. L'argent est facile à partager, le reste se négocie... Je vous fais confiance.

Amélie les avait laissés sur cette exhortation, elle allait être comblée au-delà de ses espérances.

Joseph Mazal avait profité de ce rendez-vous chez le notaire où il n'avait pas sa place pour faire plus ample connaissance avec mademoiselle Maillefaut, jusque-là bien accaparée par la gent féminine de la famille.

Ils échangèrent leurs impressions d'enseignants, l'un blanchi sous le harnais et l'autre fraîche émoulue dans la profession.

— Avez-vous un poste en lycée, chère mademoiselle ?

— A Louis-le-Grand, monsieur Mazal, et les satisfactions ne manquent pas, d'enseigner à des élèves aussi motivés. On m'avait tellement brossé le tableau du plus ingrat des métiers !

— Il est ingrat à ceux qui n'ont pas la fibre de la transmission. Je peux vous assurer qu'en trente-cinq ans de carrière je me flatte de n'avoir laissé aucun élève sur le bas-côté du chemin et qu'encore aujourd'hui chaque jour d'école m'apporte son lot de satisfactions.

— J'espère pouvoir raisonner comme vous lorsque j'aurai votre âge, monsieur Mazal. Mais votre propos ne me surprend nullement, Alban est passé avant vous pour brosser le tableau idyllique de sa famille. Il place sa mère sur un piédestal et vous n'êtes pas loin de la rejoindre sur ce socle tant il vous porte dans son cœur.

— Qu'il vénère sa mère n'est que justice. Il n'est pas femme plus méritante. Je n'ai jamais agi pour qu'il m'englobe dans cet attachement filial, mais j'avoue en être flatté et particulièrement ému. Violette, Alban et leur maman ont tant apporté à ma vie, couronnée par la naissance de deux autres filles.

— En parlant du loup... sourit Béatrice. J'entends la voiture d'Alban.

— Journée difficile ? demanda Joseph.

— En tout cas une journée à marquer d'une pierre blanche ! soupira Amélie en se glissant entre les draps où son époux avait déjà pris place.

261

— Beaucoup d'émotion, je suppose, à se plonger dans le passé ?

— Un peu, mais c'est déjà si loin pour Violette comme pour son frère. Pour moi aussi, je l'avoue. En fait, j'étais partagée entre deux sentiments, la satisfaction d'avoir accompli un devoir de mémoire et la fierté. Oui, je confesse faire péché d'orgueil, je suis fière de ce que sont devenus mes enfants, les enfants que Guillaume m'avait confiés.

Puis, se pelotonnant tout contre son époux, elle murmura, sa bouche près de son oreille :

— Double péché d'orgueil parce que je suis très fière aussi du beau-père dont je les ai dotés, toi mon chéri qui fais de moi la plus comblée des épouses.

— Et tu n'as pas une seule pensée pour la constance dont j'ai fait preuve ? fit mine de s'indigner Joseph. Il fallait être sacrément amoureux de toi pour attendre son heure, si hypothétique soit-elle. N'est-ce pas, jolie madame ?

— N'oubliez pas, cher monsieur, que toute qualité poussée à l'extrême devient un défaut et que constance aurait pu rimer avec insistance, laquelle eût pu me déplaire.

— Mon obstination à moi rimait avec passion, passion amoureuse s'entend, celle que j'éprouvais pour toi bien avant que tu lèves les yeux sur le timide fils de facteur que j'étais.

Béatrice Maillefaut et Alban Masméjean avaient bouclé leurs bagages. Aux premières heures le lendemain, ils prendraient la route qui, à travers les Cévennes puis le Massif central, les ramènerait à la capitale, où chacun retrouverait son travail.

Un mois de décembre bien trop doux au dire des paysans leur avait permis de faire de longues balades dans la campagne, autour de La Tourette. C'est d'ailleurs au retour d'une de ces bucoliques flâneries qu'une idée avait germé dans la tête pensante d'Alban autant que dans son cœur généreux. Idée dont il avait aussitôt fait part à sa sœur et à son beau-frère.

Avec son naturel aimable et dénué de condescendance, en parfait gentleman qui avait séduit Béatrice, il leur proposa le rachat de sa part sur les bâtiments et les bois.

Marcel et Violette s'interrogèrent du regard. Sur un sourire de cette dernière, le charpentier se prépara à la transaction :

— C'est à voir, Alban. Oui, c'est à voir. Dis-nous un prix et on y réfléchira.

Alban annonça une somme dérisoire qui laissa Marcel pantois.

— Pour l'atelier ? Il y a aussi l'appartement et les bois...

— Pour le tout, Marcel, et je n'ai qu'une parole.

— Alors tu es fou... ou tu es le bon Dieu !

— Ni l'un ni l'autre, seulement un homme respectueux du travail accompli. Tu as sauvé l'entreprise à la mort de mon père. Avec Violette, vous avez assumé l'entretien des bâtiments et reboisé après chaque coupe. Et moi, je jouerais les ingrats ?

Dans l'après-midi, les deux hommes descendaient à Saint-Jean et faisaient préparer, par un clerc, l'acte de vente.

— Dès mon retour à Paris, je laisserai à mon notaire le soin de régler cette affaire, je ne reviens pas en Cévennes de sitôt et monsieur Dumas a hâte d'être le seul propriétaire.

Pardi, Marcel n'avait pas hésité devant la générosité de son beau-frère, et avec les liquidités de la succession, il était décidé à installer l'électricité à La Tourette. Il s'achèterait un bel outillage. Et il prendrait un bon ouvrier.

— C'est papa qui continue à vivre grâce à toi, Marcel... et grâce à ta prodigalité, Alban !

— Rien n'aurait pu se faire, Violette, sans le courage et la volonté de maman. D'ailleurs, j'ai une idée à te soumettre.

— Encore ? Ma parole, tu en as une par jour !

— Je mentirais si je disais qu'elle vient uniquement de moi. Elle résulte en fait d'une conversation entre Béatrice et Joseph. Ma fiancée était fort admirative en me rapportant que maman et son époux veulent créer à Larbousse une école de plein air pour les enfants chétifs.

— C'est nouveau, ça ! s'étonna Violette.

— Oui et non. Dans leur cas, il s'agirait d'un accueil hors période scolaire. En fait, ce serait le prolongement de leur action en faveur des orphelins de guerre. De même, ils mettraient les habitants de Larbousse à contribution.

— Tu crois qu'ils seront aussi généreux en temps de paix qu'en temps de guerre ?

— L'émulation, Violette ! Ça marche, à Larbousse, crois-moi. Je les entends d'ici : « Ah, le voisin a pris un pensionnaire ? Nous, on va en prendre deux ! »

— Tope là, mon frère ! On va leur faire une petite cagnotte.

— Maman, Joseph, vous n'ouvrirez l'enveloppe qu'après notre départ, recommanda Alban.

De longues embrassades suivirent. Béatrice était adoptée. Le regard un peu flou d'Amélie accompagna la Duesenberg, il se brouillait de larmes, ce qui ajoutait à l'image trouble qu'elle persistait à fixer.

— Veux-tu que nous ouvrions cette enveloppe, Amélie ?

— Certainement une lettre de château[1]. Cette Béatrice est si délicate ! Je l'aime déjà, la future madame Masméjean.

Joseph sortit un chèque, puis un bristol signé *Violette* et *Alban* avec l'inscription : *Au profit de la fondation Amélie et Joseph Mazal, leurs enfants reconnaissants.*

---

1. Lettre de remerciements envoyée aux hôtes après une réception.

15

Laure Mazal entra pour la première fois dans cette boutique montpelliéraine qui la faisait tant rêver quand elle déambulait, bras dessus, bras dessous, avec son amie Françoise, étudiante comme elle en faculté de droit.

L'élégant magasin de la rue de la Loge ne manquait pas d'attraits : une double vitrine savamment assemblée, un porche abrité d'une marquise aux néons colorés et un intérieur qu'on devinait, selon le mot à la mode, très « cosy ».

Mentalement, Laure recompta la somme dont elle disposait – une gratification que son père lui avait glissée dans la poche – et poussa bravement la porte. La femme qui vint à sa rencontre, la quarantaine bien sonnée, lui fit une impression bizarre. Grande, élancée, maquillée avec art, vêtue, comme ses deux collègues, d'une stricte robe noire ceinturée de cuir et agrémentée d'un col en organdi blanc, perchée sur des escarpins qui lui conféraient huit bons centimètres de plus, elle semblait en parfaite osmose avec le décor de la boutique et, en même temps, on la soupçonnait de considérer tout et tous de façon désabusée.

« J'aurais dû faire psycho », se dit Laure en se surprenant à prêter une histoire ambiguë à cette inconnue.

— Je peux vous aider, mademoiselle ?

La phrase habituelle pour une entrée en matière était parfaitement modulée. Ni pressante ni désintéressée. Laure oublia sa psychologie de bazar et expliqua :

— Une robe dans votre vitrine a attiré mon regard. Je me demandais si elle serait à ma taille. Et quel en est le prix.

— Laquelle ? La verte ? Pour un mariage, je suppose ? Elle fait très chic. Nous avons aussi les coordonnés, sac, gants, chapeau...

— Un mariage champêtre ne nécessite pas tous ces accessoires.

— Ah, détrompez-vous, chère mademoiselle ! Avec cette capeline, cela serait du plus bel effet, poursuivit l'élégante personne en présentant un immense chapeau en dentelle ivoire.

Laure réprima un fou rire et lâcha :

— Ils en feraient des gorges chaudes, à Larbousse !

— Larbousse ? Au-dessus de Saint-Jean-du-Gard ?

— Oui. Vous connaissez ?

— J'ai connu des personnes... lui fut-il négligemment répondu. Il y a pas mal de temps. Alors, on se marie encore à Larbousse ?

Laure fut piquée au vif. Cette personne, au demeurant fort civile, portait un jugement sévère sur son village. Elle se rengorgea et lui cloua le bec.

— On vient même de Paris pour s'y marier !

Elles n'échangèrent plus un mot. C'était d'ailleurs inutile, la vente était faite, il s'agissait d'accompagner la cliente jusqu'à la caisse et de glisser son achat dans un joli carton.

Du fond de la boutique, une voix juvénile, celle d'une apprentie, demanda :

— Madame Zélie, reste-t-il en réserve des étoles de soie ?

Alors qu'elle franchissait la porte, Laure fut interloquée par ce prénom. Guère usité, il éveillait un écho curieux dans sa mémoire.

« Apparemment, cette personne connaît Larbousse et ne l'apprécie guère. J'en parlerai, à l'occasion, à maman. »

Dans la réserve où elle cherchait distraitement les fameuses étoles de soie, Zélie Masméjean s'accordait un petit bain de mélancolie. Larbousse, ses jeunes années, La Tourette... à quoi bon revenir sur ces souvenirs heureux qui en appelaient d'autres, bien moins glorieux. Exit Alexis Minsk, amant persuasif, médiocre sculpteur et surtout formidable escroc.

« Il m'en a fallu du temps pour voir clair dans son jeu ! Le naufrage de notre couple ? Bon débarras ! Encore heureux que j'aie pu sauver cette boutique de la débâcle. Curieuse rencontre que cette jeune fille de Larbousse ! Une époque révolue, des querelles enterrées. Non, vraiment, plus rien ne me rattache à ce village. Plus personne, non plus. »

Ainsi Béatrice et Alban avaient choisi Larbousse pour unir leur destin ! Enfin... partiellement.

S'il ne s'était agi que de sa préférence, la jeune fille n'aurait pas hésité une seconde ; dans son amour pour Alban, elle englobait celui de sa famille et jusqu'à ses Cévennes qu'il lui avait fait découvrir. Or, elle ne pouvait pas priver ses parents du plaisir et du devoir qui étaient les leurs de convier leurs nombreuses relations et connaissances – à défaut de famille – qu'il était impensable de faire venir si loin. Sur une proposition d'Alban, après un échange épistolaire avec sa sœur Violette et avec l'assentiment de monsieur et madame Maillefaut, il fut décidé que les festivités se feraient en deux temps.

Très chers parents,

Désireux d'associer nos deux familles à notre bonheur et conscients de la difficulté d'en réunir tous les membres à Paris comme à Larbousse, Béatrice et moi vous proposons le programme suivant. Notre mariage civil se déroulera dans la capitale durant les vacances de Pâques. Madame Maillefaut souhaite organiser un cocktail dans un salon du Pré Catelan et nous comptons sur toi, maman, et sur vous, Joseph, et aussi sur mes deux témoins, Maxime et Laurette, pour y représenter toute la famille. Le mariage religieux que nous programmerons au mois d'août aura pour cadre l'église de Larbousse et nous commanderons un repas champêtre sous les frondaisons de La Tourette. Les parents de Béatrice brûlent d'impatience de connaître ce coin de France que leur fille ne cesse de leur vanter. Que pensez-vous de ces dispositions ? Vous agréent-elles ? N'hésitez pas à nous le faire savoir si elles heurtent votre conception d'une noce.

Votre fils affectionné, Alban.

— Quels bons enfants ! Tu te rends compte, Joseph, de cette élégance de cœur dont ils font preuve ? Plutôt que de ne penser qu'à eux et de vivre leur bonheur en parfaits égoïstes, ils songent à ceux qui ne pouvaient se déplacer, mes frères, mes sœurs, mes neveux et nièces, cela aurait fait beaucoup trop de monde et surtout des frais trop lourds à assumer.

— Non seulement je m'en rends compte, ma chérie, mais surtout je me réjouis du bon choix de notre Alban. De même que de celui, excellent, de cette demoiselle Maillefaut. Un bon fils ne peut faire qu'un bon mari.

Après avoir été éblouie et mal à l'aise sous l'imposante verrière Art déco du Pré Catelan dont elle garderait une impression mitigée, Amélie cultivait le souvenir du mariage religieux, une fête de famille chaleureuse au sein de laquelle il avait été aisé d'inclure monsieur et madame Maillefaut, séduits par la spontanéité et la sincérité de la belle-famille de leur fille.

Sans intention d'éclipser la reine de la fête, délicieusement virginale dans sa blanche toilette fluide qui ondulait autour de ses formes gracieuses, Laure attirait les regards. Une pensée unique habitait sa famille :

« Un superbe papillon est sorti de sa chrysalide. »

Co-témoin avec Maxime du jeune époux, choix qui l'avait touchée droit au cœur, Laure affichait ses dix-huit printemps radieux, corsetée dans la belle robe de la vitrine. Il n'y avait pas si longtemps, une mise en lumière de sa charmante personne l'aurait gênée, contrariée même ; rien de tout cela aujourd'hui. Sans forcer le trait ni se mettre en valeur, avec une distinction naturelle, elle ne fuyait pas les regards appuyés qui découvraient une nouvelle Laure.

Amélie n'avait pas été la dernière à s'apercevoir du changement de son enfant. Son cœur bondissait de fierté alors que son âme saignait.

« Ma Laurette ne m'appartient plus. Sa vie, déjà, ne fait plus partie de la nôtre », songeait-elle, mélancolique.

Le mariage d'Alban et de Béatrice ne précéda que d'un mois l'installation de Laure dans sa nouvelle école, celle des avocats du barreau de Toulouse. Ce fut pour Amélie la confirmation de l'évidence qui s'était révélée à elle un mois plus tôt : leur fille s'était dotée des ailes de la liberté et, nonobstant une certaine aliénation de celle-ci par les cinq longues années d'études en perspective, il ne faisait aucun doute que son avenir se jouerait plus facilement dans un cabinet d'avocats d'une grande ville qu'en un village reculé des Cévennes.

Quant au sacrifice financier qui allait en découler, pas l'ombre d'une hésitation n'avait effleuré Amélie.

— Nous nous sommes sortis de plus grosses galères, assurait-elle. Pourvu que nous ayons la santé !

— Et quelques économies ! avait ajouté Joseph.

Ah, l'économe Joseph, tout un poème ! Par chance, il n'était pas avaricieux, il l'avait démontré à diverses occasions. Depuis quelques années, il caressait le projet de retaper, pour y abriter leur retraite, la maison de La Falguière que lui avaient léguée ses parents.

« Et deux volets, deux ! » se réjouissait-il ouvertement quand, à la fin du mois, il pouvait épargner trente ou quarante francs.

« Petit mois ! grimaçait-il au contraire quand tombaient dans sa boîte métallique cinq malheureux francs. Un centième de la toiture qu'il faudra bien refaire à court terme.

— Au train où vont les études de nos enfants, ta boîte aura plus tendance à se vider qu'à se remplir, mon pauvre chéri. Mais qui s'en plaindrait ! » le réconfortait Amélie.

Ah, quelle fierté lui gonflait le cœur quand il s'agissait de ses enfants, qu'elle parait de toutes les vertus !

Pas un ne passait au travers dans une « revue de troupe » qui ne la lassait jamais. Violette, qui, malgré des débuts difficiles dans le monde des adultes, avait fait preuve d'un courage inouï, épaulait aujourd'hui son mari dans une entreprise dopée par la modernisation ; Alban, que rien n'arrêtait dans son ascension profession-nelle sans jamais renier les valeurs transmises par ses parents, ne négligeait pas pour autant sa vie familiale, au centre de ses préoccupations ; Laurette poursuivait sa route vers l'ingrat et néanmoins passionnant sacer-doce qu'elle rêvait d'embrasser ; jusqu'à Alice, encore trop repliée sur des dons qui ne demanderaient, un jour, qu'à éclater pour enfin trouver sa place dans une famille aux âmes si fortes.

Mais quelle réticence soulevait le chiffon rouge de la retraite que Joseph agitait comme un trophée à portée de main ! Ne plus pousser, chaque matin, la porte de sa classe et s'en réjouir de la même façon qu'au premier jour, Amélie ne parvenait pas à l'imaginer. En fait, elle refoulait cette idée qui lui faisait l'effet d'une inévitable maladie.

Elle n'avait jamais éprouvé, au cours de sa carrière, le poids d'un fardeau auquel elle ne pouvait se soustraire. Bien au contraire. En fait, de même qu'en sa jeunesse la boulimie d'apprendre ne lui laissait aucun répit, la frénésie d'enseigner était un des moteurs de sa vie. Et chacun de la railler gentiment.

— Sais-tu, ma chérie, qu'il se trouve des gens pour défiler dans les rues afin de revendiquer haut et fort le droit au repos ? Prends garde qu'ils ne t'entendent pas, tu passerais pour une briseuse de grève, se moquait Joseph.

— Moi, je soupçonne maman de vouloir faire comme le grand Molière qui mourut sur scène... ou comme le capitaine d'un bateau en perdition qui ne veut pas lâcher la barre, en rajoutait Violette.

Amélie prenait le parti d'en rire et grinçait :

— Riez ! Riez bien avant que vienne le temps des larmes, celles que vous verserez à me supporter chaque minute de votre vie ! Il n'y a rien de plus usant qu'une institutrice à la retraite. Du moins, c'est ce qu'il se dit.

Amélie avait-elle jeté une promesse en l'air en promettant la tour Eiffel à Alice et Noémie... pourvu qu'elles décrochent le brevet ? Noémie s'exécuta et y ajouta même l'entrée à l'Ecole normale. Enfin quelqu'une de la famille à relever le flambeau ! Alice se satisfit du diplôme obtenu de justesse et déclara forfait pour continuer ses études.

— Nous avons tout l'été pour la faire changer d'avis, se réconforta Amélie en misant sur un déclic qui ne manquerait pas d'intervenir, ne serait-ce que pour faire comme Noémie.

Dieu qu'elle connaissait mal sa fille ! Envier Noémie ? Copier Noémie ? Ressembler à Noémie ? Mais c'était tout le contraire qu'Alice désirait. Devenir enfin Alice et non le tain du miroir dans lequel se reflétait Noémie.

Le voyage-récompense eut donc lieu et se doubla – heureux hasard de la vie – d'un voyage-découverte, celui d'un nouveau petit-fils pour Amélie, d'un neveu pour Alice et d'un cousin pour Noémie. Il était tout cela, Guilhem, en plus d'être le premier-né de Béatrice et d'Alban qui comblait le jeune couple. Restée seule avec sa belle-mère, Béatrice lui confia :

— Nous avons appelé notre fils Guilhem. Guillaume en occitan. Cela faisait tellement plaisir à Alban.

— Un choix très beau et très touchant. Votre petit Guilhem vous donnera de grandes joies. Les enfants parent une vie de ses plus belles couleurs.

— Alors, nous vous promettons un beau drapeau français ; c'est notre plus cher désir, à Alban comme à moi, que d'avoir trois enfants. Pensez donc, je suis fille unique !

— Et Alban le seul garçon de notre petite tribu ! ajouta Amélie, heureuse de cette chaleureuse complicité avec sa bru.

A son retour de la capitale, alors qu'Alice et Noémie commentaient à leur façon la découverte de Paris, Amélie revivait en pensée les bonheurs accumulés dans un seul but : en nourrir sa mémoire chaque jour de sa vie. Le petit Guilhem y occupait une place privilégiée, car il la renvoyait à ses premiers émois de jeune maman.

Pour autant, elle n'oubliait personne, se réjouissant des amours émouvantes de Béatrice et d'Alban.

« Ces deux-là, se disait-elle, étaient faits pour se rencontrer, fût-ce sur une autre planète. »

Plus complexe avait été l'analyse de comportement des deux inséparables : Alice et Noémie. Noémie l'intrépide, une adolescente dans laquelle elle-même se reconnaissait avec, toutefois, les changements inhérents au siècle.

« Avais-je cette pétulance ? » s'interrogeait-elle.

« Tu l'aurais eue, assurément, lui répondait une petite voix venue du tréfonds de son être. Oui, tu l'aurais eue, Amélie, si tu n'avais été une enfant de ton époque, obéissante et sage. »

« Que ne cède-t-elle un peu de son exubérance à ma rêveuse Alice ! Ah, en voilà une qui cache bien son jeu. Et qui se dérobe à toute forme de tendresse. Alice, mon enfant-hérisson, tu serais si douce sans tes piquants qui te font comme une carapace. Que crains-tu, enfant ? »

Tandis que Noémie ne boudait pas son plaisir à découvrir la tour Eiffel, Notre-Dame ou le Sacré-Cœur, Alice prisait davantage les musées où son œil captait, au-delà de la beauté d'un tableau, l'âme du peintre et de son modèle. Amélie s'était surprise à intercepter ce regard si différent de celui qu'elle offrait d'ordinaire, et s'était étonnée de sa demande pressante :

« Pourrons-nous revenir au Louvre, demain, maman ?

— Encore ! s'était insurgée Noémie. Tu n'en as pas marre ? Si nous allions plutôt à l'Arc de Triomphe, nous descendrions les Champs-Elysées et tu verrais ton Louvre... de loin. »

Pour une fois, Alice n'avait pas cédé :

« Je sais, nous allons prendre le funiculaire et monter jusqu'à la place du Tertre, c'est si beau avec tous ces peintres ! »

A sa grande surprise, sa mère lui avait donné raison, alors elle l'avait gratifiée d'un regard enflammé. Amélie s'était juré d'être plus à l'écoute de sa fille. Ce qui l'incita, à leur retour en Cévennes, à ouvrir le dialogue sur son avenir. C'était avancer en terrain miné.

— Ton père et moi sommes désolés de ta décision, Alice. Est-elle bien arrêtée ?

— On ne peut plus, maman ! répondit la secrète. Je ne vois d'ailleurs pas l'intérêt de revenir là-dessus.

— Ferais-tu partie de ces jeunes filles qui attendent le prince charmant en filant la quenouille ? plaisanta Amélie.

— Prince ou berger, pourvu qu'il soit charmant ! répliqua Alice sur le même ton.

Puis elle redevint sérieuse, quoiqu'elle mâtinât son propos d'une pointe d'ironie :

— Pour la quenouille, c'est un peu démodé. Par contre, si papa veut bien m'accompagner à Saint-André-de-Valborgne, on embauche à l'imprimerie-cartonnerie Valquier. Une fifille présentée par papa directeur d'école, ça fait bon effet, non ?

— Eh bien, il te faut voir avec ton père, capitula Amélie en désespoir de cause.

Joseph triturait les boutons de son poste TSF acheté sur les conseils d'Alban :

« Prenez un Ducretet, Joseph. Ils sont d'un réglage aisé et le son est des moins nasillards.

— Ta mère pourra écouter de la musique et moi, avoir une autre vision du monde politique, qui pose beaucoup d'interrogations. »

Pour facile qu'il soit à manier, selon Alban, le poste de Joseph ne répondait pas toujours à ses attentes et les demi-cercles verts qu'il fallait rapprocher pour une écoute franche n'en faisaient souvent qu'à leur tête. Comme aujourd'hui.

— Que je t'accompagne où ? grogna-t-il à la demande de sa fille. Et pour quoi faire ?

— Pour un emploi, tu as très bien compris, papa.
Toi et maman, vous vous plaisez à faire les autruches, à
ne pas vouloir admettre que je ne désire qu'une chose,
travailler, et si possible dans un domaine qui me plaît.

— Et les cartons, ça te plaît ! Première nouvelle.

Alice rongeait son frein. Incomprise ! Elle était une
incomprise et n'en démordait pas.

— Dans les alentours de Larbousse, il faut faire avec
ce qui se présente. Je pense que je m'y ferai.

— Laurette aurait pu te trouver un travail autrement
plus valorisant à Toulouse...

— Parce que vous voulez que je parte ? Il fallait le
dire plus tôt, si je gêne.

Alice-hérisson s'était mise en boule, tous piquants
dehors. Joseph se désintéressa de son poste et se laissa
tomber sur un fauteuil. Il avait des fléchissements dans
la voix en disant :

— C'est ce que tu penses, ma fille ? Que nos enfants
nous embarrassent et que nous n'avons de cesse de les
éloigner ?

Plus troublée qu'elle ne l'aurait pensé, Alice allait se
récrier, mais son père l'arrêta de la main et poursuivit :

— Je vais te surprendre, alors, en te disant combien
notre souffrance a été grande au départ d'Alban, puis
à celui de Laure. Eh oui, ma fille, il nous est arrivé de
pleurer, ta mère et moi, tout en étant fiers de pousser
nos enfants vers une meilleure vie, fiers de leur réussite.
Ah qu'il eût été plus facile de les avoir tous autour de
nous, de garder notre couvée dans le giron familial !
Mais quels égoïstes nous aurions été à agir ainsi, à vous
rogner les ailes, à fermer les yeux sur le véritable rôle
des parents, qui consiste à pousser leur nichée hors

du nid ! Et c'est la même chose, pour toi, maintenant. Avons-nous le droit de n'écouter que notre cœur et de faire de notre petite dernière un bâton à notre vieillesse toute proche ?

Tétanisée par les confidences qu'elle avait déclenchées et la douleur palpable de son père, Alice ravalait ses larmes, incapable de se jeter dans ses bras. Une lassitude que jamais l'adolescente n'avait soupçonnée habitait Joseph, sa voix était à peine audible quand il murmura :

— Je t'accompagnerai demain chez l'imprimeur, puisque tu en as décidé ainsi.

De même qu'elle s'était inclinée, en son temps, devant la décision de Violette, Amélie écouta le succinct récit d'Alice, qui lui décrivit en quelques mots quel serait son travail dans l'imprimerie Valquier.

— Je serai dévolue à la papeterie de bureau, tout ce qui est papier et enveloppes à en-tête, calendriers, agendas, enfin tout ce qui concerne les administrations, qui sont nos premières clientes. On va faire aussi les étiquettes, un gros marché pour lequel le patron veut s'entourer de dessinateurs...

— Je te verrais bien dans cette fonction, ma chérie, tu as le coup de crayon sûr, un sens inné de l'esthétique...

— Et puis ce serait tellement plus valorisant que de tripoter une rotative ou un massicot, n'est-ce pas, maman ?

Sacrée Alice ! Tantôt silencieuse et effacée, tantôt agressive en diable ! Amélie soupira ; avec sa benjamine, elle perdait son latin.

279

Par chance, la vie réservait encore au couple Mazal de beaux moments de bonheur familial. Ah oui, la vie valait vraiment d'être vécue. Amélie et Joseph en étaient persuadés à la lecture d'un acte de propriété que leur faisait le notaire de Saint-Jean-du-Gard. En un mot comme en cent, ils auraient tout loisir, au jour de leur retraite, d'aménager à leur gré la vieille bâtisse de La Tourette rénovée et de s'y installer.

Alors que son époux, sidéré, restait cloué sur sa chaise, l'air abasourdi, Amélie s'était écriée :

— Violette était dans le coup ! Ah, la mâtine ! Elle nous a bien roulés dans la farine, avec ses mines de conspiratrice. Elle va m'entendre.

Joseph émergea de sa stupeur.

— Tu vas lui reprocher quoi, en fait ? D'avoir œuvré dans le secret pour notre bonheur ?

— Pardi ! Elle m'a éloignée de La Tourette avec des mensonges plus gros qu'elle. Bel exemple pour notre jeunesse si les adultes mystifient...

Un sourire indulgent éclairait le visage du notaire. Il ne connaissait pas cette facette d'Amélie Mazal ; il avait connu la jeune veuve éplorée, se battant bec et ongles pour sauver l'héritage de ses enfants, la mère déterminée amassant sou à sou pour leur avenir, puis la femme fière de déposer entre leurs mains les fruits de son acharnement. Il découvrait aujourd'hui une sexagénaire bridant sa trop forte émotion par une feinte colère.

— Mais enfin, Amélie, je ne te comprends pas... bredouilla encore son époux quand elle se réfugia dans ses bras pour y sangloter sans réserve.

— Un petit remontant ? proposa le notaire en s'apprêtant à sortir une bouteille et des verres.

— Non ! Non ! se récrièrent-ils en prenant conscience de leur troublante attitude.

Chaque fois qu'Alban et sa famille revenaient en Cévennes, l'idée trottait dans son esprit. Celle de racheter la vieille maison familiale des Masméjean, qui n'avait pas échappé à la grande débâcle.

Or, elle n'était pas à vendre. Abandonnée, mais pas à vendre. Sa propriétaire nîmoise, une vieille fille retraitée de la fonction publique depuis belle lurette, n'y avait plus mis les pieds depuis une décennie et la bâtisse ne gagnait pas à cet abandon, c'était le moins qu'on pouvait dire à voir ses volets partir en lambeaux, ses pierres verdir de mousse à leurs joints, jusqu'à son toit à quatre pentes qui donnait des signes de faiblesse visibles de l'extérieur par l'affaissement de ses arêtiers. Qu'en était-il alors de l'intérieur !

— Avertis-moi, Violette, si tu vois un panneau à vendre, avait recommandé Alban à sa sœur mise dans la confidence.

En même temps, il ne manquait pas, régulièrement, de contacter la famille de la propriétaire, qui ne jurait que par l'investissement dans la pierre et refusait de céder au concert des walkyries de la sagesse prônant le dessaisissement pur et simple de son bien.

— Tante Jeanne, l'acheteur parisien a fait une offre honnête pour votre campagne. Vous devriez accepter.

— Une poire pour la soif, disait toujours mon pauvre père, et je m'en déferais sur un coup de tête ?

— Soyez un peu lucide, ma tante. Une maison trop grande pour une résidence secondaire et trop éloignée de la ville pour une habitation principale. S'il ne tenait qu'à moi...

— Mon bon Georges, il se pourrait que je te déshérite à tenir de pareils propos. Et vous, ma bonne Geneviève, je vous incite à calmer les visées de votre époux.

Le « bon Georges » avait rapidement fait marche arrière après une œillade explicite de la « bonne Geneviève » :

— Ce que j'en disais, ma chère tante, n'avait pas d'autre but que de vous ôter tout souci.

Le neveu héritier et son épouse n'eurent aucun scrupule, à la mort de la tante, à contacter le patient Alban et, pour longue qu'ait été l'attente d'une pareille transaction, l'affaire, elle, fut rondement menée. Restait à redonner à la vieille bâtisse, sinon son lustre, du moins sa robustesse d'antan.

C'est dans ce but qu'Alban prit contact avec un maçon afin que les murs soient sablés, les pierres rejointoyées, les cadres des portes et fenêtres lissés au ciment blanc.

Violette, qui ne voulait pas être en reste dans cette preuve de reconnaissance envers le couple que formaient sa mère et Joseph Mazal, mit son frère au courant des dispositions prises en accord avec son époux.

Marcel va faire découvrir la toiture et posera une nouvelle charpente ; le couvreur assure que la majeure partie des tuiles est en parfait état. Marcel refera également la porte d'entrée et les volets.

Le plus difficile fut de tenir les parents éloignés du chantier et c'est là qu'explosèrent les talents d'affabulatrice de Violette qui n'hésita pas à invoquer mille petites raisons, que le couple prit pour valables, afin qu'ils restassent à distance de La Tourette.

— On peut loger chez vous quelque temps ? Une vraie calamité nous est tombée dessus ! Pensez donc, des vieilles poutres rapportées d'une rénovation de toiture ont provoqué une invasion de termites. Marcel a traité l'atelier et la grange avec un produit si nauséabond qu'il nous oblige à fuir notre maison.

Bien fallacieuses ces allégations et bien naïfs les époux Mazal, mais au final quelle joie et quelle reconnaissance envers ces enfants pleins d'attentions et de gratitude !

L'aménagement de cette maison qu'Amélie n'était pas loin de considérer comme celle du bonheur s'avéra un bon dérivatif à ses premiers pas dans une retraite qu'elle avait envisagée avec répugnance.

— Tu te rends compte, Joseph ? Quatre grandes chambres ! Nos Parisiens trouveront leurs aises ici, et ce sera justice. Et au rez-de-chaussée, le vieux salon de Séraphine en fera une cinquième pour Laurette. Dans ce qui sera la salle à manger, peu de meubles, seulement une grande table, un peu comme celle du Pontet lorsque j'étais enfant et toute notre famille autour. Le bonheur, non ?

— Pour moi, le bonheur est de te voir heureuse, Amélie !

16

Alice ne fut pas la dernière à se réjouir de leur nouvelle installation, d'autant qu'avec l'agrément de ses parents elle s'inventa un petit chez-soi dans les combles remis à neuf par Marcel. La jeune fille, plus que jamais solitaire, avait boudé à la proposition d'une chambre à l'étage, tout autant qu'à l'idée de partager celle dévolue à Laurette, et se réfugiait dans son antre comme dans un nid protecteur, à son retour du travail.

En fait, elle s'y adonnait en secret à son passe-temps favori qu'était le dessin. Rien d'étonnant à ce que cette secrète s'ingéniât au secret. Rien d'étonnant non plus qu'elle dissimulât à ses parents, épris de « bonne » littérature, une passion qui n'aurait pas obtenu leurs suffrages. Ils auraient, pensait-elle, jeté un regard dédaigneux sur cet art qu'ils ne manqueraient pas de juger mineur et qui, ne leur en déplaise, avait le vent en poupe : la bande dessinée.

Ecolière initiée par les histoires de Zig et Puce qu'elle feuilletait avidement au café-tabac où elle allait acheter le journal, puis bercée par les aventures de Blondie découverte au bureau de tabac-presse de Saint-Jean-du-Gard, Alice avait créé un personnage, le sien, à peine transformé en Lissie pour satisfaire à la mode anglo-saxonne, à qui elle faisait vivre de palpitantes aventures. De Blondie, l'égérie de Chic Young, elle n'avait gardé que les crans souples des cheveux, que Lissie avait noirs, Alice ne travaillant qu'à l'encre de Chine. Ainsi, d'une plume appliquée, faisait-elle évoluer son héroïne dans une existence qui ressemblait étrangement à la sienne.

Sur un rayon de son armoire, là où les jeunes filles de son âge empilaient twin-sets et chemisiers, s'alignaient des dossiers étiquetés : *Le Monde secret de Lissie, Lissie au pays des rêves bleus...* Depuis quelque temps, voisinant avec un album au titre ambigu, *Tremblements en terre inconnue,* un nouveau prenait corps, s'épaississait, se voyait doté d'une étiquette édifiante : *Lissie au pays du bonheur.*

Francisco avait fait son entrée à l'imprimerie Valquier un soir d'octobre 1937, juste avant la fermeture, et tous ceux qui avaient croisé son regard farouche juraient en avoir eu des frissons, exception faite d'Alice, qui n'avait vu que des prunelles de velours noirs d'une profondeur abyssale, d'un magnétisme prodigieux, d'une douceur voluptueuse.

Le soir même de cette rencontre naissait El Conquistador, un personnage créé d'un seul trait de plume. Tignasse hirsute, visage taillé à la serpe, yeux de braise, en plus d'un corps musculeux moulé dans un pantalon de toréador, tenue que déparait le vulgaire tricot de corps sans manches qu'on appelait « marcel », un séducteur était né, qui faisait désormais partie du quotidien secret d'Alice.

Cinq mois seulement après sa prise de fonction à l'imprimerie – l'entretien et la réparation des machines après le travail –, El Conquistador sortait de sa réserve et demandait avec aplomb :

— *Señorita Maçal,* demain c'est *domingo, ye* vous emmène au bal à Saint-Jean.

Prise au dépourvu, mais nullement offusquée par cette invitation péremptoire, Alice bredouilla :

— Je ne suis pas sûre de savoir danser... et je préfère de beaucoup marcher dans la campagne. Il se pourrait que dimanche j'aille jusqu'aux menhirs de Peyrolles.

N'était-ce pas une invite déguisée que se permettait la demoiselle Mazal ? C'est ainsi que le prit Francisco, décidément fort entreprenant.

— J'y serai aussi et *yé* vous apprendrai les *roudiments* de la valse. La prochaine fois, hop, au bal *mousette* !

Le moins qu'on puisse dire, c'est qu'il ne manquait pas d'air, El Conquistador ! Et qu'elle ne s'embarrassait pas de scrupules, Lissie !

Si, pour faire plus ample connaissance, il suffit de conter sa vie, Francisco ne fut pas avare dans cet exercice.

— *Yé* n'avais guère *plous* de dix ans en 1931, narrat-il avec cet accent espagnol qu'Alice trouvait délicieux, quand fut proclamée, dans mon pays, la Seconde République. Elle était porteuse de tant d'espoirs ! *Para nosotros* les jeunes et *para* nos *padres* trop longtemps réprimés et plongés dans la misère. Si pour eux elle arrivait trop tard, ils se réjouissaient pour leurs enfants : *una vida diferente* les attendait.

— J'ai quelques années de plus que vous, fit remarquer platement la jeune fille, qui avait fait mentalement le calcul.

— L'âge ? Pfft ! *No importa !*

Francisco accompagna sa phrase d'un geste de la main comme s'il chassait une mouche et poursuivit son récit.

Malgré une série de mesures progressistes et sociales, en dépit des avancées notoires en matière de droit des femmes et dans l'enseignement, la déception du peuple espagnol était à la hauteur de ses espérances, immense ! Un soulèvement militaire en 1936, la révolte massive qui s'ensuivit et voilà l'Espagne scindée en deux camps ennemis, les nationalistes et les républicains.

— Il n'y a rien de pire qu'une *guerra* civile ! laissa tomber Francisco d'une voix rauque. Un matin, on se réveille et celui qui était ton *amigo* hier, celui avec qui tu jouais au ballon, il est ton *enemigo* aujourd'hui, un *enemigo* féroce capable de te livrer à la *Guardia Civil*.

La famille Navarro, celle de Francisco, avait fait les frais de ces dénonciations qui laissent au délateur, comme à Caïn, mauvaise conscience pour le restant des jours. Tous les hommes, grand-père, père et oncles de Francisco, avaient été appréhendés, jetés en prison en attente d'un procès couru d'avance ; les femmes, vouées à la vindicte populaire, avaient dû fuir avec leurs enfants.

La voix de Francisco n'était plus qu'un murmure quand il en vint à sa propre révolte :

— Je ne voulais pas partir, laisser *mi padre, mi abuelo*[1]. « *Tengo quince años, soy un hombre !*[2] » criais-je à pleins poumons devant les grilles de la prison. Ma mère est venue me chercher, m'a giflé à quatre reprises comme un *pillo*[3] pris à chaparder. Sa voix couvrait la mienne

---

1. Espagnol : mon père, mon grand-père.
2. Espagnol : J'ai quinze ans, je suis un homme !
3. Espagnol : chenapan.

tandis qu'elle hurlait à son tour que je n'étais qu'un *niño*, un *tonto*[1]. Elle m'a sauvé la vie et pourtant, à ce moment-là, c'était la personne que je haïssais le plus. Aujourd'hui, je la bénis.

— Ça a dû être terrible.

— Vous pleurez ? Non, il ne faut pas. Moi, j'ai décidé de ne plus pleurer de ce jour où j'ai quitté *mi padre,* mon village, mon pays. Et j'ai tenu parole, j'ai marché dans la neige en portant mon petit frère sur mes épaules, j'ai fermé les yeux de ma grand-mère avant que nous franchissions la frontière, j'ai soutenu ma mère que l'épuisement gagnait. J'avais quinze ans dans mon corps et trente dans ma tête.

— C'est beau ce que vous dites là, Francisco.

— La réalité est moins belle. Le passage de la frontière à Bourg-Madame, dans une panique effroyable, m'a donné un aperçu de ce que les Evangiles appellent l'Apocalypse. Une pluie de bombes, un crépitement de mitraillettes et sur notre malheur *el cielo* qui pleurait du grésil.

Un long silence suivit cette douloureuse évocation. Alice communiait en pensée avec la souffrance de Francisco quand, brusquement, le jeune homme se planta devant elle, le visage transformé, le regard illuminé ; plus que son attitude déconcertante, sa voix chaude la fit frissonner :

— Alors, *vamos a bailar*[2], Alicia ? Venez et laissez-vous guider !

Bien que sa fille offrît au cours des repas familiaux le même visage impassible, la même attitude désinté-

---

1. Espagnol : enfant, idiot.
2. Espagnol : nous allons danser.

ressée aux contingences ordinaires, Amélie perçut une légère inflexion de comportement qui passait par une excitation bridée comme par un excès d'indifférence.

En la pressant de questions, elle ne s'attendait certes pas à des confidences d'Alice, encore moins au mutisme obstiné qu'elle lui opposa. Bien qu'Amélie y allât sur la pointe des pieds, elle connaissait bien sa rebelle.

— Tu nous parles peu ou pas de l'imprimerie. Ton travail te plaît, ma chérie ?

Elle se satisfit d'une moue dubitative pour réponse. Alors qu'une autre fois, percevant une certaine fébrilité chez la jeune fille dont les délicates ailes du nez frémissaient, elle reformula sa question et se vit vertement rabrouée :

— Bien sûr qu'il me plaît ! Ce ne serait pas très charitable, d'ailleurs, envers ceux à qui la vie n'a pas fait de cadeaux. Mais, ça, tu ne peux pas comprendre !

Pas comprendre ? Amélie ? C'était faire peu de cas des drames qui avaient jalonné sa vie et dont elle ne faisait pas, il est vrai, étalage. Ainsi peut-être Alice ignorait-elle l'enfance de sa mère, son dévouement à sa famille sans jamais perdre de vue son rêve d'enseigner ? Que savait-elle des années où elle avait partagé la souffrance de Guillaume, son premier mari ? Voilà un sujet qui venait rarement sur la table, de même que sa longue période de veuvage, femme seule bataillant pour l'héritage de ses enfants.

Tout cela appartenait à l'Amélie d'avant, celle qu'elle n'avait pas connue. L'Amélie d'aujourd'hui avait-elle sujet de se plaindre ? Alice, en parfaite égoïste, de faire le bilan d'une existence idyllique :

Une maison confortable pour y couler des jours de retraite heureux, sans gros soucis financiers ; des enfants établis ; des petits-enfants qui avaient trouvé leur voie, en ce qui concernait Maxime et Noémie ; deux autres à Paris, Guilhem et sa petite sœur Camille, que chaque été ramenait en Cévennes pour son plus grand bonheur. Non, vraiment, Amélie n'était pas à plaindre.

D'ailleurs elle ne se plaignait pas... si ce n'est au sujet de sa benjamine et seulement dans l'intimité de sa chambre, quand elle confiait à son époux :

— Je ne sais pas ce qu'il se passe avec Alice. Elle est déroutante ; une écorchée vive.

— On ne peut pas dire qu'il s'agisse d'une attitude nouvelle chez notre fille, tempéra Joseph.

— Peut-être, mais en ce moment elle est particulièrement virulente dans ses propos.

— C'est bon signe si elle parle. On lui reproche tellement ses silences. Elle se cherche, dit-on de nos jours, quand un adolescent vous déconcerte.

Amélie préféra sourire à cette analyse simpliste, elle avait une autre approche du changement de sa fille.

— Et si notre Alice était amoureuse ? Une bonne raison à son tempérament fantasque.

— Eh bien, si elle est amoureuse, nous la marierons et nous souhaiterons bien du plaisir à notre gendre, il saura ce qu'il en coûte de tomber amoureux d'une introvertie. Mais j'y pense ! C'est Laure qui croquera la *cèbe*[1], elle qui a horreur des oignons ! Ou alors, elle devra la coiffer au poteau.

---

1. Traditionnellement, l'aîné dont le cadet convole avant lui doit croquer dans un oignon en guise de gage.

— Notre Laurette n'a que les articles du Code pénal dans la tête afin de mieux défendre ses clients. Je ne la vois pas nous présenter un galant de sitôt.

— Qui vivra verra ! prophétisa Joseph.

Sagace prophétie. Ou fataliste pressentiment que cette phrase lancée sans arrière-pensée par Joseph et reçue en toute innocence par Amélie. Les préoccupations du retraité étaient ailleurs, plus précisément à La Falguière.

Le généreux cadeau d'Alban, habilement remis en état par Marcel, et qu'il appréciait à sa juste valeur, n'avait pas fait oublier à Joseph Mazal la masure léguée par ses parents.

Souvent repoussés, renvoyés même aux calendes grecques, les travaux qu'elle nécessitait revenaient, récurrents, dans la conversation du couple habitué à de frugales dépenses. Et la boîte en fer-blanc de Joseph ne manquait pas de le motiver.

— Par chance la charpente est bonne, Marcel me l'a assuré après l'avoir consciencieusement inspectée. Les tuiles à remplacer ne nous ruineront pas, restent les chéneaux à poser, il faudra faire appel à un zingueur et ça c'est un gros morceau. Quand tout cela sera fait, je pourrai travailler à l'intérieur en toute tranquillité.

Une résolution qui n'était pas forcément du goût d'Amélie. Qui voudrait, un jour, vivre à La Falguière ? Pas elle, en tout cas, surtout depuis qu'elle avait trouvé ses marques dans la vieille maison des Masméjean, aménagée à son image, pratique, accueillante, ouverte et chaleureuse. A ce questionnement émis du bout des lèvres, Joseph répondait en citant leurs enfants et leurs petits-enfants, en fait la fibre vibrante d'Amélie.

— Il y en aura bien un, ou une, qui s'y installera un jour ou l'autre. Et tant pis si nous ne voyons pas ce jour-là.

Encore une évocation de ce passage inéluctable. Cette fois, Amélie releva l'allusion :

— Pourquoi dis-tu cela, Joseph ? Penses-tu souvent à la mort, la nôtre, j'entends ?

— Ni plus ni moins qu'un homme de mon âge qui, de plus, ne voudrait pas revivre une guerre comme celle qui se prépare sournoisement.

— Joseph ! Quel pessimiste tu fais ! Je te l'accorde, des turbulences, nombreuses, ont agité notre pays, mais ce Front populaire, pour décriée que soit sa victoire électorale, peut apporter du bon. Si j'ai retenu une chose, c'est bien l'école obligatoire jusqu'à quatorze ans et ça, c'est une chance pour notre jeunesse. Et d'autres avancées que tu évoquais, cet été, avec Alban.

— De la poudre aux yeux !

— Décidément, tu es de mauvaise foi. Veux-tu que je te rafraîchisse la mémoire ? Et la semaine de quarante heures ? Et les deux semaines de congés payés ? Et la reprise économique qui a suivi ?

— Et l'inflation que nous subissons aujourd'hui ? Vingt-six pour cent, une broutille ! Et l'exode rural ! Sais-tu que pour la première fois, en France, la population urbaine dépasse celle des campagnes ? Ça, c'est pour notre pays, mais hors de nos frontières il n'y a pas de quoi se réjouir, je pense entre autres à la montée du nazisme. Ecoute un peu la TSF avec moi, c'est édifiant.

— Joseph Mazal, vous me glacez avec votre défaitisme ! Au diable votre satanée TSF !

293

Un mardi ordinaire du printemps 1938, mais aussi une journée qu'Amélie n'était pas près d'oublier, car marquée au fer rouge dans son cœur déchiré.

Joseph était parti de bon matin pour La Falguière. Les pneus de sa bicyclette soigneusement gonflés, la remorque attelée, bien pratique pour transporter son petit matériel, un brin d'herbe entre les dents en guise de cigarette, une musette renfermant son repas à l'épaule, il pédalait avec application afin de ménager ses efforts, sachant pertinemment que la montée serait longue avant de se laisser glisser en douceur vers Sainte-Croix et d'atteindre, après un petit raidillon, La Falguière.

L'esprit empli du déroulement de sa journée, il le repassait mentalement, discipline qu'il tenait de ses habitudes d'enseignant. Tout comme il avait, sa vie durant, méthodiquement organisé sa journée de classe, faisant succéder au calcul et aux problèmes le dessin et la poésie, à la composition française l'éducation physique, la morale ou la leçon de choses, il projetait de remonter un muret de soutènement en maçonnerie sèche dans la première partie de la matinée, puis il appliquerait une seconde couche de peinture à la porte d'entrée. Après son repas pris sur la terrasse et un temps de repos sur un plaid étalé sur l'herbe du jardin, il terminerait la journée par un bon nettoyage de la pièce principale rendue habitable par ses efforts continus depuis plus d'un mois.

Beau programme qu'il se promettait de respecter d'autant qu'Amélie lui avait promis son concours, la semaine suivante, pour procéder à l'aménagement de la pièce finie.

— Nous descendrons les meubles entassés dans les chambres et je leur ferai une belle toilette ; s'ils ne suffisent pas, nous demanderons à Marcel d'en apporter de La Tourette avec son pétaradant « gazo[1] ». Ce n'est pas ce qui manque dans le grenier. Puis je confectionnerai des rideaux.

Elle se retenait, du mieux qu'elle pouvait, de condamner ce lourd chantier qui tenait tant à cœur à son Joseph. Tout en comprenant cet attachement viscéral à la maison de son enfance, celle qui avait vu naître son père, et aussi son grand-père, elle ne pouvait se défendre du sentiment de l'inutile investissement de Joseph, qui n'était pas bâti à chaux et à sable pour mener des travaux d'envergure.

— Nos enfants sont tellement attachés à La Tourette ! Pas un, pas une, j'en suis sûre, ne logera jamais à La Falguière, soupirait-elle en désespoir de cause.

En arrivant sur ses terres, Joseph déroula sur l'herbe tendre sa couverture de pique-nique, accrocha sa musette à une branche d'arbre et commença, comme il l'avait prévu, à remonter la *faïsse* partiellement éboulée. Sans l'avoir appris, le travail répété par des générations de Mazal devenait automatique, précis, adéquat : présenter la pierre sous toutes ses faces, trouver celle qui lui convenait, la caler avec de petits galets plats et répéter les gestes une fois, dix fois, cent fois jusqu'à cette brutale douleur qui traverse, telle une flèche, sa poitrine, de si violente façon qu'elle coupe la respiration. Tout en lui est souffrance : son avant-bras, son épaule, jusqu'à

---

1. Gazogène : camion marchant au gaz de bois, un combustible utilisé dès 1936 du fait de la pénurie de pétrole.

sa mâchoire qui se crispe, se tétanise. Plus de souffle, plus de vision sinon un voile de plus en plus sombre, plus de jambes. Le corps de Joseph Mazal roule dans la pente douce, s'arrête sur la couverture, où son repos durera plus que prévu.

— Ohé, Mazal ! Vous faites un *pénéquet*[1] ?

Pas de réponse. Jules, un habitant du hameau qui ne manque jamais de lui adresser un grand salut à son retour de Sainte-Croix où il va chercher, chaque matin, *La Patrie*, son journal de prédilection, s'étonne. Il quitte le chemin bas et emprunte celui qui mène au vieux mazet.

Joseph Mazal ne répondra plus au bonjour de Jules, pas plus qu'il n'entendra les sanglots étouffés d'Amélie.

Pas une fois Amélie n'évoqua l'instant cruel où la nouvelle lui fut apportée sans éprouver la même déchirante douleur, celle d'une femme dépossédée d'une part d'elle-même. Pas un seul instant elle ne se souvint d'avoir essuyé une aussi violente gifle du destin.

L'amour, patiemment tricoté par Joseph l'éconduit, avait fait son œuvre au-delà du pensable, et c'est un cœur meurtri, une âme en lambeaux, un corps à la dérive, qui accompagna l'instituteur, non dans ce mazet patiemment rafistolé, mais dans le tombeau de ses ancêtres Mazal, qui serraient leurs vieux os pour lui faire une place.

Etrange dilemme que celui qui s'invita, incongru en ce lieu, et retint les pensées d'Amélie :

---

1. Occitan : sieste.

« C'est donc avec Guillaume que je reposerai ? Il y a bien longtemps, je me serais fait une joie de le retrouver, mais la vie t'a mis sur mon chemin, Joseph, et j'avais tant souhaité que notre couple ne connaisse pas les affres de la séparation, même dans l'au-delà. »

Un chagrin identique accablait les enfants de Guillaume Masméjean et ceux de Joseph Mazal qui, tous, soutenaient leur mère dans cette épreuve. Dans une attitude pleine de tact, Violette et son époux, Alban et Béatrice laissaient à leur mère et à leurs demi-sœurs la préséance pour mener le deuil. Les petits-enfants se soudaient frileusement dans leur premier chagrin : Maxime, le militaire de carrière dont le choix avait surpris toute la famille et qui avait obtenu in extremis une permission spéciale, sa sœur Noémie, qui effectuait sa deuxième année de remplacement à l'école communale d'Anduze et espérait pour la prochaine rentrée une nomination, et Guilhem le petit Parisien, qui avait supplié ses parents de faire partie du voyage, invoquant son bulletin scolaire – au demeurant digne d'éloges – qu'il devait impérativement montrer à Papé Jo.

— Nous t'avons expliqué, Guilhem, tenta de le raisonner son père. Le cœur de Papé Jo a cessé de battre et ton grand-père ne fait plus partie du monde des vivants. Pour autant, son souvenir sera à jamais en nous qui l'aimions tant.

A peine convaincu, le gamin concéda :

— S'il ne peut plus nous voir, il pourra nous entendre si on lui parle avec notre cœur.

Ils avaient cédé à l'enfant au raisonnement précoce et confié la petite Camille aux parents de Béatrice, le temps d'un voyage éclair en Cévennes... autant que le permettaient les routes tortueuses de montagne et la rapidité de leur nouvelle voiture, une traction avant Citroën.

Amélie garda de cette journée une sensation d'irréalité et un sentiment de déni au bord du cœur. Pourtant, il fallait l'admettre, Joseph n'était plus, la longue nuit de veillée était là pour imprimer cette image figée dans la mort qu'elle ne cessa de fixer, accompagnée de Violette qui, dans un silence respectueux, réveillait sa mémoire et rendait un muet hommage à l'homme qui avait su endosser le rôle ingrat de père d'une famille recomposée et redonner à sa mère le goût de vivre.

Alors que la vieille horloge ponctuait chacune des minutes qui, lentement, s'écoulaient, Violette et Amélie unissaient leurs pensées, accompagnaient déjà Joseph dans un après qu'elles avaient peine à imaginer.

Aux premières lueurs du jour, tandis qu'Alban et Marcel allaient cueillir Laurette en gare d'Alès, Maxime, Noémie et Alice vinrent relayer la mère et la fille, leur conseillant de se reposer un peu. Amélie consentit à quitter la chambre mortuaire et à aller prendre un peu de repos dans celle de Laurette.

Bien que son corps fût las, le sommeil la fuyait, l'inaction lui pesait, elle ne parvenait pas à se projeter dans une vie où la solitude serait désormais sa compagne. Soudain, cette même solitude lui traça un chemin, celui de l'écriture. Pressées, se bousculant mais toujours bien calligraphiées comme celles d'une maîtresse d'école, les lettres formaient des mots, les mots des phrases et les phrases le plus bel hymne à l'amour que jamais Joseph Mazal eût entendu et qu'Amélie se promettait de glisser entre ses mains jointes avant la fermeture du cercueil.

Longtemps je me suis demandé pourquoi tu as aimé, plutôt que de haïr, la femme qui t'avait repoussé. La réponse est venue, Joseph, chaque jour de notre vie commune : je t'étais destinée et tu m'étais destiné comme ces deux moitiés de pomme, électrons libres qui se repoussent tout en s'attirant et qui un jour s'aimantent et ne se quittent plus.

Je revois aujourd'hui des jours phares de notre vie, ils ne sont certainement pas les tiens ; la mémoire sélectionne à son gré. Je nous revois tous deux – les garçons et les filles qui nous accompagnaient ont disparu de cette image – dans le char à bancs qui nous ramenait, triomphants, de l'épreuve du certificat d'études, toi tout gonflé d'orgueil d'être à mon côté (je ne voyais alors qu'un fat) et moi, bouffie de joie, planant sur les ailes de la réussite.

Tu étais là, Joseph, à Saint-Jean-du-Gard, fixant comme moi l'entrée du cours complémentaire. Je le sais maintenant, c'est toi qui m'as donné la force de saisir ma chance, même si elle passait par des années dont je ne croyais pas voir la fin. Le baiser de reconnaissance que j'ai posé sur ta joue, tu en as fais ton viatique pour le grand saut à l'Ecole normale.

Quelques années plus tard, toujours à Saint-Jean-du-Gard, ton regard m'a gênée, Joseph ; c'était celui d'un homme qui me révélait femme, une femme qui n'avait pas fini de grandir. Tu souris, je le sais, je n'ai jamais atteint le mètre soixante. Avais-tu deviné, ce jour-là, qu'un destin commun nous attendait ? Oui, j'en suis sûre. Malgré ma réaction de gamine choquée, s'éveilla en moi le désir de séduction qui sommeillait.

Nos rencontres, par la suite, informelles et liées aux deuils qui m'accablaient, étaient, je l'ai compris plus tard, des points de repère, des phares secourables qui m'ont permis de traverser des tempêtes.

Il en a fallu du temps pour que mon regard trop souvent embué soutienne enfin le tien, plein d'amour et de sollicitude ! Du temps et un cheminement vers la confiance que je devais faire à la vie, à toi et au bonheur nouveau que tu me promettais.

Tu n'as jamais failli et je n'ai jamais douté. Les rôles, du plus exaltant au plus ingrat, tu les as assumés au-delà de toute espérance. Pour tout ce que tu nous as donné et, je l'espère, pour tout ce que tu as reçu en retour, la vie, notre vie, Joseph, oui elle valait vraiment d'être vécue. Toi qui étais de ceux qui ne renonçaient pas, tu m'aurais dit, si je t'avais tenu la main, là-bas à La Falguière, tu m'aurais dit que la vie continuait. Je te crois, mais sans toi, sans mon phare, sans mon rocher, Dieu qu'elle va être amère !

En 1903, Amélie avait perdu son chêne. Trente-cinq ans après, elle perdait son roc.

17

— Il me manque tant, maman ! sanglotait Laure.

Pour la troisième fois, elle interrompait son écriture et levait vers sa mère un visage noyé de larmes.

— Il *nous* manque ! précisa Alice, elle aussi attablée, le porte-plume au bout des doigts.

A l'opposé de sa sœur, ses yeux étaient secs, sa voix cassante, comme dépourvue d'émotion. Seule la trahissait sa lèvre supérieure relevée par de brèves et spasmodiques crispations, preuve d'un profond bouleversement.

Elle poursuivit sur un ton de reproche délibérément destiné à sa mère :

— Et ce n'est certes pas cette fastidieuse obligation qui soulagera notre chagrin. Enfin, maman, des lettres de remerciements manuscrites, c'est d'un démodé ! Une formule bien tournée que j'aurais imprimée et glissée dans les enveloppes n'aurait été qu'un jeu d'enfant. Au lieu de ça...

— Au lieu de ça, ma fille, des remerciements personnels, des mots venus du cœur, cela s'appelle aussi la politesse. J'espère que ce n'est pas un concept démodé, comme tu dis. En tout état de cause, c'est ainsi que votre père aurait voulu que nous procédions, c'est ainsi qu'il me plaît de procéder.

Pour rester près de leur mère, Alice s'était vu accorder quatre jours de congés exceptionnels et Laure avait tenu aussi à donner un peu de son temps libre. Le reste de la famille avait repris le cours de la vie, c'est donc aux trois femmes inoccupées qu'incombait ce qu'Alice considérait comme une corvée facilement évitable, Laure une tâche qui remuait le couteau dans la plaie, Amélie la plus élémentaire des bienséances.

Pas l'ombre d'un agacement dans la réponse d'Amélie, elle savait sa petite dernière, son Alice-hérisson, accablée d'un tel chagrin ! Laurette l'étonnait, elle l'avait imaginée si indépendante, si forte, et voilà qu'elle laissait s'épancher son affliction telle une enfant trop sensible. Elles devaient être soudées dans leur peine, de quelque manière qu'elle s'exprime, aussi leur ouvrit-elle son cœur et son expérience.

— Vous avez parfaitement le droit d'extérioriser ou de taire votre souffrance, cela tient à chacun de nous, il ne faut en rien forcer sa nature. Quand le père de Violette et d'Alban nous a quittés, nous n'avons pas su laisser parler notre révolte. Mes enfants ont tout gardé en eux, et moi je me suis refermée sur ma peine. Une façon stupide de protéger ceux que l'on aime. Chacun de nous souffrait de son côté, s'enfermait dans des nondits, des apparences.

— On ne gagne rien à se répandre en jérémiades, la coupa Alice. La souffrance est comme la joie, elle ne se partage pas.

— Tu le penses aujourd'hui, ma petite fille. Croismoi, un fardeau porté à plusieurs est moins lourd même s'il reste un fardeau. Et toi, ma Laure, ne rougis pas de tes larmes, ne les contiens jamais, elles t'étoufferaient.

La première semaine du départ de Joseph Mazal s'étirait dans des moments d'intense désespoir et d'autres d'apaisement comme sait si bien le faire le temps. Alice devait retourner à l'imprimerie, Amélie préparait des vêtements de deuil, souhaitant que la jeune fille les revêtît. Ce qui donna lieu à un nouvel affrontement, à de nouvelles divergences de vue.

— Tu voudrais que je mette « ça » ? éructa la révoltée. Mais j'aurai l'air d'une vieille femme !

A l'instant, la fringante image du beau Francisco de trois ans son cadet s'imposa à elle, elle qu'on voulait affubler d'informes oripeaux ! Francisco, son fantasque conquistador. Lors de l'enterrement, elle l'avait cherché, à petits coups d'œil discrets. Pas l'ombre d'un Francisco ! Puis ce fut au cimetière qu'elle fouilla du regard la foule compacte qui les entourait. Pas de signe du bel hidalgo ! Enfin, elle le vit. Un demi-Francisco dissimulé derrière un arbre. D'un seul œil sec, noir, impérieux, il la fixait, lui ordonnait silencieusement la dignité en maîtrisant son chagrin et pour cela lui insufflait sa force. Et on voudrait qu'elle enfile ces tristes bas noirs, cette jupe noire, cette veste... Non !

Le visage désolé de sa mère l'emplit de compassion, son insistance balaya ce début d'empathie.

— Trois mois, s'entêtait Amélie de façon pathétique. L'été venu, le gris et le blanc seront permis. Tu n'ignores pas combien on jaserait à Saint-André comme à Larbousse...

— Maman, c'est toi qui me dis ça ? Toi qui as toujours traité les ragots par le mépris ? s'indigna Alice.

Laure intervint à son tour :

— C'est vrai que la devise de maman était, je m'en souviens, « bien faire et laisser dire », une énigme pour la petite fille que j'étais et une belle formule que j'ai prise, plus tard, à mon compte. Je t'encourage à faire de même, petite sœur, mais dans le cas qui nous concerne, maman a raison, un temps de deuil s'impose.

— Tu en parles à ton aise, Laurette, toujours revêtue de ta robe d'avocate ! s'insurgea Alice. Moi, vos leçons de morale je n'en veux pas. Le deuil de papa, je le porterai dans mon cœur et je dénie à quiconque le droit de juger mon chagrin à l'aune de mes habits.

Sur ces derniers mots, Alice sortit de la pièce en claquant la porte. Le lendemain, elle quittait subrepticement La Tourette dans une stricte jupe noire, mais portait un chemisier blanc sous sa veste habituelle, un tweed qui oscillait entre gris, beige et bleuté.

Elle était en avance, pressée de voir Francisco avant qu'il quitte l'imprimerie pour courir chez un autre employeur, accomplir sa journée dans les champs.

Il avait expliqué à la jeune fille abasourdie les raisons de son emploi du temps défiant les lois de l'impossible. Les paysans qui l'employaient refusaient catégoriquement de lui délivrer un bulletin de paye ; or, sans emploi officiel, c'était pour lui et sa famille l'enfermement immédiat dans les camps de réfugiés comme celui de Barcarès.

« Une tante à moi s'y trouve en ce moment avec mes cousins. C'était ça ou être refoulés en Catalogne, a-t-elle expliqué dans une lettre envoyée à ma mère. Elle racontait les baraquements insalubres et la peur qui ne les quittait ni de jour ni de nuit. Nous, on a eu la chance d'avoir une embauche de vendanges à notre arrivée, à Saint-Hippolyte, là où venait le père. Après, je me suis débrouillé. »

« Débrouillé », pour Francisco, signifiait cet emploi nocturne officialisé, à l'imprimerie Valquier, d'abord en faisant office de vigile puis en proposant d'assurer l'entretien des machines.

« Vous aviez appris ? avait demandé Alice, admirative.

— Tout s'apprend sur le tas quand on veut ! »

Elle l'aperçut qui se dirigeait vers sa bicyclette et courut vers lui, impatiente de lui adresser un reproche et surtout de recevoir ses compliments : elle avait été forte ainsi qu'il l'avait encouragée de son œil de braise.

— Vous auriez pu vous approcher à l'enterrement de mon père, je vous aurais présenté à ma mère, à mes sœurs, à mon frère, l'aborda-t-elle abruptement.

Il se retourna, piqué au vif, la détailla sans complaisance et, négligeant de répondre, l'apostropha :

— Qu'est-ce que c'est que cette mascarade ? Où sont vos *prendas negras*, vos habits de deuil, comme vous dites ? Serait-ce qu'on oublie vite dans votre pays ?

— Non, non, bredouilla-t-elle. D'ailleurs, ma mère ne m'a pas vue sinon...

— Elle a raison ! Chez nous, une fille ne penserait même pas échapper à la tradition du respect que l'on doit aux morts.

— Mon cœur est noir de peine, se défendit Alice. Cela ne suffit pas ?

— Non ! trancha-t-il sèchement.

Puis, changeant du tout au tout, il murmura :

— Surtout que le noir vous va si bien, Alicia.

A l'issue de cette journée de travail, Alice gagna discrètement sa chambre à La Tourette. Le lendemain, elle portait les vêtements préparés par sa mère.

Les mots avaient de la peine à sortir de la bouche de Laure. Il le fallait pourtant. Elle avait besoin, moralement, de l'encouragement de ses parents, de sa mère maintenant. Une approbation doublée d'un aval qui se révélait incontournable, comme le lui avaient fait comprendre les banques contactées.

« Que proposez-vous en garantie, mademoiselle Mazal ? »

Formulée autrement, la demande était la même :

« Comment équilibrer la balance, mademoiselle Mazal, si le prêt consenti n'est pas compensé par un bien personnel ?

— Mes parts dans le cabinet Monnier-Sachs-Delaune, une affaire saine, ne vous suffisent donc pas ?

— Une affaire saine, aujourd'hui... mais demain ? La pierre, mademoiselle Mazal, la pierre ! Ça, c'est du sûr. »

Une histoire aussi insoluble que celle du serpent qui se mord la queue ! Elle investirait dans la pierre pour peu que son nouvel emploi fît source de revenus plus conséquents que ceux qu'elle peinait à engranger au barreau de Toulouse.

« Ou bien la caution d'un parent notoirement solvable... » avait émis le dernier conseiller bancaire.

Petit à petit, l'idée avait fait son chemin, et l'avis qu'aurait émis son père taraudait maintenant Laurette. Avait-elle le droit d'ajouter le souci aux tourments de sa mère ?

Bien que noyés de larmes à longueur de journée, les yeux d'Amélie avaient décelé l'embarras de sa fille.

— Tu ne vas pas repartir sans avoir vidé ton sac, mademoiselle l'avocate ! Allez, on se dit tout ? Un amoureux, ma Laurette ?

Laure eut un triste sourire.

— Tu mets la charrue avant les bœufs, maman. Ma carrière en priorité. J'aurais tant aimé m'en entretenir avec toi et papa, son jugement était si sage...

— Et le mien trop impulsif ? Il faut un mélange des deux pour vivre en harmonie, j'espère que Joseph et moi avons été un bon exemple.

— Le meilleur qui puisse exister, maman. Sois persuadée que le modèle de couple que vous avez incarné fera toujours partie d'un héritage affectif incomparable.

— Alors, au fait, ma chérie !

La jeune femme se lança :

— On me propose une association dans un élitaire cabinet d'avocats de Bordeaux. Les affaires qui s'y traitent concernent une population huppée, conflits de successions, de passation de pouvoir...

Bordeaux. Le seul mot que retint Amélie.

— Bordeaux ! Tu vas t'éloigner plus encore...

Dans l'instant, elle maudit sa spontanéité légendaire.

— Quelle égoïste je fais ! Une association, dis-tu ? Est-ce que ce n'est pas risqué ? Tu sais ce qu'on dit chez nous de façon fort imagée pour mettre en garde contre des unions bancales : *un ase embasta de mita es un ase mal embasta*[1].

---

1. Occitan : un âne bâté à moitié est un âne mal bâté.

— Merci pour l'âne... ou plutôt pour l'ânesse, sourit Laure. Plaisanterie mise à part, maman, des associés on ne peut plus fiables, connus et reconnus sur la place bordelaise.

— Alors c'est une fabuleuse nouvelle, ça ! Combien d'associés ?

— Trois. Je serais la quatrième et à seulement dix pour cent pour commencer. Il s'agit de préparer la suite de monsieur Monnier, le fondateur, qui dans une paire d'années prendra sa retraite.

— Les autres ?

— Monsieur Sachs, que je n'ai pas encore rencontré, et madame Delaune, une nièce de monsieur Monnier. Monsieur Monnier me vendrait vingt pour cent de ses parts à son départ alors qu'un nouvel associé se verrait proposer les mêmes conditions qu'à moi. C'est tentant, non ?

— Tentant et peut-être hors de prix, n'est-ce pas ?

— Pas vraiment, si l'on prend en compte les revenus que cela m'assurerait, mais soumis à un prêt au vu de mes modestes économies.

Un prêt ? Autrement dit un emprunt, un mot banni du vocabulaire des époux Mazal et d'un bon nombre de leurs semblables qui avaient fui toute leur vie cette sensation de vivre au-dessus de leurs moyens.

— Emprunter de l'argent ! Tu n'y penses pas, j'espère ?

— Comment faire autrement ? C'est la seule façon de...

— De s'endetter, tu l'as dit ! Non, je ne te suis pas et c'est peu dire que ton père aurait fait de même.

S'ensuivit alors une longue discussion dans laquelle Laure abattit toute ses cartes sans que sa mère adhère à son projet. Jusqu'à ce dernier argument qui laissa Amélie perplexe :

— Demande à Alban, si tu ne me crois pas. Que serait une banque sans prêts consentis ? Que serait son travail sans emprunteurs d'envergure ? Ou plutôt non, ne lui en parle pas, mon frère est si généreux qu'il mettrait illico la main au portefeuille, et ça, je n'en veux pas. Et ne me dis pas, maman, que c'est de l'orgueil mal placé.

A bout de réflexion, Amélie s'en sortit avec une pirouette :

— Laisse-moi un peu réfléchir en toute tranquillité.

Amélie n'était pas la seule, le soir au cours du repas, à trépigner d'impatience : elle avait trouvé une solution pour Laure. Elle aussi sur des charbons ardents, Alice attendait son moment pour annoncer un scoop. Du coup, toutes les deux se bousculèrent :

— J'ai trouvé la meilleure solu...

— Je crois avoir une excellente id...

— A toi l'honneur, ma chérie, dit Amélie, heureusement surprise de la légère exaltation qui portait sa cadette.

— Après toi, maman ! se récria Alice avec aménité.

Amélie fit le récit succinct des projets de Laurette, le prêt qu'elle voulait contracter malgré les réticences maternelles ; elle termina son exposé par une invitation :

— Que pensez-vous, mes filles, de vendre La Falguière ? Vous vous partageriez l'argent dont, pour ma part, je n'ai nul besoin...

— Vendre La Falguière ? Jamais ! Jamais, tu m'entends ! Papa l'aimait trop, sa maison. La preuve, il en est mort !

On ne retenait plus la révoltée qui crevait un abcès trop longtemps purulent. Jusqu'à prendre sa sœur à témoin de son bon droit juridique dans une opposition catégorique à céder le bien paternel. Une initiative qui ne trouva pas d'écho.

— Tu n'as pas atteint la majorité légale, petite sœur. Et dans ce cas, maman engagerait sa responsabilité à ta place. Mais nous n'en ferons rien, si cela te chagrine.

Alice repartit dans une nouvelle et virulente diatribe au terme de laquelle elle s'écroula en sanglotant :

— Moi qui avais trouvé un homme de confiance pour continuer le travail de papa ! Je ne demandais rien, maman, pas un sou, pas un liard, investissant tout mon salaire dans le matériel et la main-d'œuvre. C'est trop injuste de balayer d'un trait de plume ce qui fut le berceau de tous les Mazal. Il n'y a donc que les Masméjean qui comptent pour toi ?

Les mots sévères, les critiques injustifiées et l'absolue détresse de sa fille portaient des coups douloureux à Amélie, et Laure, consciente d'être à l'origine du conflit, allait de l'une à l'autre pour les rabibocher autant que faire se pouvait. Dans un souci d'apaisement, mais néanmoins blessée cruellement par le fruit chéri de ses entrailles, Amélie se leva avec dignité et annonça, d'une voix qui se brisait et qu'elle maîtrisait à grand-peine :

— Dès demain, je me rends chez notre notaire à Saint-Jean et je fais mettre La Falguière à votre nom, mes filles. C'est à vous qu'il appartiendra, ensuite, de trouver un compromis ou de vous battre comme des chiffonnières.

En plus de la perte d'un mari et d'un père, trois femmes souffraient d'incompréhension dans ce qu'Amélie avait baptisé « la maison du bonheur ».

Un nouveau rendez-vous à Bordeaux avec ses futurs associés permit à Laure Mazal de faire la connaissance de Monique Delaune et de Daniel Sachs. La nièce de monsieur Monnier, cinquantenaire imposante par sa stature et sa voix masculine, cultivait curieusement l'amabilité comme seconde nature. Quant à Daniel Sachs, il n'était pas en reste dans ce triumvirat renommé. Trente-cinq ans tout au plus, l'élégance sobre, l'air réfléchi et le phrasé musical, l'avocat ne devait pas manquer d'embobiner ses adversaires. Il n'en fallait pas plus pour conforter Laure dans son choix, concrétisé le jour même par l'achat de ses parts.

Grâce à la décision prise par sa mère et aussitôt mise à exécution – qui lui laissait l'amer sentiment d'une douloureuse déchirure familiale –, il ne fut plus question d'une caution. Son statut de copropriétaire offrait la garantie nécessaire pour couvrir un emprunt que Laure se faisait fort de rembourser en trois ans, même si pour cela elle faisait l'impasse d'un bel appartement à louer dans le Triangle d'Or au profit d'un deux-pièces-cuisine sis rue de Turenne.

Plus qu'un devoir, un impérieux besoin d'inviter sa mère motiva cette lettre pleine d'amour et de contrition.

Ma chère petite maman, il faudra plus que cette lettre pour effacer les tourments dont je suis à l'origine. Je ne pensais pas, il est vrai, déclencher pareil mascaret, comme l'on dit ici en Gironde. Je te demande pardon pour cela et pour être passée outre à tes réticences aux emprunts d'argent. Il faut vivre avec son temps, maman ; ce qui pouvait paraître audacieux il y a vingt ou trente ans est devenu chose courante. Tu n'as pas à te tracasser pour cela.

En plus de mon amour, tu as toute ma gratitude pour ton geste désintéressé. Si je n'éprouve pas, pour La Falguière, l'attachement d'Alice, j'avoue avoir profité de cette propriété qui m'est échue de moitié pour cautionner mon prêt.

Mais tout cela, maman chérie, ne sont que contingences bassement matérielles qui ont grandement entaché nos relations et j'en suis terriblement désolée. J'ai besoin de ton amour, maman, celui dont tu n'as jamais été avare, celui sans lequel je ne pourrais vivre. Retrouvons-nous, maman, comme si rien, jamais, ne nous avait séparées. Je t'attends et nous passerons quelques jours merveilleux ensemble à Bordeaux, où il y a tant de belles choses à voir.

Ta Laurette, à qui tu manques tant.

Violette pressait sa mère de faire le voyage.

— Laurette et toi avez besoin de vous retrouver. Ne t'inquiète pas pour Alice, elle est chez nous comme chez elle. Un peu de distance entre vous ne pourra être que bénéfique. Allez, ma petite maman voyageuse, ne boude pas ton plaisir !

— Il est bien question de plaisir ! atermoyait Amélie, qui ne goûtait rien tant, pour bercer son chagrin, que cette vie en retrait que lui offrait La Tourette. Alice et ses rancœurs, Laure et ses remords, subir les états d'âme de ces deux-là n'est pas une sinécure pour une personne de mon âge, ajouta-t-elle en soupirant.

— Là, maman, tu cherches les compliments. Une personne de ton âge ? Je voudrais avoir ton énergie dans vingt ans ! Et puis, arrête de vouloir faire face à tout. Lâcher prise et souffler te ferait le plus grand bien. Pourquoi cela ne passerait-il pas par un petit voyage à Bordeaux ? Tu peux partir tranquille, je m'occupe de ma petite sœur.

— Je n'ai pas d'inquiétude à ce sujet. J'ai l'impression, parfois, que le destin a joué au plaisantin en intervertissant les bébés qu'étaient Alice et Noémie.

Que de mélancolie dans cette remarque qu'elle avait voulue légère mais qui résumait les liens croisés qu'elle entretenait avec Noémie et ceux tissés entre Violette et Alice ! Surtout qu'elle trouvait une résonance chez sa fille aînée. Noémie ne choisissait-elle pas, de préférence, sa grand-mère, pour lui confier ses grands et ses petits secrets ?

Après quelques courts instants de vague à l'âme, Violette en émergea, tout feu tout flamme, comme à son ordinaire :

— Quand bien même cela serait, nous formons un clan indestructible. Le clan des Mas, comme Masméjean et Mazal, ça sonne bien, hein ? Allez, maman, fais ta valise !

Bienheureuse insistance de Violette qui permit à Amélie de se régénérer. Endormie dans le long ronronnement de sa vie de femme, de mère, et celle non moins prenante de maîtresse d'école, son avidité de tout voir, de tout connaître de la grande ville aux parfums iodés, s'éveilla dans la fièvre du tout nouveau, tout beau.

Laure s'était organisée, elle consacrerait deux jours entiers à piloter sa mère, à la rendre autonome dans ses déplacements. Pour la suite, elle lui faisait confiance,

Amélie n'était pas tombée de la dernière pluie... malgré quelques réminiscences d'un autre siècle la faisant camper sur des préjugés que la jeune avocate démonta un à un.

Etalant sur la table une comptabilité scrupuleusement tenue, elle s'acharna à démontrer à sa mère, au début sceptique, les bases sérieuses de son association, les revenus prévisibles et ceux, tangibles, qui la mettaient à l'abri du non-respect de ses engagements en matière de prêt.

— Alors, maman, tu es rassurée ? J'aimerais tant que tu le sois ! Papa, lui, m'a donné son aval, je le sais, je le sens.

Moyennement convaincue mais point butée, Amélie posa un regard empli d'amour et de fierté sur sa fille.

— Si en plus, ma chérie, tu m'assures que ton travail te plaît, et ça je n'en doute pas, alors je veux bien croire que tu as eu raison de suivre ton destin. Et comme tu le dis si bien, ton père aurait, d'emblée, adhéré à ton projet. Il n'était pas aussi vieux jeu que moi, mon cher Joseph.

Une visite de la cathédrale Saint-André suivie d'une flânerie sur la place des Quinconces laissa Amélie flapie et repue : ses jambes rendaient les armes et son regard affichait complet de toutes les belles choses qu'il découvrait. Il y eut aussi le quartier des Chartrons, dont elle arpenta les places et les rues pavées, le coin des artistes qui lui fit regretter l'absence d'Alice.

« Ma sensible ne saurait où donner du regard », se disait-elle, se promettant de lui livrer un compte rendu détaillé qu'apprécierait son sens de la plastique et du beau.

D'un alléchant salon de thé, elle repartit ivre des effluves ambrés qu'exhalait un florilège de canelés, du craquant au moelleux, du blond cuit lentement au brun saisi par le four chaud. Gourmande, elle en acheta deux qu'elles dégustèrent le soir, dans un silence religieux.

Le séjour bordelais d'Amélie s'acheva sur cette note suave. Elle repartait confortée par ce qu'elle avait pu entrevoir de la vie choisie par sa fille. Laure respirait la sérénité. Amélie sut qu'il était temps pour elle de rentrer à La Tourette.

Alice avait mis à profit l'absence de sa mère pour multiplier ses rencontres avec Francisco. Le prétexte idéal consistait à s'assurer que les travaux à La Falguière allaient bon train et que l'ouvrier ne manquait pas de matériaux. Les murs de la vieille maison furent les témoins de leurs premiers baisers et des promesses de vie commune qu'ils échafaudaient, tout tremblants d'émotion. Parce qu'un avenir commun prenait forme, Alice s'entendit proposer :

— Je voudrais te présenter à ma mère qui va bientôt rentrer de Bordeaux. A ma mère, à ma famille et au monde entier !

— Je n'en demande pas tant, se rengorgea le conquistador.

— Alors, apprête ta chemise blanche. Maman est très vieille France.

Le versatile Ibère fronça les sourcils et gronda :

— On ne parle pas ainsi de sa mère, *mala chica*[1] !

Qu'il était bon de retrouver sa maison, sa fille, son petit monde bien à elle et tellement sécurisant ! Amélie

1. Espagnol : vilaine fille.

n'en finissait pas de se réjouir des joues roses — du plaisir de la revoir ? — qu'arborait Alice. Bridant son impatience, la jeune fille attendit la fin de semaine. Mal lui en prit, pauvrette !

— Maman, demain après-midi je voudrais te présenter la personne qui finit le travail de papa à La Falguière. Est-ce que nous pouvons l'inviter à...

— Ce sera avec plaisir, ma chérie, mais pas demain. Noémie est venue nous inviter et m'a confié son secret : elle va nous présenter un jeune homme, son premier et grand amour, m'a-t-elle confié. Ses yeux ne mentaient pas qui criaient son bonheur tout neuf.

Alice se changea en statue. A nouveau, Noémie lui volait la vedette en présentant son fiancé. Le soir même, une nouvelle aventure de Lissie prenait corps sous le coup de crayon chagrin de la très malheureuse demoiselle Mazal.

Bien des années plus tard, quand viendra l'apaisement aux coups terribles que le destin lui réservait, Amélie se remémorera les premiers mois qui suivirent la mort de Joseph et ses affrontements avec ses filles qui occultèrent la douloureuse absence d'un époux tant aimé.

« Tu leur avais soufflé leur attitude, Joseph. Je reconnais bien là un de tes nombreux subterfuges pour me protéger. »

18

Les vieux murs de La Tourette, ceux en perpétuelle évolution qui abritaient l'atelier surmonté de l'appartement des époux Dumas ainsi que l'immense tilleul qui tendait ses branches comme des bras pour réunir les deux bâtisses devaient faire des efforts de mémoire pour renouer avec la gaieté qui régnait en ce beau jour d'avril 1939.

Le printemps précoce s'était chargé de l'arbre qu'il avait paré de délicates feuilles dentées, mêlant vert pâle et blanc crémeux ; il trônait donc sur le tapis mousseux du pré, plus que jamais à l'honneur, lui, symbole de l'amour et de la fidélité, à l'ombre duquel la table était dressée.

Quand Noémie parut, virginale dans sa robe de mousseline au corsage de dentelle, un tulle vaporeux moussant autour de son visage, Amélie se revit sur une autre terrasse, dans une autre maison, celle de son père au Pontet.

Elle prisait la fragilité de ces instants dans ce qu'ils procuraient d'images fugaces au regard, mais qu'enregistrait aussitôt la mémoire du cœur.

Et de s'attarder sur cette ressemblance. Même taille déliée, même corps frémissant aux délices promises, même regard chaviré de bonheur. En tout point pareille à sa grand-mère qui, quarante-six ans plus tôt, confiait sa vie à Guillaume, sa petite-fille allait mettre la sienne dans les mains de Jean Balmès, adopté sans restriction par la tribu et que seule Alice affublait de surnoms sarcastiques dans son for intérieur.

« Bien sous tous rapports » était un des plus affectés. Très vieille France, entendait-elle par cette expression. « Dix sur dix » ne manquait pas de malice, mais « le gendre idéal » et par extension « le petit-fils idéal » remportaient ses suffrages.

Elle n'avait pour excuse à son indifférence à l'égard du prétendant de Noémie que le fossé qui séparait l'honorable docteur Jean Balmès, figure capitale sur la place d'Anduze, et l'humble réfugié espagnol, modeste ouvrier agricole de surcroît, Francisco Navarro, encore que ces adjectifs fussent si peu conformes à la nature altière de ce dernier.

Parce qu'elle s'était sentie spoliée d'une sorte de droit d'aînesse, Alice avait repoussé de semaine en semaine la présentation de Francisco à sa mère, opposant aux demandes réitérées du jeune homme de fallacieuses excuses, jusqu'à une mise en veille de ce projet qu'elle expliqua ainsi :

— Je préfère que nous attendions la fin des travaux. La visite du chantier terminé mettra ma mère dans de bonnes dispositions.

Mû justement par son indomptable fierté, Francisco n'avait plus jamais effleuré le sujet, pas plus qu'il n'avait hâté l'achèvement des travaux, l'hiver et les journées courtes freinant sa vaillance et son acharnement. Aux beaux jours revenus, la pétulante Noémie précipita les choses.

— Devine un peu qui j'ai choisi pour demoiselle d'honneur ? demanda la future mariée, des éclats de tendre malice dans les yeux.

— Parente ou amie ? se méfia la retorse Alice.

— Parente et même très proche et très chère parente. C'est toi, bien sûr ! Jean a choisi son frère et toi, tu es plus ma sœur que ma tante, n'est-ce pas ?

Alice brida son cœur qui bondissait de joie. Elle était ainsi, toujours à donner l'illusion du détachement alors qu'elle bouillait d'hypersensibilité. Du bout des lèvres, elle émit ce qui se voulait un remerciement :

— Une sacrée responsabilité. Tu as bien réfléchi au moins ? Je ne voudrais pas louper ma prestation et gâcher ton mariage.

— Pas de traîne ni de falbalas, si c'est ce qui t'inquiète. Tout juste une belle signature au bas d'un registre. Jean et moi avons pensé que son témoin ne pouvait qu'être le cavalier du mien, à moins que tu n'aies déjà prévu à qui tu donnerais le bras.

Alice s'entendit répondre sans hésitation :

— J'espère ne pas froisser ton futur époux, ni son frère, en invitant une personne qui m'est très chère ? Après tout, c'est une occasion comme une autre de présenter Francisco à toute la famille.

La jeune fille se délectait de son audace ; à son tour, elle ferait de l'ombre au mariage de Noémie. Le fringant Francisco au regard de braise n'était-il pas homme à éclipser le trop lisse, le trop classique, le « bien sous tous rapports » docteur Balmès ? Et ça, ce n'était pas pour déplaire au caractère ambigu de mademoiselle Mazal.

La bombe que croyait avoir lancée Alice ne désarçonna nullement Noémie. Voguait-elle sur les ailes du bonheur au point que rien ne la troublait, pas même sa fantasque presque jumelle et néanmoins tante ?

En voilà une qui, le moment de naïve jubilation passé, se trouva prise à son propre piège. Francisco répondrait-il à l'invitation ? Et dans ce cas, n'était-ce pas pousser le jeune homme, plus orgueilleux qu'argenté, à de somptuaires dépenses vestimentaires ?

Elle avait tout faux... ou bien Francisco ne laissa rien paraître d'une quelconque gêne qu'il aurait éprouvée. Il lui avait ouvert ses bras et l'avait serrée tendrement.

Son attitude était tout autre quand il arriva à la mairie de Larbousse ; son teint naturellement hâlé paraissait terreux et Alice pensa que c'était le contraste avec sa chemise d'un blanc immaculé portée sous un costume d'alpaga noir à fines rayures blanches. Il avait usé et même abusé de gomina afin de discipliner son indocile crinière luisante comme le jais. Son regard d'aigle regardait sans la voir cette noce joyeuse.

Le cœur d'Alice palpitait, elle n'était pas loin de penser que c'était aujourd'hui le jour de son triomphe. Sa mère, qui l'avait accompagnée à Alès pour y trouver une toilette adéquate, avait assisté, muette, à la transformation de sa petite dernière. La robe vert d'eau qu'elle s'était choisie était d'une astucieuse conception, tout en contraste du tissu, utilisé à l'endroit et à l'envers. Cette alternance de brillance et de matité conférait un heureux effet à la tenue par ailleurs très sobre de coupe.

320

L'œil de Francisco ne s'y trompa point, qui devina sous la toilette un corps tout en doux vallonnements, vibrant d'amour et de fierté, et qui osait enfin afficher son choix.

Celui d'Amélie, moins acéré mais tout aussi perspicace, prit de plein fouet l'évidente passion amoureuse qui embrasait sa petite dernière, sa déroutante Alice, son enfant-hérisson. Elle intercepta aussi l'œillade enflammée, ardente et possessive que lui décocha son ombrageux chevalier servant et son cœur s'alarma. Elle lui adressa une prière en forme de menace :

« Prenez garde, señor Navarro, de ne pas piétiner un cœur pur ! En un mot, ne faites pas souffrir ma petite fille, ne la décevez pas, car c'est alors à moi que vous auriez affaire ! »

Elle se força à détourner son regard et sur quelle plus émouvante image pouvait-elle le poser sinon celle de Jean et Noémie s'offrant, radieux, à la photo-souvenir sur le parvis de l'église ? Ou encore sur les deux derniers maillons de cette belle chaîne dont elle était si fière, l'adorable Camille et son grand frère Guilhem distribuant des dragées à la ronde ?

De là à faire un plan panoramique et embrasser d'une même et tendre attention Violette et Marcel, les heureux parents de la mariée, Alban et Béatrice, à peine alourdie d'une nouvelle grossesse, Laure, sa resplendissante avocate, et là-bas, ce fringant soldat que lorgnaient les filles, son petit-fils Maxime. Elle les englobait tous dans un amour sans bornes. Amélie n'avait jamais fait dans la demi-mesure.

— Le mois de juillet te ramènera-t-il pour quelques jours à La Tourette, ma Laure ?

— Petit changement de programme, maman. Je ne viendrai qu'aux environs du 15 août. Monsieur Sachs... ou plutôt son épouse, va avoir un enfant. Mon associé m'a demandé si cela ne me dérangeait pas d'inverser nos congés.

— Et toi, beau militaire ? La Grande Muette t'accordera-t-elle une longue permission cet été ?

— Je l'ai posée, Mamélie. Qui vivra verra.

Maxime n'avait pas voulu assombrir le mariage de sa sœur en commentant les bruits qui couraient dans son régiment comme dans toutes les garnisons de France et qui n'avaient rien de réjouissant. Le sujet fut tout de même abordé avec son oncle Alban :

— Ah, je vais avoir l'avis du militaire de carrière ! s'écria Alban en glissant un bras sous celui de son neveu et l'entraînant à l'écart.

— A quel sujet, mon oncle ?

— Ces remous diplomatiques dans toutes les ambassades d'Europe ne me disent rien qui vaille. Les portes que l'on claque comme dans un vaudeville de Feydeau encore moins. Il n'y a pas matière à rire quand la paix est en jeu.

— En jeu et en joue, commenta Maxime. Malheur à celui qui, dans ce peloton d'exécution, aura l'arme chargée.

— Alors, je ne suis pas le seul à être inquiet, soupira Alban.

— Hélas, non, mon oncle. Et nous militaires moins que quiconque, au regard de notre équipement qui laisse à désirer.

— Ce ne serait donc pas dérision partisane la suspicion d'un croquenot pour deux, d'une arme sans cartouches et de chars sans chenilles ?

— Qui parle de chars, et pourquoi ? vint s'immiscer Marcel que la simple évocation de guerre tétanisait. Nous avons la parade infaillible, avec notre ligne Maginot !

Maxime réprima un haussement d'épaules. Il y croyait si peu, à cette censément infranchissable frontière faite, il est vrai à grands frais et force béton armé, de cloches, de tourelles, d'immenses galeries et de plans inclinés pour accéder à des souterrains de survie défiant toute attaque.

Marcel poursuivit :

— De la Belgique à l'Italie, un arc de cercle vertueux, celui qu'ont fait construire ceux qui, comme les poilus de 14, clament haut et fort : Plus jamais ça !

— Pas seulement les poilus, papa. Personne ne voudrait revivre ce que vous avez enduré, toi, Papé Jo et les millions de soldats blessés, gazés, tués. Comme toi, je ne veux pas penser qu'un seul homme puisse faire trembler la planète...

— L'Anschluss, ce phagocytage de l'Autriche, est bien le fait de la volonté d'un seul homme, ce détestable Hitler ! coupa Alban. Qui sait ce qui l'arrêtera ?

Des perles de sueur, qui ne devaient rien au soleil à son nadir, marquaient le front coloré d'Alban. Plutôt que d'exorciser ses craintes, son échange avec Maxime n'avait fait que le conforter dans sa peur des profonds bouleversements qui, partis de l'est de l'Europe, menaçaient de rejaillir sur la France.

— Et puis, poursuivit-il, nous ne pourrons fermer éternellement les yeux sur ce qu'il se passe ailleurs ! Ce serait faillir à la devise du pays des droits de l'homme.

Alban n'avait pu maîtriser le ton de sa voix, enflammée sur les derniers mots. Béatrice perçut l'enfièvrement de son époux, elle s'approcha du trio et demanda, exagérément alanguie :

— Alban, mon chéri, peux-tu t'enquérir des enfants ? Je me sens un peu lasse.

Il n'en fallait pas plus pour que le jeune banquier amoureux n'ait d'autre souci que son épouse et ses deux bambins. Un coup d'œil vers la table où s'attardaient les convives lui permit de rassurer Béatrice.

— Guilhem est en grande conversation avec sa Mamélie et notre petite Camille s'est endormie sur les genoux de Laure. Viens t'allonger à l'intérieur, ma douce.

De toute la soirée, il ne fut plus question ni de nazis, d'Hitler, de l'Autriche ou de la Pologne, ni de canons et de chars. Le monde appartenait à Jean et Noémie, à leurs familles réunies pour fêter les jeunes époux.

Sous les girandoles qui se balançaient dans la brise nocturne, un brouhaha s'intensifiait : Noémie allait propulser son bouquet dans les airs et toutes les demoiselles, piaillant et piaffant, étaient à l'affût de cette aubaine. Mine de rien, Alice ne perdait pas des yeux les gestes de la mariée et manœuvra si bien qu'elle en fut l'heureuse bénéficiaire.

Enfin... heureuse ? Bien malin qui aurait pu deviner son trouble quand elle partit, sans précipitation mais frémissante d'une joie intérieure, à la recherche de Francisco.

— Francisco, je l'ai eu ! Je l'ai eu ! N'est-ce pas un bon signe, ce bouquet qui m'était destiné ?

— Un bouquet ? Un signe ? *Niñerías !*[1] aboya-t-il, hargneux comme un chien houspillé. Je m'en vais.

— Tu veux partir déjà, Francisco ? La fête n'est pas finie.

— Et même elle n'a jamais commencé ! Ma mère a reçu un courrier d'Espagne, mon père a été *agarrotado*[2]. *Cabrón de caudillo !*[3]

Tandis que Noémie et Jean paressaient au soleil de la Côte d'Azur pour satisfaire au tant attendu voyage de noces qu'ils avaient repoussé à la dernière semaine de juillet, Laure envoyait un courrier désolé à sa mère.

Ma très chère maman, tu vas me maudire. Je ne viendrai pas à La Tourette cet été. Crois bien que je le regrette autant que toi, j'apprécie ce temps de retrouvailles familiales qui m'est si parcimonieusement accordé. Mais il en est ainsi et j'aurais été bien mauvaise collègue et bien insouciante associée de ne pas céder à la demande de monsieur Sachs. Je devrais même dire à la prière.

Pauvre homme ! Un si grand bonheur balayé d'une si douloureuse séparation ! Madame Sachs a mis au monde une petite fille et tout était pour le mieux dans le meilleur des mondes quand la jeune accouchée fut prise d'une fièvre puerpérale qui l'emporta en trois jours. Je te laisse

---

1. Espagnol : enfantillages.
2. Espagnol : garrotté.
3. Insulte typiquement espagnole, ici adressée au général Franco.

imaginer le désespoir de l'époux et l'embarras du père. Il lui faudra un peu de temps pour reprendre pied dans la vie et organiser la garde de son enfant. Madame Delaune et moi reprenons les affaires qu'il avait en cours et qui ne peuvent rester en souffrance.

Mon travail ! Tu vas penser, ma petite maman, que je n'ai que ce mot à la bouche. Ce n'est pas faux, mais qui m'a donné l'exemple ?

Viens me voir, maman chérie, à moins que les petits Parisiens ne mobilisent leur Mamélie.

Ta Laure, qui t'envoie mille baisers et te charge de les distribuer à toute la famille.

— Pauvre monsieur Sachs ! soupira Amélie, et repliant la lettre de sa fille : Et pauvre petite fille ! ajouta-t-elle en écrasant une larme alors qu'abondaient dans son cœur chaviré des rappels si semblables.

— Tu pleures, maman ? Une mauvaise nouvelle ?

Pareille au tourbillon qu'elle était à vingt ans, Violette arborait une quarantaine impétueuse, dopée par la carte postale qu'elle tenait au bout des doigts.

— Si l'on veut... lui répondit mélancoliquement sa mère. Des souvenirs, surtout, que je n'aurais pas crus aussi douloureux après tant d'années. Tiens, lis !

Pendant que Violette parcourait la prose de sa sœur, Amélie soliloquait à haute voix :

— On n'a jamais mis un nom sur ce qui a emporté ma maman. Peut-être était-ce aussi ce que nomme Laurette une fièvre puerpérale. Plus d'un demi-siècle a passé et l'on meurt toujours en donnant la vie ! Et ma petite sœur qui ouvrait les yeux alors que sa maman les fermait pour toujours ! Même cause, mêmes effets, le sort de cette petite fille bordelaise me trouble et m'émeut comme si je la connaissais. Puisse ton papa, fillette, tenir le double rôle comme le fit mon père, du mieux qu'il put... ou du moins mal.

— Ouh là là, maman ! Nostalgie, quand tu nous prends... Tiens, j'ai là de quoi dissiper tes humeurs chagrines, lis !

La carte postale représentait, sur fond de ciel bleu, le magnifique hôtel Negresco, de si belle renommée. Ce n'était pas innocemment que Noémie avait choisi cette carte, tout s'expliquait à la lecture en belles lettres rondes :

Jean ne sait que faire pour me choyer, il voulait même réserver une table dans cet hôtel de grande renommée. Il a renoncé, cela aurait été du gaspillage, je vomis tout ce que je mange. Devinez... Oui, je suis enceinte ! Arrière-grand-mère, ma Mamélie ! Comment va-t-elle le prendre ?

De vraies larmes de joie remplacèrent celles, attristées, qui les avaient précédées ; ce qui n'empêcha nullement Amélie d'adresser une vibrante et muette prière au ciel :

« Que Dieu te protège, ma Noémie ! »

Alice avait parfaitement cerné le caractère insaisissable de Francisco et jusque-là s'en était accommodée. Et c'était humain ; n'est-on pas plus tolérant à un défaut qui est aussi le vôtre ? Néanmoins, la jeune fille trouvait qu'il en prenait un peu trop à son aise, son déroutant amoureux, tantôt en totale révolte, tantôt abattu et puis outrageusement guilleret comme aujourd'hui.

— Peut-on savoir ce qui te réjouit ? s'enquit joyeusement Alice, volontiers oublieuse des jours moroses de son homme.

— Tu tiens vraiment à le savoir ? Ça risque de te déplaire.

— Dis voir, insista-t-elle avec légèreté.

— Je pense à la tête que feront les Français quand les bombardiers allemands et italiens leur foutront sur la gueule comme en 37 à Guernica.

— Ce n'est pas charitable de raisonner ainsi. Souhaiter les pires calamités à un pays qui t'accueille, applaudir à son malheur... Tiens, je préfère me boucher les oreilles, se révolta Alice, profondément choquée.

— Comme l'ont fait les Français, sourds à nos appels au secours, ricana Francisco. Comme ils le font encore quand les prisonniers sont exécutés sans jugement.

Sa voix s'était enrouée, ce qui fit faire volte-face à Alice. Elle prit son visage dans ses mains, plongea dans son regard et lui parla comme à un enfant étouffé par un gros chagrin.

— Je sais ce que tu ressens, mon Cisco, et je sais aussi que seul le temps adoucira ta peine. Sois fort comme tu as su l'être, comme tu le seras toujours. C'est ainsi que le voulait ton père, ne le déçois pas. Surtout, n'endosse pas l'épreuve qu'il a subie, ce n'est pas ce qu'il te demande.

— Qu'est-ce que tu en sais, toi ? grogna-t-il encore.

— Je le sais parce que je t'aime et que cela me peine de te voir aussi torturé.

Francisco enfouit son visage ravagé dans le cou d'Alice, là où moussaient d'épais et bruns cheveux ondulés, là où s'exhalait une incomparable fragrance de femme. La jeune fille ne fit aucun geste, elle attendit sans broncher que de tièdes larmes roulent sur sa peau fraîche. Alors seulement, elle caressa la noire crinière de Francisco et sourit.

Son amoureux était sur le chemin de la convalescence.

En même temps que les cloches de l'église de Larbousse égrenaient le refrain haï du tocsin, jetant le désarroi dans chaque famille, Amélie lisait la confirmation de ce qu'elle entendait : la France, une nouvelle fois, entrait en guerre contre son ennemi héréditaire.

La lettre qu'elle avait en main émanait d'Alban, elle portait la date du 20 août et avait été postée à Saumur. Au fil des lignes, Amélie entrait de plain-pied dans la réalité d'un conflit inévitable. Au terme de sa lecture, la vue brouillée et la poitrine serrée dans un étau, elle balbutia :

— Mon mari. Mon fils. Mon petit-fils sans doute. Faut-il que chaque génération paye son tribut à l'insatiable ogresse, mangeuse d'hommes, broyeuse de destins ?

Fort de l'expérience de 1914 en matière de mobilisation pagailleuse qui avait vu les soldats débarquer en masse avant même que les structures d'accueil soient opérationnelles, l'état-major avait pris les devants. C'est ainsi qu'Alban Masméjean, nettement moins enthousiaste qu'à l'époque de son service militaire, avait retrouvé à Saumur le classicisme du bâtiment en forme de U, couvert d'ardoises bleues, qui se mirait, assoupi par les ans, dans les eaux paisibles de la Loire.

Là, avec bon nombre des mobilisés de la première heure, Alban s'attelait à la mise en réquisition de la SNCF, d'autres s'essayaient à la fonction d'économe cantinier, à la différence que le pensionnat en question dépasserait largement les quatre millions de recrues. Et ainsi pour ce qui concernait l'habillement, le paquetage et les armes. Viendrait ensuite l'acheminement du matériel dit lourd, évoqué par Alban.

... nous espérons beaucoup de la résistance de nos Hotchkiss 35, la construction de nouveaux chars légers n'étant lancée que depuis peu. Pas de pénurie en revanche pour ce qui concerne nos blindés à roues, on ne fera pas appel, cette fois, aux taxis de la Marne ! Et nos automitrailleuses, de si longue portée, elles ont de quoi désamorcer les velléités outrancières des belligérants.

Amélie fut prise d'un doute : Alban persiflait-il ? Ou bien considérait-il vraiment qu'il ne s'agissait que d'une guerre d'intimidation ? N'était-ce pas plutôt, et là elle reconnaissait son fils, une façon de dédramatiser, de ne pas enfler les soucis, les angoisses, les peurs qui ne manqueraient pas d'aller crescendo ?
La suite confirma cette dernière hypothèse.

Mon beau-père a repris du service à la banque où il me remplace et c'est une chance de le savoir au poste de pilotage, son jugement est toujours aussi sûr et dissipe les craintes légitimes de nos collaborateurs. Béatrice souhaitait effectuer la rentrée au lycée, le médecin l'en a dissuadée, il l'a trouvée fatiguée, en hypotension, et a recommandé le repos. Il ne sera pas question qu'elle descende en Cévennes pour Noël, aussi espère-t-elle vivement que ce soit toi qui montes à Paris et y restes jusqu'à la naissance du bébé. Les enfants se feront une telle joie de voir leur Mamélie ! Porte-toi bien, maman chérie, ta santé nous est chère. Je t'embrasse tendrement. Alban.

Tout, alors, se précipita et c'est dans le giron d'Amélie que vinrent tour à tour pleurer Noémie et Violette.

— En Corse, Mamélie ! Mon Jeannot part en Corse.

— Et pourquoi diantre l'île de Colomba quand c'est aux frontières du Nord et de l'Est que nous sommes attaqués ?

— A cause des Italiens qui y préméditeraient, dit-on, un débarquement afin de nous prendre en tenailles avec leurs alliés allemands. Cela ne suffit pas de se méfier d'Hitler, il faut maintenant redouter Mussolini ! dit Noémie dans un frisson.

La jeune femme avait perdu de sa superbe. Un teint brouillé dénonçait une grossesse qui, pour être souhaitée, les avait pris de court, surtout avec la tournure des événements.

— Tout allait si bien, Mamélie ! s'effondra-t-elle en pleurant. Jean se faisait une joie de voir naître son enfant...

Amélie prit le parti de rabrouer Noémie afin de lui rendre toute sa combativité.

— Depuis quand les pères assistent-ils à la naissance de leur enfant ? Je n'en ai jamais vu qui...

— Jean est médecin, Mamélie ! Je me sentirai en sécurité si c'est lui qui m'assiste.

— Ne pense pas si loin, petite ! Tu en as encore pour combien ?

— Sept mois, à peine.

— Ton Jean sera de retour, la cocarde tricolore à la boutonnière, ma petite chérie. Allons, sèche tes larmes, tu vas te déshydrater.

La fille partie, un peu revigorée, la mère vint, pas fiérote non plus, s'épancher auprès d'Amélie.

— Il m'annonce tout guilleret qu'il vient de passer caporal-chef, la belle affaire si c'est pour tomber sous les balles de l'ennemi...

— Caporal-chef, mon petit Maxime ? Ah, je suis fière de lui. Et toi, ma Violette, tu fais ta mauvaise tête ?

— J'ai peur, maman ! craqua Violette. Mon petit est en première ligne. Je vais trembler à chaque instant.

— Comme tu as tremblé à ses premiers pleurs, ma chérie. Frémi à ses premiers pas, veillé sur ses nuits de fièvre. C'est ça être mère et c'est tellement merveilleux.

Chère et malicieuse Mamélie, qui savait si bien tout relativiser ! Pour combien de temps encore ?

Débutée le 9 septembre 1939, la guerre, ou plutôt la « drôle de guerre », comme la nomma Roland Dorgelès, s'achèvera le 10 mai 1940.

— Ils nous ont mis une sacrée déculottée ! se désolera Marcel, piqué au vif dans sa fierté d'ancien pioupiou.

— Pourvu qu'ils libèrent au plus tôt les prisonniers ! lui répliquera Violette, à qui victoire ou défaite ne faisaient ni chaud ni froid pourvu qu'on lui rende bientôt son Maxime.

Vœu pieux qui n'était pas près de se réaliser, hélas ! L'armistice signé par les deux parties, le 22 juin, sera de fait un protocole validant l'occupation du pays par l'Allemagne et la neutralisation des forces françaises, établissant l'occupant dans ses droits sur les prisonniers et fixant le montant des compensations dont la France occupée était redevable. La France occupée, mais aussi la France divisée par une virtuelle ligne de démarcation qui, des Landes au Jura, formera une courbe jusqu'à Tours et, ralliant Gex, à la frontière suisse.

Ce qui amènera la constatation désolée d'Amélie :

— Laure, Alban et sa famille... nous ne vivons donc plus dans le même pays ! Faudra-t-il un passeport pour qu'ils viennent à moi ou pour que j'aille à eux ?

— Pas pour nous, Mamélie. Nos Parisiens, par contre, et notre Bordelaise devront se faire délivrer un laissez-passer, un Ausweis signé de la Kommandantur.

— Heureux mon Joseph, qui ne voit pas cela ! Il en mourrait une seconde fois, déplorera Amélie Mazal.

19

Mais à quoi bon anticiper une aussi lamentable issue !
Le premier semestre de l'année 40 ne serait-il pas source
de bouleversements familiaux capables d'occulter autant
que faire se pouvait ce temps de guerre honni ?

Pour la première fois de sa vie de retraitée, Amélie
Mazal éprouvait un agréable sentiment d'utilité.

Passé l'aménagement de La Tourette qui avait été
une agréable transition, passé aussi la sombre période
consécutive à la mort de Joseph, elle avait eu la déplai-
sante impression de subir sa vie bien plus que de la
vivre. La guerre, si détestable soit-elle, et les naissances
à venir, si prometteuses de pérennité, allaient lui procurer une sorte de résurrection.

Comme le lui avait suggéré Alban et insistait sa bru,
Amélie décida de partir pour Paris à la mi-décembre.

— A mon retour, je ferai un crochet par Bordeaux,
confia-t-elle à Violette. Ah, que n'ai-je gardé tous mes
enfants autour de moi ! Pardon, ma chérie ! se reprit-elle
aussitôt à la mine déconfite de sa fille, sans nouvelles
de Maxime depuis plus d'un mois. Comme on dit : pas
de nouvelles, bonnes nouvelles !

— Dieu t'entende, maman.

Pour son troisième voyage dans la capitale, Amélie découvrait un nouveau Paris. Il n'avait rien à voir avec celui de 1900 qui explosait dans la folle gaieté de la Belle Epoque, encore moins avec celui de 1930, affairé, compassé, pressé. Le Paris de décembre 1939, outre qu'un hiver précoce et mordant le faisait grelotter, ressemblait à une nécropole. Frigorifiés, silencieux, furtifs, s'excusant presque d'exister, les Parisiens allaient de leur travail à leur logis les épaules basses et le cœur lourd. Les Parisiennes ne s'attardaient plus devant les boutiques de mode qui, pourtant, faisant fi de la guerre, proposaient des collections audacieuses. Trottins et midinettes n'étaient plus bousculés et, par opposition, la couturière de quartier s'escrimait à travailler des tissus ingrats pour une mode sans grâce que l'on voulait par-dessus tout pratique, confortable et passe-partout.

Béatrice, à qui tout effort était proscrit, avait proposé d'envoyer son employée de maison en gare de Lyon pour accueillir sa belle-mère. Elle ne fut pas surprise de son refus catégorique, elle devinait qu'Amélie, sous ses dehors modestes, convertie de plus aux habitudes tatillonnes de feu son époux, bouillait de jouir d'une liberté retrouvée. Aussi la jeune madame Masméjean se contenta-t-elle de lui dresser le parcours de métro à emprunter.

Sans accroc Amélie parvint au spacieux et confortable appartement de la rue de la Convention, un havre de chaleur au sens propre comme au figuré.

Camille et Guilhem se bousculaient pour être dans ses bras qu'elle ouvrait largement, pliant les genoux afin d'être à la hauteur de leurs jolies frimousses.

— Mamélie ! Mamélie ! Tu nous as tant manqué !

— A moi aussi vous avez manqué, mes amours !

Alanguie dans une bergère capitonnée de shantung fleuri, Béatrice fit mine de s'en extraire pour accueillir sa belle-mère, Amélie l'en dissuada :

— Ne bougez pas, Béatrice ! Le temps de baisoter mes petits anges et je vous embrasse.

Ce qu'elle fit, repoussant gentiment les deux mignons. La nouvelle Béatrice ressemblait à son Paris natal, le visage hâve au teint défait, les yeux sans éclat enfoncés dans leurs orbites et affreusement cernés, les lèvres blêmes qui peinaient à sourire. Jusqu'à sa blonde chevelure mi-longue qu'elle avait terne quoique bien coiffée et retenue d'un fin ruban du même tissu que sa robe d'intérieur, une sorte de sarrau en doux lainage bleu, ceinturé sous les seins.

Amélie réprima un mauvais pressentiment, qui la glaça. La bouche sèche, déglutissant avec peine, elle se força à parler, quitte à dire des banalités.

— Si vous ne m'assuriez pas qu'il n'y a qu'un enfant, ma chère Béatrice, je serais prise d'un doute. Quel beau et fort bébé vous allez mettre au monde !

— Je serais bien, comme vous, dubitative si je n'avais une confiance aveugle en l'éminent praticien qu'est le professeur Haÿmer, un maître en obstétrique. Il m'assure d'un seul et bel enfant, un vorace qui absorbe toute l'énergie de sa mère in utero. Que sera-ce quand il braillera jour et nuit ! plaisanta-t-elle en esquissant un sourire grimaçant.

— Je ne puis prendre votre place, ma chère petite, mais il faudra compter avec moi pour les nuits de veille ; je me sens de l'énergie à revendre, il serait sot de ne pas en profiter.

— J'userai et j'abuserai, Mamélie ! Et vous crierez grâce, je vous le promets. Maman, hélas, ne nous serait que de piètre utilité, vous savez à quel point sa chute...

— J'allais vous demander de ses nouvelles, et de celles de votre père, qui a repris du collier à la banque.

— Une sage et généreuse idée d'Alban. Mon père tempère la fougue des jeunes diplômés sans grande expérience qui sont passés au travers de la mobilisation, et son esprit est occupé par d'autres soucis que la santé de ma mère qui se dégrade de jour en jour.

Les yeux de Béatrice s'étaient embués. Amélie devait l'aider à colorer de rose une vie qu'elle ne voyait qu'en gris.

— Croyez-moi, ma chérie, le temps est un grand réparateur d'âme et de corps. J'en veux pour preuve l'affreux accident de mon père qui lui a coûté une jambe et que les médecins vouaient à la chaise roulante. Deux années et une grande volonté plus tard, il fallait le gendarmer afin qu'il ne se hasardât pas à clopiner dans les bois, ce qui avait été sa vie.

— Merci, merci, chère Mamélie, vous êtes le réconfort incarné.

— Et je n'en ai pas fini avec vous, ma petite.

Amélie était rentrée dans un rôle qui lui collait à la peau comme à l'âme, celui d'institutrice, campée sur ses jambes, le regard scrutateur, l'index menaçant :

— Vous me cachez autre chose, Béatrice Masméjean ! Ne serait-ce pas une absence qui vous chagrine ? Eh bien, sachez, madame la bileuse, que votre époux n'est pas plus en danger à Saumur qu'auprès de vous à Paris.

— Il devait être là pour la naissance de notre enfant, geignit la jeune femme.

— Encore une qui veut changer le monde ! bougonna Amélie. Figurez-vous que Noémie me tenait le même discours. Je vous dirai, comme à elle, que les maris n'ont pas vocation à vivre ce moment réservé au sexe dit faible. Ah ah ! Qu'on leur laisse leurs illusions !

Enfin un franc sourire sur le visage de Béatrice. Amélie se dit que sa présence ne se révélerait donc pas inutile. Pour autant, elle ne put, de la journée, chasser le souvenir d'une certaine lettre de Laure annulant ses vacances à la suite du décès en couches, ou presque, de cette malheureuse madame Sachs.

La naissance d'Axel ne fut certes pas une mince affaire et, contrairement à son frère et à sa sœur qui avaient vu le jour rue de la Convention, c'est dans la clinique du professeur Haÿmer que le dodu poupon poussa son premier cri.

Béatrice, désemparée, cédant à la panique, n'avait pas voulu lâcher la main d'Amélie. Il fallut confier les deux grands à l'employée de maison, à qui on promit une belle gratification ; la journée fut longue, épuisante, et menaçait de se poursuivre une bonne partie de la nuit quand les efforts conjugués de Béatrice qui usait ses dernières forces, d'Amélie qui l'encourageait à maîtriser sa respiration, de la sage-femme qui lui imposait des pressions douloureuses sur le ventre et surtout de l'honorable professeur Haÿmer qui lissait consciencieusement sa barbe en émettant des petits « Bien, bien » à intervalles réguliers, portèrent leur fruit, en l'occurrence Axel Masméjean, quatre kilos !

Une fois rassurée sur la santé du nouveau-né, Amélie se préoccupa de sa belle-fille qu'elle trouvait si pâle, si faible, si peu désireuse de caresser son bébé. Interrogé, le professeur laissa tomber :

— Post-partum !

« Arrangez-vous avec ça ! » grimaça Amélie, désarmée par son ignorance et surtout par le manque d'empathie du hautain professeur Haÿmer.

Le service d'obstétrique, fort heureusement, entoura la parturiente d'attentions médicales et psychologiques, et abreuva Amélie de conseils pour le retour à la maison.

Ce jour-là, qui advint deux semaines après la délivrance, Amélie avait organisé sa journée : déposer les deux petits à l'école, affréter un taxi pour ramener Béatrice et le bébé. Entre les deux, elle exauça le vœu qui lui tenait à cœur, monter à la basilique du Sacré-Cœur de Montmartre et remercier le ciel de l'avoir exaucée : il avait conservé une épouse à son fils, une mère à ses petits-enfants et, à elle, une si attachante et si reconnaissante belle-fille.

Il suffit d'une permission exceptionnelle d'Alban – quarante-huit heures, pas plus ! – pour que s'évapore le délétère post-partum et que Béatrice, épouse et mère comblée, reprenne les rênes de son foyer. Amélie pouvait envisager, dès lors, son retour à Larbousse après, comme elle se l'était promis, un court mais nécessaire coucou à Bordeaux, où Laurette se faisait un plaisir de l'accueillir.

Nécessaire, assurément, elle n'avait pas revu sa fille depuis le mariage de Noémie. Neuf mois ! Une éternité !

Court parce qu'elle avait promis à Noémie d'être avec elle pour la naissance. Une main dans celle de Violette, l'autre dans celle de sa grand-mère, il fallait bien cela pour rassurer celle qu'on croyait intrépide !

Et Amélie de se comparer – la prétentieuse ! – à Aliénor d'Aquitaine qui, ayant une descendance dans toutes les cours d'Europe, passait sa longue et belle vieillesse à la visiter.

« Reine de France critiquable, mais reine d'Angleterre louangée, songeait-elle en s'accordant un peu de bachotage dans le train qui courait vers Bordeaux. Ce qui est sûr, c'est que je ne voudrais pas laisser, comme elle, le souvenir d'une femme luxurieuse. »

En cela, elle pouvait dormir sur ses deux oreilles, pas un des siens ne saurait être effleuré par de telles pensées. Pas un habitant de Larbousse, non plus, qui pourtant ne manquait pas de langues vipérines.

Quel climat tempéré que celui-là, lui faisant ôter le collet de fourrure et le manchon assorti, cadeau de Béatrice dont Amélie se demandait à quoi cela lui servirait à La Tourette !

En lieu et place d'un ciel de plomb qui dispensait de duveteux flocons sur la capitale, un zéphyr bordelais qui avait nom *autan* jouait avec les nuages venus de l'Atlantique, mais aussi avec les jupes des femmes au sortir de la gare Saint-Jean et tout au long de l'interminable boulevard Moga qui longeait la Garonne.

Au bout de la rue de Turenne, une jeune femme venait à sa rencontre. Le cœur d'Amélie parla plus vite que sa vue. Sa fille allait vers elle en pressant le pas, sa silhouette se précisait, puis son visage et enfin son regard qui disait, plus que des mots, la joie que lui procurait sa visite.

— Maman chérie, il y a si longtemps !

— Ma Laurette, quelle belle jeune femme tu fais !

— Pas si jeune que ça, maman. J'ai largement coiffé sainte Catherine !

— Il n'y a donc plus d'hommes à marier, à Bordeaux ? Ou bien sont-ils tous aveugles ?

— Pour le moment, ils seraient plutôt à la guerre.

Il fallait bien un peu de légèreté pour se retrouver, renouer avec l'osmose mère-fille, exception faite avec Alice, s'épancher l'une et l'autre en toute liberté. Ce que fit Amélie le soir même, confiant ses peurs passées :

— J'ai vécu de terribles angoisses les jours précédant la naissance de ce petit. J'imaginais qu'un sort semblable à celui de cette malheureuse madame Sachs attendait Béatrice. Je frissonnais des nuits entières rien qu'à la pensée de consoler Alban et de prendre sous mon aile ses enfants sans mère.

— Oh, je n'aurais pas dû insister, dans mes lettres, sur cette famille partie en éclats. Je ne pensais pas...

— Tu n'as rien à te reprocher, ma fille, c'est moi qui ai manqué de confiance en la vie. Je ne songerai plus à un tel scénario pour Noémie dont le terme approche, ni pour toi quand en viendra le temps, encore moins pour Alice, qui me traiterait d'oiseau de mauvais augure.

— A propos, ses amours vont bien, à ma petite sœur ? Ils forment un beau couple avec son Francisco.

— Ils ne semblent pas vouloir précipiter les choses et cela ressemble à de la sagesse. Une fois n'est pas coutume ! Mais parle-moi de toi, Laure, de ta vie, de ton travail.

— Et de mon crédit, ajouta malicieusement la jeune femme pour titiller sa mère. Si je te disais, maman, qu'il me reste six mois de versements pour être à jour de mon remboursement ?

— Je te dirais que j'en suis bien aise... et bien soulagée, ma fille. Et aussi bien sotte d'avoir joué les prudes. On ne m'enlèvera pas de l'idée, cependant, que la vente de La Falguière aurait donné lieu à une situation... disons... plus saine.

— Maman ! Tu es incorrigible ! Bon, parlons-en de cette Falguière, objet de tes tourments.

— De mon indifférence serait le terme exact. J'ai beau me morigéner, me persuader qu'un jour, ainsi que l'espérait votre père, elle résonnera des cris de vos enfants, à toi et à Alice, je ne peux me projeter dans ce futur-là.

Amélie omettait, involontairement ou non, la vraie raison de ce qu'elle appelait son indifférence. La Falguière avait été une pierre d'achoppement supplémentaire dans sa relation complexe avec Alice. En dépit des tentatives d'Amélie qui, à plusieurs reprises, avait proposé son aide financière, elle n'avait essuyé que rebuffades et refus d'une Alice rancunière.

« Ce n'est plus ton affaire, maman !

— Je le sais, ma fille. Ça ne m'interdit pas, pour autant, de participer à la rénovation de la maison Mazal...

— Pour laquelle tu n'avais qu'une hâte, t'en débarrasser !

— M'en débarrasser, comme tu dis, Alice, à ton profit et celui de ta sœur ; tu ne vas tout de même pas me le reprocher ad vitam aeternam ?

— Alors n'en parlons plus ! »

Amélie retira ses lunettes et sortit un mouchoir de sa poche afin de se tamponner les yeux. Laure était désolée d'avoir provoqué cette douloureuse évocation. Curieusement, elle eut une réplique assez semblable à celle d'Alice.

— Cela te peine trop, maman. N'en parlons plus.

— Parlons-en, au contraire ! Peut-être sauras-tu, toi, m'instruire du rapport locatif, à moins que ce ne soit secret ?

— Pas de secret, pas de mystère, maman chérie. J'ai investi une petite somme pour finir les travaux, et au bout d'un an et demi de location, je suis rentrée dans mes fonds.

— Et depuis ?

Amélie posait la question et déridait le visage sérieux de mademoiselle l'avocate ; il ne fallait pas prendre Amélie Mazal pour une sotte tombée de la dernière pluie, elle savait pertinemment La Falguière vide de tout locataire, hormis au mois d'août précédent, où une famille d'Alésiens y avait pris ses quartiers d'été.

Laure hocha la tête d'un air entendu.

— Finalement, Alice est une futée en affaires. Un mois de location a largement couvert les impôts fonciers, elle espère bien renouveler cette expérience, cet été. Maman, enterrez la hache de guerre.

— Pour moi, ce terme ne saurait exister dans une famille. Alice a besoin de s'exprimer pour grandir, et même si elle a choisi un mode d'expression tout en dissentiment, jamais je ne lui fermerai mon cœur. Et toi, ma Laure, quoi de neuf ?

— Bientôt un nouvel appartement où je pourrai recevoir toute la famille... par petits groupes seulement ! Demain, si tu veux, nous irons le visiter.

La douceur bordelaise avait surpris Amélie, ce n'était que contraste avec le climat de Paris. Mais le lendemain, elle fut bien aise d'avoir sacrifié à la coquetterie ; le collet, le manchon étaient de mise ainsi que les gants et même le parapluie car le vent venu de l'océan jetait par paquets, sur la ville, ses bourrasques humides.

— Nous allons loin ? demanda-t-elle en frissonnant.

— A deux pas ! Nous allons traverser en diagonale le jardin public et rattraper le cours de Verdun, c'est au bout.

— Tu t'éloigneras de la gare, fit remarquer sa mère.

— Bien vu, maman, mais je me rapproche du cabinet Monnier-Sachs-Delaune et Mazal.

— Comment va monsieur Sachs ? s'inquiéta Amélie.

— Il parle peu, mais je sais par madame Delaune que ses beaux-parents ont exigé la garde de sa fillette.

— Un bon compromis, je suppose ?

— Il aurait pu l'être si monsieur et madame Lowzinsky n'habitaient Le Verdon, à cent kilomètres de Bordeaux.

Amélie avait le cœur en fête en bouclant son périple familial. Deux mois loin de La Tourette, et que de choses à raconter au retour ! Elle voulait, le temps que le train berce sa rêverie, oublier la guerre qui retenait son fils, son petit-fils et le mari de sa Noémie loin de leur foyer et s'adonner au vilain sentiment qui l'animait : l'orgueil ! Non pas celui qui est arrogance ou fatuité, mais celui qui est fierté, celle que lui donnait la réussite de ses enfants.

Le versatile Francisco n'avait pas fini de surprendre Alice. Alors qu'elle s'attendait à le voir cyniquement applaudir à la déclaration de guerre, il s'était contenté de lâcher un laconique :

— Qu'est-ce que je t'avais dit, *querida* !

Depuis, il prenait fait et cause pour les soldats français et, comme il lui fallait bien un bouc émissaire, il s'en prenait aux généraux.

— Bel exemple de *cobardía*[1], l'état-major français qui n'a pas adhéré au projet de ses alliés britanniques de bombarder à outrance les sites industriels allemands, au prétexte des dommages collatéraux !

— Belle leçon d'humanisme, je dirais, le contra Alice.

— Parce qu'elle se gênera, la Luftwaffe !

Une autre fois, c'était le généralissime qu'il ridiculisait.

— Votre Gamelin, un planqué ! Je me la coule douce derrière la ligne Maginot et passez muscade ! Les panzers de Guderian franchissent allègrement les Ardennes.

— Comment sais-tu tout cela, Francisco ? Quel journal...

— La radio, *guapa*[2] !

— La radio, répéta Alice, rêveuse. Nous ne l'avons plus allumée depuis la mort de papa.

Ce qui ne l'empêcha pas de penser combien les voix des ondes permettaient à Francisco d'améliorer son français et de gommer son accent.

---

1. Espagnol : couardise.
2. Espagnol : jolie fille.

Nul besoin de radio pour ce qui concernait une nouveauté qui ne tarderait pas à prendre effet. Les habitants de Larbousse, comme partout en France, étaient invités à remplir une demande de carte d'alimentation qui leur serait délivrée en mairie. Le pays s'installait dans les restrictions, il n'en fallait pas plus pour qu'Amélie se lamentât sur le sort de ses chers citadins.

— Ici, à la campagne, on pourra toujours se débrouiller et manger à sa faim, mais qu'en sera-t-il des Parisiens et de Laure ? Si même on peut leur envoyer des colis !

Toute à ses cogitations en vue de réunir des denrées supportant d'être expédiées, Amélie n'avait pas pris garde à la voiture du docteur Balmès en stationnement sous le tilleul.

L'arrivée en trombe de Violette la prit au dépourvu.

— Tu es prête, maman ?

— Prête ! Prête à quoi, ma fille ?

— A partir ! Tu n'as pas entendu la voiture ? Le beau-père de Noémie est venu nous chercher, le travail a commencé en début de matinée.

— Je te suis. Le temps de griffonner un petit mot pour Alice et d'enfiler mon manteau.

Amélie s'était promis de ne pas céder aux angoisses ressenties lors de la naissance d'Axel. Le visage ravagé de Noémie et les tourments que subissait son corps sapèrent sa détermination.

« Jamais, non jamais, je ne m'habituerai à la souffrance des autres ! » se disait-elle, navrée de son impuissance.

Cela ressemblait, en fait, si peu à Noémie, cette dissonance du corps et de l'esprit, elle qui alliait si harmonieusement ses pensées et ses actes. Obnubilée par l'évidence que son mari ne serait pas à ses côtés, elle s'était laissé submerger par la panique et ne s'appartenait plus. Comme les heures qui s'égrenaient n'appartenaient ni au jour ni à la nuit. Et l'orage en rajoutait ! Un de ces orages qui préfigurent l'équinoxe du printemps, violent, désordonné, tonitruant au point que ses pétarades trouvaient un écho dans les battements du cœur, aveuglant quand un chapelet d'éclairs déchirait le ciel.

Noémie serrait les dents, pinçait les lèvres, non pas pour réprimer un quelconque feulement dont elle ne se serait pas privée s'il lui avait apporté une once de soulagement. Non, elle marquait sa réprobation à la terre entière ; à son mari qui n'avait pas tenu sa promesse, à la guerre qui les prenait tous deux en otage, à sa mère qui l'exhortait au calme et jusqu'à Mamélie qui ne faisait rien pour elle. Mais alors rien du tout ! Elle qui savait si bien consoler les chagrins d'enfant, soigner les bosses et les genoux écorchés. Que marmonnait-elle, à la fin, du bout de ses lèvres qu'elle voyait bouger ? Des patenôtres comme les vieilles femmes ? Et ses mains qui emprisonnaient la sienne, pourquoi ce tremblement irritant ? Tout cela confirmait-il l'inexorable vieillissement de sa chère Mamélie ?

Concentrée sur ce qu'elle croyait découvrir chez sa grand-mère, Noémie s'était amollie. Au lieu de se mesurer à la souffrance, son corps l'anticipait, montait avec la vague, reculait avec le ressac, s'étalait sur une plage bienfaisante, et malgré elle elle songeait :

« Continue de trembler, Mamélie. Continue de prier ! »

C'est ainsi qu'elle mit son premier enfant au monde : son regard accroché à celui d'Amélie qui, tout au long du pénible travail de sa petite-fille, loin de dodeliner avait massé un point précis de la main de Noémie, loin de psalmodier lui avait récité et même ressassé ce qu'elle considérait comme la quintessence de l'art poétique, les vers fameux du grand Victor Hugo :

Lorsque l'enfant paraît, le cercle de famille
Applaudit à grands cris...

Et l'enfant qui parut fut prénommé Jean-Claude.

Le lendemain, la famille accourue, penchée sur le berceau, jetait des regards envieux vers la jeune accouchée à la mine réjouie en grand aparté avec sa grand-mère.

— Je ne te savais pas si bigote, Mamélie. Une vraie grenouille de bénitier ! confia Noémie en lui décochant une œillade.

— Je priais pour que ton mari revienne, mentit Amélie.

— Maintenant, il peut y rester, dans sa casemate de Corbo di Vergo, et même continuer à se dorer au soleil de Corse !

A son tour, celle qui portait désormais le titre d'arrière-grand-mère lui fit un clin d'œil, puis déposa un baiser sur son front en lui murmurant :

— Vilaine menteuse !

Bien qu'assez distant avec la famille d'Alice – chez lui, disait-il, tout passait par une officialisation de leur relation, or il n'avait pas encore demandé sa main – Francisco vint de bonne grâce féliciter la jeune maman et s'extasier devant le bébé. Emu par les menottes qui battaient l'air et les risettes angéliques de Jean-Claude, il rêvassait encore sur le chemin du retour qu'ils étiraient afin de passer plus de temps ensemble et en vint à demander, avec une grande tendresse mâtinée de passion :

— Tu me feras un fils, dis, Alicia, *querida mía* ?

Ce qu'Alice considéra comme une belle avancée. Elle se voulut prometteuse.

— Un seul, mon Cisco ? Je sens que jamais je ne me lasserai de te donner des fils !

Il avait l'air si vulnérable, mendiant un fils, un baiser... et si offensif, la semaine suivante, en commentant la lente érosion de la défense française.

— Weygand après Gamelin, c'est bonnet blanc et blanc bonnet ! Je te dis qu'ils vont nous faire mordre la poussière.

« Nous » ! Il avait dit « nous », se sentant français dans la défaite comme il avait été espagnol dans la fuite.

Et de fustiger l'incurie des communications !

— Bon sang ! La radio, c'est pas fait pour les chiens. Il fallait exploiter la percée de Sedan dans la foulée et non donner à réfléchir, se tâter, attendre un bristol pour agir ! Cette fois, c'est foutu !

Ce le fut, en effet, pour Maxime, et dès le mois de mai 1940. Son régiment appelé en renfort par les alliés anglais pour soutenir la poche de Dunkerque se défendit comme un lion, permettant de soustraire aux nazis quatre cent mille soldats, grâce à une évacuation maritime d'envergure et ce malgré le pilonnage incessant de la Luftwaffe.

Dans la ville détruite à soixante-dix pour cent, les morts et les blessés ne se comptaient plus. Le caporal-chef Maxime Dumas faisait partie de ces derniers, qui, jugés récupérables donc utiles, furent transportés encore anesthésiés par la défaite. A son retour dans une triste réalité, Maxime sut qu'il n'était plus, désormais, qu'un prisonnier de guerre.

20

— Pouvons-nous raisonnablement accorder quelque crédit à ce général de Gaulle ? Je me prends à douter, mon cher Daniel.

— Nous le devons ! affirma Daniel Sachs. L'issue, si issue il y a, ne pourra venir que d'une coalition externe.

L'appel solennel à la BBC, suivi d'un placardage d'affiches massif à Londres et d'un autre, clandestin, en France, était depuis un mois le principal sujet des conversations. Maîtres Monnier et Sachs ne faisaient pas exception à la règle qui, sur le balcon d'un immeuble du cours de Verdun, grillaient nerveusement d'odorantes Chesterfield et commentaient cet effet d'annonce.

Dans le salon maintenant déserté par la plupart des invités, madame Delaune exposait à Laure Mazal les méandres d'un dossier discutable.

— Des enfants de plusieurs lits héritiers chacun de leur mère, un concubinage du père veuf qui accorde une jouissance au dernier vivant, et voilà trois enfants adultes dans l'impossibilité de vendre, de louer, encore moins d'user de leurs biens indivis. C'est impensable !

— Un notaire peu scrupuleux que celui qui a conseillé, ou même simplement entériné cette forme de détournement, acquiesça Laure.

La jeune femme se sentait lasse ; elle avait vu partir avec soulagement la demi-douzaine d'invités, ne restaient que ses trois associés et le sentiment de s'être laissé manipuler un peu lâchement. On ne l'y reprendrait plus ! se promit-elle.

Trois mois plus tôt, toute à sa joie d'emménager dans un appartement au style très *british* – cuisine ridiculement exiguë mais salon imposant prolongé d'un luxuriant jardin d'hiver, deux chambres sur cour et, merveille ! une salle de bains Art déco et sa baignoire à griffes de lion –, elle s'était oubliée dans une inhabituelle indiscrétion sur sa vie privée.

« En m'installant cours de Verdun, j'aurai moins de trajet et plus de temps à consacrer à notre étude, avait-elle avoué, rose de plaisir.

— Cours de Verdun ! Cela mérite une pendaison de crémaillère ! s'était écrié monsieur Monnier.

— Seulement en tant que locataire, monsieur Monnier ! De plus, je n'ai guère de connaissances qui...

— Qu'à cela ne tienne, mademoiselle Mazal ! »

Et de lui lancer, dans la foulée, trois ou quatre noms – des clients, des confrères, du beau monde en tout cas – qu'elle devait impérativement convier.

Sotte qu'elle avait été, elle qui détestait les mondanités ! Enfin, c'était fini, ou presque. Ouf, madame Delaune dépliait sa massive silhouette et interpellait monsieur Monnier :

— Je vous dépose, mon oncle ?

— Plaît-il ? demanda le vieux monsieur en quittant le balcon où le bruit de la rue avait escamoté la proposition de sa nièce.

— Je passe inévitablement par Bacalan. Voulez-vous profiter de ma voiture ?

Une moue hésitante – sa nièce se prenait pour Hector Petit[1] – puis une sorte d'acceptation fataliste qui ne manquait pas d'humour :

— Allons-y, puisqu'il faut vivre dangereusement, ainsi que le préconisait Nietzsche. Etes-vous des nôtres, Sachs ?

Avec un demi-sourire entendu, Daniel Sachs déclina l'ironique invitation sous un fallacieux prétexte :

— Un peu de marche me fera du bien.

Restés seuls, Daniel Sachs et Laure Mazal perdaient soudain toute contenance, l'un et l'autre se sentaient frappés de gaucherie, d'embarras à prolonger la soirée par une conversation informelle qui peinait à démarrer. Un comble pour des avocats surnommés « les bavards » !

Le front plissé de son confrère permit à Laure une entrée en matière :

— Des soucis, maître ? Une affaire difficile, si j'en juge par vos conciliabules avec maître Monnier...

Lentement, Daniel Sachs fit trois pas au milieu de la pièce, puis se planta, presque timidement, devant la jeune femme.

— N'est-ce pas notre lot quotidien ? D'autres, plus oppressantes, occupent mes nuits sans sommeil.

Pour la première fois, le regard de Daniel Sachs rencontrait celui de Laure Mazal. Pour la première fois, celle-ci percevait au-delà du bleu pâle des yeux de maître Sachs, et elle se troubla, ne sut que bredouiller :

---

1. Vainqueur du rallye automobile de Monte Carlo en 1930 sur Licorne torpédo 5CV.

— Un bien émouvant anniversaire... je comprends votre désarroi... cependant, votre petite fille doit désormais être...

— C'est à elle que je pense ! s'enflamma Daniel. A elle et à tous ceux, contraints, un jour pas si lointain, à porter cette infâmante étoile jaune ! Savez-vous qu'à Paris, l'information m'est parvenue hier, le jeune barreau français demande l'exclusion des avocats juifs et francs-maçons. Et, tenez-vous bien, la Ligue française appuie cette revendication !

Il y avait un accent de révolte dans la voix pourtant contenue de l'avocat, une sourde colère mais aussi une profonde angoisse, qui trouvèrent un écho dans l'âme bouleversée de Laure. Daniel Sachs, en s'ouvrant à elle, l'invitait à l'écoute, à la compréhension ; il obtint plus que ça, et ce fut pour Laure comme une révélation, tout son être tendait vers cet homme au charisme indéniable, aux intonations chaudes, au regard embrasé. Incapable de faire un pas vers lui de crainte de se jeter dans ses bras, elle se figea dans une attitude aussi prudente que ses paroles :

— Tout cela est parfaitement inconcevable, maître. Une information récente, dites-vous ? Et qui ne fera qu'un tollé au barreau de Bordeaux.

Daniel Sachs s'était recomposé un visage moins grave. Il esquissa un sourire et prit congé de son hôtesse avec la respectueuse distance qu'il s'imposait :

— Merci d'avoir prêté une oreille à mes élucubrations, mademoiselle Mazal. Et merci pour votre charmante réception. Voilà un appartement où il fait bon vivre.

Exception faite pour ce qui concernait Alice, Amélie avait un don, celui de tout comprendre à demi-mot, celui d'interpréter les silences, celui de lire dans les yeux, celui de lire dans les cœurs et, en référence à la dernière lettre de sa chère Bordelaise, celui de lire entre les lignes.

« Ma Laurette est amoureuse ! Elle a pris son temps, la coquine, et celui lui ressemble bien. »

Malgré la France occupée et le pays coupé en deux, la vie continuait. A l'image de la population réduite à l'impuissance, Amélie s'était fait une raison de tout cela, comme des entrées tempétueuses de Violette.

— Un numéro ! Mon fils n'est qu'un numéro ! Mon Maxime immatriculé comme une voiture ou, pire, comme une bête d'élevage !

— Des nouvelles de Maxime ? Dis vite. Il va bien ?

Amélie tentait de calmer sa fille qui s'agitait pour expulser les longs mois de silence et d'angoisse quant au sort de son fils. A la réception de cette première et tant attendue lettre, elle avait couru, échevelée, à l'atelier de son époux puis chez sa mère occupée à la fastidieuse confection de confiture de châtaignes dont les pots, soigneusement empaquetés, partiraient à Paris et à Bordeaux, partout où l'on criait famine.

— Tout est dit, maman : matricule 95802, stalag XIII Kommando 85 Weiden in der Oberpfalz.

— Mais lui, que dit-il ? s'impatienta Amélie.

— Ce qu'on a bien voulu lui laisser dire. Tiens !

Le feuillet, de mauvais papier jaune, plié jusqu'à n'être qu'un carré de huit centimètres, montrait plus de biffures que de mots ; il était accompagné d'un carton imprimé définissant les interdits, que Violette énumérait, la rage au ventre et le cœur déchiré :

— « Pas de courrier aux prisonniers français en Allemagne. Les colis, un par mois, ne doivent contenir ni lettre, ni argent, ni vêtements civils hormis le linge de corps, ni couteaux, ni ciseaux, ni crayon, ni briquet au risque d'être détruits… »

— Laisse-moi lire la lettre de mon petit-fils, voyons !

Je suis devenu bûcheron, ça t'épate, hein, papa ? Je ne me ressens plus de ma ------- il fait très froid dans cette région de ------ et la nourriture ----- je pense à vous tous. Votre Maxime.

Derrière les mots de Maxime s'en cachaient d'autres qu'il était facile de deviner. Pas question de s'épancher sur sa santé, encore moins sur la maigre pitance que l'on servait aux prisonniers, et surtout ne pas se situer géographiquement.

Amélie prit un atlas et fit asseoir sa fille, dont l'agitation allait grandissant. Son doigt courait sur les grandes villes d'Allemagne, puis sur les moyennes. Pas de Weiden ! Et Violette qui était incapable de l'aider dans sa recherche ! Elle alla prendre, dans un tiroir, la loupe qu'elle dissimulait jusque-là à ses enfants et qui lui était bien utile pour quelques lignes de journal qui dansaient comme des pattes de mouche ou ces modèles de layette aux explications microscopiques.

— Regarde, il est là, ton fils ! Regarde, ma Violette ! Ce n'est pas très loin de Nuremberg en Bavière. Mais bien sûr ! C'est de la forêt de Bavière qu'il parle, notre bûcheron.

Amélie parlait parce qu'il le fallait pour détendre Violette, elle faisait un cours de géographie alors que trottaient dans sa tête le climat continental d'Europe centrale, ses hivers glacés et ses étés torrides, la frontière tchécoslovaque si proche, le bout du monde. Elle devait en passer par là pour que sa fille accepte cette évidence de son cher Maxime prisonnier si loin de son pays natal.

Les pleurs étaient enfin venus et Amélie les préférait à la colère destructrice. Qu'il lui était agréable de bercer sa Violette forcie avec l'âge, elle toute menue ! Qu'il lui était doux de la sentir si proche, si petite fille malgré ses quarante-cinq printemps ! Et avec quel espoir faisait-elle de son rapprochement avec Alice le prochain de ses objectifs ! Tout en priant que cela ne se fasse point dans la douleur.

L'apaisement vint et, avec lui, le désarroi.

— Que faire pour mon garçon ? Il a faim, il a froid.

Gagné ! Violette aussi avait lu entre les lignes et les ratures étrangères, elle entrait en action et cela réjouit Amélie.

— Nous allons lui envoyer ces pots de confiture et un gros saucisson. As-tu d'autres idées ? Il faut des denrées non périssables du fait des longs trajets.

— Oui, c'est ça, maman. Et demain je descendrai à Saint-Jean acheter des tricots de corps et des caleçons longs en flanelle, et aussi des grosses chaussettes de laine.

— Regarde un peu dans ton grenier, il y a une malle avec des affaires de ton père. Mon pauvre Guillaume, il était loin de penser qu'elles voyageraient, ses chaussettes. Et pour tenir au chaud les pieds de son petit-fils !

Belle occasion, pour les deux femmes, de verser un pleur sur Guillaume alors que leur cœur saignait pour Maxime. Ainsi les trouva Alice à son retour de l'imprimerie.

— Maman ! Violette ! Que se passe-t-il ?

Vite ! Rassurer sa petite dernière ! Amélie refusait par-dessus tout de voir souffrir sa nichée.

— Des nouvelles de Maxime, ma chérie ! s'écriat-elle en attirant Alice qu'elle enlaça d'un bras alors que de l'autre elle retenait Violette.

Le temps semblait s'être arrêté. Les jours ressemblaient aux jours, les semaines aux semaines et les mois aux mois, seul le paysage changeait avec les saisons.

A chaque variation de température, Amélie se projetait mentalement auprès de ceux qu'elle aimait tant. Faisait-il froid à Larbousse, c'est à son petit Maxime qu'elle pensait, grelottant dans son stalag. La touffeur des jours d'été donnait lieu à une oppression aussitôt renforcée à la pensée de ses petits Parisiens étouffant dans la capitale. Venues les bourrasques d'automne à nulles autres semblables, elle imaginait Laure décoiffée par ce vent d'océan si détestable. Jusqu'aux humeurs chagrines d'Alice, en aucune façon motivées par le temps, qui la tenaient toute une nuit éveillée à en chercher désespérément la cause.

Son travail ? Ses amours ? Quels pourraient être ses tourments hormis ces deux pôles qui composaient sa vie ?

Elle serait tombée de haut, la candide Amélie, si elle avait su combien et comment les deux étaient liés. Mais ces tourments-là devaient lui rester étrangers, du moins

Alice en avait-elle décidé ainsi. Et elle n'avait pas mâché ses mots à son amoureux.

— « Ma mère doit rester en dehors de tout ça ! avait-elle déclaré péremptoirement à Francisco. Pour sa tranquillité d'esprit et pour sa sécurité. »

Tout ça ! Mais quoi ?

Dès les premiers jours du mois de janvier 1941, un mouvement qui n'avait pas encore le nom de Résistance mais qui répondait à l'appel lancé six mois plus tôt par le général de Gaulle posait les premiers jalons d'une guerre de l'ombre et Francisco n'avait pas été le dernier à s'enthousiasmer pour une clandestinité qui lui faisait comme une seconde peau. Impliquer Alice le fit hésiter... un court instant. Elle était si bien placée pour les tracts, journaux et autres faux papiers que réclamait le Mouvement de libération française auquel adhérait Francisco et que dirigeait un certain Henri Frenay.

— Dis-moi oui, *querida* ! pria-t-il en prenant un air de cocker quémandant un sucre.

— Oui à quoi, Cisco ?

— A tout ! Non, je plaisante, oui à ce que je vais te demander et qui doit rester secret. Tiens, il m'en faudrait cent.

Ce disant, il lui tendait un feuillet griffonné d'appels à la non-soumission à l'occupant. Devant son regard interrogateur, il ne put que dévoiler son appartenance au MLF.

— L'occupant veut nous mater, nous on veut qu'il parte ! Il faut agir secrètement et préparer le Grand Jour.

D'accord sur le fond, Alice l'était moins sur la forme. En cachette de monsieur Valquier ? C'était impossible.

Le papier, une denrée chère qu'il n'était pas question de gaspiller, ne pouvait être soustrait en toute impunité.

— Du rebut, avec des défauts, troué, froissé, imprimé au verso, peu importe, insista Francisco.

Alice, dès lors, se mit à trembler. Trembler que son patron ne se rende compte de ses détournements, trembler pour son Cisco si téméraire, trembler pour sa mère, qui ne devait en aucun cas être mêlée aux agissements du mouvement de résistance.

Paradoxalement, cette mère chérie qu'elle protégeait en la tenant dans l'ignorance de son action occulte irritait Alice dans sa résignation apparente et parfois même satisfaite.

N'avait-elle pas applaudi, quoique en modulant sa félicité, à la démobilisation d'Alban, rendu à son foyer pour la plus grande joie de son épouse et de ses enfants ?

N'avait-elle pas brimé les battements fous de son cœur cognant au même rythme que celui de Noémie déposant son poupon de cinq mois dans les bras du docteur Jean Balmès ?

L'émotion les rendait tous muets. Il suffit d'un trait d'humour de Marcel pour briser la lourde tension.

— Alors, ce Mussolini, ce *Duce* sanguinaire, il vous a fait faux bond ? demanda-t-il avec ironie à son gendre.

Ce fut alors une boutade familiale que de demander à Jean Balmès des nouvelles du *Duce*... encore fallait-il braver les foudres de Noémie qui, toute rancune effacée envers son soldat accusé un temps de se dorer au soleil de Corse, le défendait, bec et ongles.

Alors, oui, c'était une sorte d'ersatz de bonheur dont se contentait Amélie. Tout comme l'on se contentait de saccharine en lieu et place de sucre, de rutabagas en guise de pommes de terre, d'orge grillée au prétendu goût de café... encore que...

Amélie s'était mise au jardinage. Oh certes pas par plaisir, pas non plus par grande nécessité. Par pure charité, par pitié pour ces gens des villes qui s'abattaient, tel un vol de criquets, sur les campagnes de l'arrière-pays cévenol et jusqu'en Lozère, en quête de nourriture.

La très estimable Amélie Mazal, directrice d'école honoraire, faisait-elle ses choux gras sur le dos des affamés ? Il se trouva bien quelques âmes noires à être habitées d'aussi malfaisantes pensées, et quelques langues pointues capables de les verbaliser. Alice s'en offusqua, Violette s'en irrita et Noémie s'en amusa.

— Belle réputation que tu te fais, maman ! se plaignit la première. Accusée ni plus ni moins de faire du marché noir, ce n'aurait certainement pas été du goût de papa.

— Pas plus que voir les gens mourir de faim ! lui rétorqua sa mère, sûre de son bon droit.

— C'est fou, ça, de toujours critiquer dans le dos des gens ! Qu'on vienne me dire à moi que ma mère fait du profit alors qu'elle s'oublie toujours pour les autres ! ragea Violette.

— Bien faire et laisser dire, tu connais ma devise, Violette.

Noémie, qui n'était pas la dernière à profiter du jardin d'Amélie pour les soupes de son petit garçon, prit le parti de la rigolade.

— Alors, Mamélie, il paraît que l'on compare ton jardin au ventre de Paris ? Monsieur Zola doit se sentir plagié.

— Ah, petite, plaise à Dieu qu'il soit aussi fourni ! Et que tout le monde soit rassasié. Pense un peu à tout ce qui est interdit : le lundi pas de vente de pâtisseries, le mardi sans alcool, le jeudi et le vendredi pas de viande de boucherie et le reste quand il y en a ! Si ce n'est pas une misère !

— Toi, tu es l'incarnation de Candide, Mamélie. Cultiver son jardin est plus que de la philosophie, c'est du pur altruisme.

— Tiens, viens remplir ton panier d'altruismes, espiègle Suzanne[1] !

Penser aux autres, mais ne pas oublier les siens, Amélie s'en faisait un devoir et elle ne comptait plus les colis qui partaient pour Paris, pour Bordeaux, pour Weiden.

« Arrivent-ils à destination ? » se prenait-elle à douter.

Pour Paris et Bordeaux, elle était rassurée par les mercis et les pots vides qui lui revenaient. Les longs silences, entrecoupés de mots brefs, toujours les mêmes, qui arrivaient de Weiden parvenaient seulement à lui faire conserver l'espoir que cet éloignement aurait une fin.

« Maxime, cher petit, reviendras-tu bientôt ? » Plus qu'un appel lancé vers cette contrée inconnue détentrice de son petit-fils, c'était une prière qu'Amélie adressait aux cieux. Elle allait jusqu'à se dire que son retour suffirait à son bonheur. Cette guerre finie, mais point achevée, l'Occupation, la France coupée en deux, ces

---

1. Confidente dans *Le Mariage de Figaro*.

mouvements de résistance, broutilles ! Que le brave petit revienne, plus rien n'importera !

Pouvait-elle se douter qu'une guerre larvée, en lente gestation, succéderait au conflit ouvert et ne serait pas moins cruelle, ni féroce, mais cause de lancinants tourments ?

Rien, en tout cas, n'aurait pu l'affranchir sur le trafic humanitaire mis en place par le docteur Balmès. Le mari de Noémie avait rouvert son cabinet, resté fermé tout une année, et sa « patientèle » avait accouru, se pressant dans la salle d'attente ou priant le docteur de venir visiter un malade à la maison. Guerre ou paix, la maladie ne connaissait pas de morte saison. L'approvisionnement en médicaments, lui, était une nouvelle source d'inquiétude.

Tout comme les magasins d'alimentation affichaient dès dix heures la rupture de leur stock, monsieur Baraud, le potard d'Anduze, actualisait quotidiennement une ardoise bien en évidence dans sa vitrine.

Nous ne délivrons plus, jusqu'à nouvel ordre, les produits suivants :
— *Aspirine*
— *Huile de foie de morue*
— *Sirop Marinol*
— *Dolpic*
— *Farine de lin*

Le docteur Balmès ne se laissait pas endormir par les mensongères raisons invoquées par les laboratoires. Un soldat de sa campagne de Corse – objet des railleries familiales –, ingénieur dans une de ces fameuses boîtes, basée à Lyon, avec qui il avait repris contact, l'informa à demi-mot de la réquisition des remèdes fabriqués au profit du front de l'Est où s'embourbaient les soldats du Reich.

Conscient qu'il n'avait pas vocation à guérir ses malades par simple imposition des mains, Jean proposa ni plus ni moins que des détournements ponctuels et peu significatifs.

— Pas question de subtilisations d'envergure, lui précisa-t-il lors d'un entretien téléphonique. Que chacun, dans sa ville, établisse un lien avec les labos et on n'y verra que du feu.

— L'acheminement ? demanda l'ingénieur, conquis par cette farce humaniste.

— Voiture et train. Il ne faut pas une filière trop repérable. Vous me téléphonez le jour, l'heure et le lieu et je m'engage à envoyer un gars de confiance. Encore un mot : colis gratuits bien entendu ?

— De mon côté, oui, mais votre commissionnaire et ses frais de déplacement ?

— Un tiers du colis pour lui, le reste pour moi. A mes patients, je dirai qu'il s'agit d'échantillons gratuits et je leur demanderai de ne pas ébruiter cette aubaine. Pour mon convoyeur, je me porte garant de son silence.

En voilà un qui, dans ses actes, rejoignait Mamélie. A la différence qu'il y avait plus de danger à être le maillon d'une filière qu'à cultiver des carottes et des poireaux.

Par quel troublant hasard l'officier de marine Estienne d'Orves entra-t-il en relation avec Alban Masméjean ? Ou par quel jeu subtil de supputations ? A moins qu'il ne fût notoire que le gendre Maillefaut écoutait les sirènes de la Résistance intérieure ? Nul ne saurait le dire, pas même l'intéressé, qui ne rechigna point à entrer dans la danse, en l'occurrence le réseau Nemrod. Et ce, au lendemain de sa démobilisation.

Par chance, il n'entra pas en résistance comme on entre en religion. Il fut bien entendu qu'il ne sacrifierait pas une heure de ses responsabilités à la banque. Pas plus qu'il ne mettrait en danger sa famille. Bien lui prit de garder ses distances ; en une année, tout fut réglé, le réseau Nemrod démantelé, Estienne d'Orves arrêté puis exécuté.

Alban dut, un temps, se tenir à carreau et se lança à corps perdu dans le travail, refusant une vie publique au profit d'un coin de campagne en vallée de Chevreuse où il fit l'acquisition d'un vieux moulin. Il y joua, tout un hiver et le temps des week-ends, au gentleman-farmer seulement occupé à la restauration qu'en faisaient les maçons et à la décoration entreprise avec succès par Béatrice.

— Vous avez manqué votre vocation, madame Masméjean, s'émerveillait-il à chaque objet chiné par son épouse.

C'était là aussi un ersatz de satisfaction et elle s'en désolait.

— Sais-tu, mon chéri, qu'il est plus facile de trouver une bergère Louis XVI qu'un pain de beurre ou un rôti de bœuf ? Si nous vivions ici, je me sentirais capable de mettre au pieu deux chèvres cévenoles pour avoir du lait. Et même de te faire des pélardons aussi savoureux que ceux de Mamélie.

— Sans te froisser, ma belle, c'est perdu d'avance. Quant à vivre ici, il n'y faut pas penser. Cela nous ferait trop de trajet chaque jour, à nous mais surtout aux enfants.

Alors, Béatrice ne songea plus aux chèvres, au lait, ni aux pélardons. Ni même aux œufs qu'elle avait entrevus, optimiste Perrette, faisant triple couvée.

Alban, lui, ne trouva pas son moulin si éloigné de Paris comme il le prétendait quand il renoua, captif et consentant, avec la Résistance. Le réseau Action lui faisait des clins d'œil auxquels il répondit favorablement.

Qui aurait deviné que le pigeonnier, accolé au moulin et voué à une démolition pour laquelle Alban rechignait à donner son aval, recélait un émetteur-récepteur radio et que des « pianistes » venaient y recevoir nuitamment des messages et en envoyer, qu'une ronéo imprimait tracts, journaux et faux papiers et que des clandestins en fuite vers l'étranger y transitaient parfois ?

Pas Béatrice, dont la seule angoisse était de nourrir sa nichée en pleine croissance !

Pas non plus Mamélie, la chère Mamélie, si loin de fait et si proche de cœur !

Pourtant, enfants et petits-enfants qui s'ingéniaient à protéger la si charmante petite dame aux lunettes rondes n'entraveraient pas le cours du destin.

21

Amélie s'ennuyait. Du moins le prétendait-elle pour expliquer son désir de boucler sa valise et d'aller voir ses enfants. Et si c'était pour la dernière fois ?

La véritable raison en était cette peur panique qui l'avait prise à l'annonce de la menace qui pesait sur la zone libre. La voix nasillarde de la radio, cette voix qui semblait émerger d'outre-tombe avec son concert de grésillements et de crachouillis, elle l'entendait encore une fois le poste éteint :

« La répression s'intensifie. L'occupant veut supprimer la zone dite libre et avoir une large fenêtre ouverte sur la Méditerranée. Les mailles du filet germanique se resserrent sur notre pays en souffrance. »

Répression. Occupant. Filet. Souffrance. Autant de mots qui coulaient comme des glaçons dans le dos d'Amélie. Tous pris au piège, comme des rats !

— Au diable ce poste ! ragea-t-elle en tournant le bouton.

Le lendemain, elle recherchait la même station pour entendre les mêmes mots, ressentir les mêmes angoisses et les repousser dans une même dénégation.

La TSF de Joseph Mazal avait donc repris du service. A la demande, précisément, d'Alice, qui ne s'attendait pas à une capitulation aussi désinvolte de sa mère.

— Tu veux rebrancher la radio de ton père ? Pourquoi pas... C'est de ton âge après tout d'écouter de la musique. Pas trop fort, tout de même.

— Pas seulement cela, maman, il y a des informations autrement plus crédibles que ce que disent les journaux soumis à la censure. Parfois même des messages codés...

— Comment sais-tu cela ? s'inquiéta Amélie.

Il fallait rattraper le coup. Alice s'emberlificota dans une explication vaseuse.

— Tout le monde le sait ! Et puis, c'est rigolo, on croirait des énigmes. Le renard est entré dans le poulailler. La lune n'a pas froid aux yeux. L'oiseau blanc a besoin de lumière.

— Quand on ne sait que dire, mieux vaut se taire ! préféra conclure Amélie.

Elle ne pouvait ignorer ces mouvements clandestins qui fleurissaient si bien en Cévennes et redoutait que sa petite dernière, son enfant-hérisson, sa fantasque, ne se laisse happer sur la voie secrète de la Résistance. Elle avait si grand cœur, au fond, sa frondeuse !

La radio de son regretté Joseph était venue, insidieusement, grappiller la place de ses chers livres ; la lecture engendrait chez Amélie une fatigue visuelle qui se manifestait par des yeux irrités, larmoyants, des migraines ophtalmiques et autres petites joyeusetés que les verres correcteurs ne parvenaient pas à éradiquer. Alors, adieu journaux fastidieux à lire et bonjour le Ducretet qui l'accompagnait dans la confection de provisions d'hiver pour toute sa famille.

Le bel et long automne 1941 lui avait permis d'engranger moult conserves de légumes et de fruits. Bocaux stérilisés, pots couverts de paraffine, boîtes d'où s'échappaient de subtiles fragrances, elle en faisait sa fierté en même temps qu'une grande angoisse l'étreignait : arrivaient-ils seulement à destination ?

Elle était toujours dans le flou en ce qui concernait Maxime mais ne renonçait pas ; quant à ses Parisiens, par deux fois, le colis ne leur était pas parvenu.

— Ils n'auront pas été perdus pour tout le monde ! déplora-t-elle, un brin dépitée.

Puis elle se ravisa :

— La faim est une bien triste compagne pour qui en est quotidiennement escorté.

Alors, l'hiver s'annonçant, Amélie sut qu'il était temps de se préparer au voyage.

— Une semaine, pas plus, promit-elle à Violette, déjà soucieuse de la savoir voyager seule.

— Si encore Alice avait pu t'accompagner ! soupirait-elle. Vous ne seriez pas trop de deux pour porter tes bagages.

— Qu'est-ce qui t'inquiète à la fin ? Ton mari m'installe dans un wagon et Laure m'y récupère. De même pour le retour. Le reste du trajet sera à la grâce de Dieu.

De tout autre manière, Alice manifestait son anxiété :

— Tu te vois, maman, accusée de marché noir et embastillée sans autre forme de procès ? Vraiment, ce n'est plus de ton âge.

— Ah oui, ce n'est plus de mon âge de penser à mes petits-enfants, de leur apporter des gâteries dont ils sont privés, d'aller embrasser mes enfants ?

Alice avait haussé les épaules et Amélie avait préparé soigneusement deux énormes valises. Saucissons, pots de pâté, confitures à gogo, pâtes de coing et champignons séchés ne lui laissaient que peu de place pour ses vêtements et ses sous-vêtements.

— Tu les rempliras d'air, au retour ? ricana Alice.

Faisant abstraction de l'ironie mordante de sa fille, Amélie expliqua, toute fière de son idée :

— J'ai tout prévu, une valise plus petite qui s'insérera dans l'autre et que je bourrerai de papier froissé. Alors là, oui, je rirai d'un contrôle. « Papiers », me demanderont les soldats et moi je leur dirai « Les voilà » en ouvrant mes valises.

Laure n'avait pas manqué l'heure du train et ne fut pas loin d'avoir la même réaction que sa sœur en s'emparant des bagages d'Amélie.

— Maman ! Tu as démonté le pont de Larbousse et tu le transportes pierre à pierre !

— Attends de voir ce que je t'apporte. De quoi remplir ces joues bien creuses, me semble-t-il ?

Des joues un peu creuses, peut-être, mais une intense lueur dans le regard qui ne put échapper à sa mère. Ouf ! Elle n'avait pas fantasmé, sa Laure était bel et bien amoureuse. Elle se garda, cependant, d'attaquer bille en tête et de lui demander qui était l'heureux élu.

Non, Amélie ne se trompait pas. Jusqu'à l'appartement, qu'elle découvrait et qui, en même temps, lui révélait une présence masculine dans la vie de sa fille.

Pas de costumes trois-pièces dans la penderie, pas de rasoir dans la salle de bains, pas de robe de chambre à la double patère, une atmosphère seulement, mais qui ne trompait pas. Et puis, enfin, un indice !

— Tu fumes, ma chérie ? Ah, ces jeunes filles modernes...

Prêcher le faux pour savoir le vrai. Quelle coquine, cette Amélie ! L'embarras de Laure fut de courte durée, elle avait tant besoin d'une confidente, elle sur qui un amour qu'elle croyait sans espoir était tombé un soir d'été et s'était révélé aux premiers frissons d'automne.

« Puis-je vous offrir un café, mademoiselle Mazal ? » avait demandé Daniel Sachs alors qu'ils quittaient, tous deux et à point d'heure, leur cabinet.

Là, dans une douillette arrière-salle d'une brasserie de la rue d'Aviau, il lui avait pris les mains, avait planté son regard bleu si intense dans le sien tout acquis et avait débité d'un trait :

« Ne me jugez pas hâtivement et mal, Laure. Je ne suis pas un inconstant. J'ai aimé la mère de ma fille à la façon d'un enfant qui répète une leçon bien apprise, nos pères avaient arrangé notre union dès notre naissance. J'ai souffert de sa mort injuste et, à travers notre fille, elle gardera toujours une place dans mon cœur. Mais je sais maintenant le vrai sens de l'amour, celui qui vous transcende et qui vous fait souffrir. Je le sais quand je vous vois, quand je vous rêve. Tout m'enchante en vous. Tout est si délicieusement divin, harmonieux et serein. Vous êtes, pour moi, le plus beau des cadeaux tombés du ciel, mais je n'ai que mon amour à vous offrir.

— C'est plus que je n'osais espérer, s'était entendue répondre Laure. Je vous aime, Daniel. »

Tout naturellement, Laure rapporta cet exquis épisode à sa mère et conclut :

— Daniel veut m'épouser, mais la guerre... enfin cette sinistre Occupation ne nous est pas propice. Nous saurons être patients. En attendant, pour Noël, je ferai la connaissance de sa fillette que j'espère bien apprivoiser.

— Je n'en doute pas, ma Laurette. Tu es si douce. Comment se prénomme cette mignonne enfant ?

Laure alla fouiller dans son sac, en sortit un porte-cartes et montra à sa mère la photo d'un homme tenant par la main une poupée blonde au regard translucide.

— Maman, je te présente Daniel et Yaëlle.

Elle ajouta aussitôt, presque en s'excusant :

— Au fait, tu pourras apporter les saucissons et les pâtés à Paris. Daniel ne mange pas de porc, il est de religion juive.

Un vent glacé balaya la joie des retrouvailles. Amélie n'avait pas fini de trembler.

— De la chance ! Une véritable chance de c...

Amélie n'osait prononcer le mot, elle le trouvait si laid.

— Tu prends trop de risques, maman, la gronda Alban.

— Beaucoup trop ! renchérit Béatrice.

— Raconte, Mamélie, réclamèrent les enfants.

Oui, il fallait raconter son périple et de façon à la fois captivante et légère pour égayer les chères têtes blondes et pour évacuer, autant que faire se pouvait, un peu de cette oppression qui ne la lâchait plus depuis les aveux de Laure.

— Figurez-vous, mes chers enfants, qu'en gare de Périgueux j'ai bien cru que mon sort était scellé. Le train, copieusement rempli au départ de Bordeaux, se chargeait à chaque gare, les compartiments étaient bondés et dans le couloir il était pratiquement impossible de circuler. Donc, à Périgueux, grand vent de panique quand toute une escouade de soldats allemands s'imposa avec autorité. Papiers, bagages, rien ne devait leur être dissimulé. Bref, je vous passe les détails, les gens qui cherchaient à se défiler, d'autres qui se décomposaient, certains se trouvaient mal quand une énorme femme, vêtue de rouge comme un prélat, fit involontairement diversion. Elle ne parvenait plus à sortir des toilettes où un besoin pressant l'avait précipitée.

Amélie s'interrompit, jugea de son effet. Parents et enfants visualisaient parfaitement la scène.

— Et alors, Mamélie ?

— En désespoir de cause et parce qu'elle avait tourné de l'œil, il fallut démonter la porte, apporter un brancard, faire venir un médecin. Tout cela induisait un retard considérable et un embarras pour la gestion des voies. Au coup de sifflet rageur du chef de gare, le train repartit, laissant les soldats sur le quai. Je m'en suis bien tirée, non ?

Il fallait bien cette scène grotesque, exagérée pour ne pas parler de toute une famille, une étoile jaune placardée sur les poitrines, que l'on fit descendre du train et qui disparut dans un camion bâché.

— C'était peut-être le Petit Chaperon rouge, conclut Camille, vraiment prise par l'anecdote.

— Un gros, un très gros Chaperon rouge, ma chérie, lui assura Mamélie en la baisant au front.

— En tout cas, c'en est fini, maman, de ces escapades trop risquées. Tu sais combien nous avons plaisir à te voir, toi et tes victuailles, mais de grâce, promets de ne plus te risquer...

— Me risquer à quoi ? Tout au plus, on m'aurait confisqué mes valises.

Intrépide Amélie ! Il y avait comme un air de défi dans ses yeux de myope et Alban se réjouit : sa mère ne prenait pas une ride. Mieux, elle avait rajeuni depuis son veuvage. Tant mieux, car Béatrice et lui avaient un énorme service à lui demander. Trop tard ! Camille, déjà, les devançait, elle murmurait à l'oreille de sa grand-mère :

— Je vais repartir avec toi à La Tourette. Tu me veux bien, dis, Mamélie ?

Si elle voulait ? Son cœur bondissait de joie ! Elle se tourna vers les parents pour avoir une explication.

— Camille a eu un gros rhume qui s'est transformé en bronchite, je doute qu'un hiver à Paris soit propice à sa guérison, alors que le bon air des Cévennes lui serait si profitable. Nous aurions bien aimé te confier également Guilhem, mais il prépare son entrée en sixième et nous ne voulons pas perturber sa scolarité, argumenta Alban.

— Quant à Axel, il est trop petit pour quitter sa maman, s'excusa Béatrice avec un sourire désarmant.

La confiance de sa belle-fille toucha profondément Amélie et son court séjour ne fut que joies partagées. Les valises vidées ne furent pas bourrées de papier comme elle l'avait prévu, mais de vêtements pour Camille, qui allait passer tout un hiver et tout un printemps chez Mamélie.

Avec Camille et ponctuellement le petit Jean-Claude, Amélie réapprenait l'art d'être grand-mère. Plus précisément, elle l'apprenait, n'ayant pu le jouer auprès de Maxime et de Noémie, d'un âge si proche de celui de ses filles Laurette et Alice. Encore en poste de directrice d'école, elle n'avait pu vivre alors à plein temps ce rôle gratifiant qu'elle exerçait aujourd'hui dans une totale disponibilité.

Ce n'était pourtant pas sans une certaine appréhension qu'elle était rentrée à Larbousse flanquée d'une fillette de cinq ans et demi qui n'avait jamais quitté ses parents. Le long trajet, entrecoupé de petits sommes qui terrassaient l'enfant, permit à Amélie de poser les jalons d'un séduisant programme.

— Aimerais-tu aller à l'école de Larbousse, ma chérie ?

— Là où tu étais maîtresse, Mamélie ?

— Eh oui, tu te souviens, je te l'ai montrée.

— Je crois que j'aimerais bien... si c'est toi la maîtresse.

— A mon âge ? Les institutrices sont des demoiselles ou des dames toutes jeunes et jolies.

— Tu es la plus jolie Mamélie du monde !

Camille avait jeté ses bras autour du cou d'Amélie et cette dernière souriait de satisfaction : la greffe était en train de prendre. Une greffe qu'elle comptait bien alimenter de tendresse, de soins attentifs et d'un début d'enseignement, car là était sa seconde nature.

Amélie n'avait nullement prévu que cette responsabilité se doublerait, partiellement, de la garde du fils de Noémie. Et comment y aurait-elle pensé ? Cet enfant avait deux grand-mères, que diable ! Leur garde à mi-temps avait bien fonctionné jusqu'à ce que Violette, désolée, déclare forfait... pour cause de travail. Et de s'en expliquer en toute franchise :

— Une bien mauvaise période pour la charpente, mon pauvre Marcel ne croule pas sous les commandes. C'est la raison qui me fait reprendre du service à la comptabilité de la filature Bondurand. Je regrette pour ton bébé, ma chérie. Ta belle-mère ne te refusera pas...

— Non, non, je ne peux pas la forcer...

— La forcer ? Mais ce n'est que du bonheur !

— Pas pour elle, je ne crois pas, grimaça Noémie. J'en suis même sûre, à certaines réflexions. Il lui tarde que Jean-Claude aille à l'école. Mon bébé ! Il n'a pas deux ans !

— Si tu demandais à Mamélie ? Elle rajeunit depuis l'arrivée de Camille. Après tout, il ne s'agirait que des lundis, mardis et mercredis.

Mamélie s'était bien gardée de décliner. Elle n'allait pas froisser sa Noémie en refusant ce qu'elle avait spontanément accordé à Alban. Surtout, elle jubilait de se sentir utile.

La seule à avoir quelques réticences – et Amélie n'en attendait pas moins d'elle – fut Alice qui, sous couvert qu'on abusait de la bonté de sa mère, s'estimait à nouveau dépossédée. Oh, pas des manifestations physiques d'affection qu'elle refusait de tout son être ! Pas non plus d'un « confort à tous les étages » qui lui assurait le vivre et le couvert sans bourse délier ! Mais d'une place, une, exclusive et entière, qu'elle revendiquait. Cette nouvelle usurpation s'exerçait, on s'en doute, non contre les petits pensionnaires, mais contre cette mère qui n'avait de cesse de déployer largement ses ailes sur sa belle couvée plutôt que de se consacrer à son dernier petit poussin.

Qui aurait pu deviner que la générosité d'Amélie ne s'arrêterait pas en si bon chemin ? Pas elle, en tout cas. Pas Alice non plus, qui pourtant se découvrait des tendresses inconnues pour sa nièce et son petit neveu.

Laure avançait dans le bonheur que lui procurait sa relation avec Daniel Sachs. A ses côtés, elle enchaînait les jours lumineux aux nuits idylliques. La jeune femme lui avait largement ouvert les portes de son appartement du cours de Verdun, encore plus largement ses bras et sans hésitation son lit. En échange, il lui avait ouvert le livre de sa vie et sa lutte au quotidien pour avoir la garde de sa fille.

— Mes beaux-parents, les Lowzinsky, ont fui la Russie bolchévique en 1917 et sont venus s'installer dans cette région de France où se réfugiaient nombre de leurs amis. Grands amateurs d'art et mécènes argentés, ils ouvrirent une galerie de peinture où défilèrent les œuvres d'Isaac Levitan, d'Ivan Aïvazovski et surtout les sublimes portraits de Tamara de Lempicka. Ils lièrent une amitié profonde avec mon père, expert-conseil en œuvres d'art. Tu connais la suite, ma divine.

Laure avoua sans complexe ses lacunes en matière de peinture et autres formes artistiques. Ce fut alors un tourbillon de vernissages, de concerts, d'opéras, dans lequel l'entraîna Daniel. Jamais rassasiés de vivre chaque instant en totale communion, comme s'il était le dernier à savourer ensemble, ils bâtissaient l'avenir, essence même de leur vie.

Laure ne demandait rien, mais Daniel promettait :

— Aux premiers frémissements d'une France libérée, je t'épouse et à nous deux la belle vie. Enfin, à nous trois, dès que j'aurai récupéré Yaëlle.

Là aussi, Daniel s'était livré à une longue explication :

— Mes beaux-parents avaient perdu leur fille unique, je ne pouvais pas être sourd à leur proposition de s'occuper du bébé, d'autant qu'ils s'étaient retirés des affaires. Stupide que j'étais de n'avoir pas prévu une réaction somme toute normale. Ils ont fait de ma fille la leur et repoussent d'année en année l'échéance fatidique. Mais je n'en démords pas, la place de Yaëlle est avec moi, et avec toi si tu veux bien être sa seconde maman.

— Je ne peux qu'aimer ton enfant si elle te ressemble.

Elle l'aima, en effet, au premier contact et ce fut réciproque. L'adorable fillette aux yeux si semblables à ceux de son père, aux cheveux blonds comme les blés, mit avec confiance sa menotte dans la main de Laure. Trop rarement et pour de trop courtes heures, se lamentait Daniel, à qui ses beaux-parents ne confiaient Yaëlle qu'avec un regret non déguisé.

« Ne pouvez-vous résider au Verdon et profiter ainsi de votre fille, Daniel ? Quel besoin avez-vous de l'emmener à Bordeaux ? » lui reprochait-on régulièrement.

A quoi il répondait :

« C'est à Bordeaux qu'elle vivra et dès l'automne prochain. Je l'ai inscrite au jardin d'enfants de la rue d'Aviau...

— Le jardin d'enfants, puis l'école maternelle ? Vous n'y pensez pas ! Ici, elle aura l'instruction à domicile ; je demanderai à nos amis...

— N'en faites rien. Je sais, mieux que personne, ce qui est bon pour ma fille, non ?

— Ne montez pas sur vos grands chevaux, Daniel. Yaëlle n'est encore qu'un bébé. »

De mois en mois, les relations n'allaient pas s'arrangeant, envenimées par la liaison amoureuse de leur gendre qu'ils n'ignoraient pas. Dès le printemps 1942, Daniel devint de plus en plus soucieux au sujet de sa fille qu'il jugeait en danger à cause des intrigues de ses grands-parents. Lui-même hésitait à mettre Laure dans la confidence, de crainte de la compromettre.

Il céda pourtant aux instances de la jeune femme.

— Je te sens torturé, Daniel. Que crains-tu ? Je sais la traque que subissent les Juifs, mais tu es français, ta fille aussi...

— Ses grands-parents ne le sont pas ! De plus, et je veux bien convenir que c'est tout à leur honneur, ils sont des maillons actifs dans une filière pour le passage de clandestins en Amérique via le Portugal. Le réseau Manipule, cela te dit quelque chose ?

L'esquisse d'un sourire entendu lui répondit, suivie d'un regard assombri et d'une proposition spontanée :

— Yaëlle n'a plus rien à faire au Verdon. Je t'en prie, Daniel, va chercher ta fille. S'ils tiennent à elle, à sa sécurité, les Lowzinsky comprendront.

On était dans la première quinzaine de juillet et Daniel Sachs avait obtenu que sa fille soit progressivement retirée à la garde de ses beaux-parents. Huit jours en juillet, quinze en août, trois semaines en septembre et, dès le mois d'octobre, la garde totale.

— Vous pourrez à loisir venir voir Yaëlle à Bordeaux, concéda-t-il, et même y séjourner.

Avec Laure, ils s'étaient organisés. Une nurse, quelques jours de vacances à Larbousse, où Laure avait hâte de brandir son double bonheur de femme et de mère de substitution. La vie était belle !

En cette chaude soirée de juillet, ils avaient pris le repas dans le jardin d'hiver. Là, dans l'exubérante verdure entretenue par Laure, Yaëlle s'était endormie. Daniel avait suivi, ébloui d'amour pour les deux « femmes » de sa vie, les gestes tendres et maternels de son amante dévêtant sa fille et la portant dans sa chambre sans la réveiller. Il suffit d'un coup à la porte et leur vie s'effondra.

— Monsieur Brun ? Par quel...

Le concierge de l'immeuble du cours de Verdun avait un doigt sur la bouche et jetait des regards furtifs dans l'escalier. Il tendit un billet à Laure et chuchota :

— On a apporté ça pour monsieur Sachs. Une voiture et un chauffeur avec une casquette à visière.

— Une voiture ! Quelle marque ?

Daniel s'était levé, le teint plus gris que blême. Le visage du concierge s'éclaira d'un plaisir évident :

— Une Pontiac ! *Té*, on n'en voit pas tous les jours !

Daniel n'eut plus de doute, il remercia, et Laure raccompagna le commissionnaire. Restés seuls, ils déplièrent le billet et lurent d'une même voix :

De grâce, ne ramenez pas Yaëlle ! Il y a danger

— C'est grave, commenta Daniel d'une voix blanche. La phrase n'a pu être terminée.

Un grand silence, puis une décision que Laure attendait tout en la redoutant :

— Il faut que j'aille au Verdon voir ce qu'il s'y passe. Je ne peux rester dans l'ignorance... Je te confie ma fille, Laure. Prends-en soin et prends soin de toi, mon adorée. Je vous aime, vous êtes ma force et ma richesse.

Laure tremblait. Son amant avait des accents pathétiques. Elle ne voulait plus penser, seulement dormir,

Elle alla se coucher tout contre la petite fille qui lui était confiée.

Laure ouvrit les yeux aux premières lueurs du jour. Son sommeil, peuplé de cauchemars et de réveils en sursaut, ne l'avait nullement reposée, encore moins rassurée. Daniel n'était pas reparu, il avait pourtant eu le temps d'aller au Verdon et d'en revenir. Elle ne savait que penser. Quand Yaëlle ouvrit les yeux et s'étonna de l'absence de son père, elle ne songea plus qu'à la rassurer et, pour cela, la distraire.

— Veux-tu que nous allions au parc, ma chérie ? Il y a des balançoires, un tourniquet...

— Mon papa nous retrouvera si nous allons au parc ?

— Nous lui laisserons un mot sur la table.

Ce ne fut pas une bonne idée. On était le 16 juillet. Depuis la veille, une rafle débutée à Mérignac qui se poursuivrait encore deux longs jours plombait la région bordelaise. La ville suait la honte de la délation.

En quittant précipitamment l'appartement de Laure, Daniel Sachs avait pris sa voiture et filé droit sur Le Verdon, où il trouva la propriété du front de mer vide de ses occupants, ouverte à tous vents, dévastée, pillée. Il suivit la route de Soulac et s'arrêta devant une maison, celle qu'habitait le chauffeur de ses beaux-parents.

— Vous ici, monsieur Sachs ? s'écria le brave homme affolé. Vous n'avez pas eu le message de Monsieur ? Ah quel malheur !

— Si, si, je l'ai eu, mais que s'est-il passé ?

— La Milice et puis ceux de la Gestapo. Ils ont emmené Monsieur, Madame qu'ils ont tirée du lit et dans la cave un couple et un homme qu'ils cachaient.

Un jour de plus et ils avaient leur passeur. Pauvre monde !

— Vous saviez, Pierre ?

— Pour sûr, monsieur Lowzinsky avait confiance en moi et sur ma vie, monsieur Sachs, je ne les ai pas trahis.

— Je sais, Pierre. D'autres l'ont fait à votre place. Je vais essayer, demain, de me renseigner à leur sujet.

— C'est risqué, monsieur Sachs, hésita le chauffeur qui compatissait au malheur de ses patrons.

— Je sais, mais il s'agit des grands-parents de ma fille. Je me fais un devoir... pour la mémoire de mon épouse...

D'abord hésitant, Daniel sembla tout à coup résolu.

— Je vous tiendrai au courant, Pierre. Demain, après-demain au plus tard... sinon vous porterez ceci à l'adresse que vous savez. Merci, Pierre.

Daniel Sachs glissa une épaisse enveloppe dans la main du chauffeur, monta dans sa voiture et prit la direction de Bordeaux. En traversant Mérignac, il fut arrêté par un barrage. Il faisait partie de cette première grande vague d'arrestations girondines qui ne visait qu'un but : la solution finale décidée par Hitler et mise en œuvre par les nazis.

22

— Dis-moi oui, *vidita mía*[1] !

— Quoi encore, mon Cisco ?

— On m'a demandé de trouver une planque sûre pour installer un poste récepteur-émetteur, se rengorgea fièrement Francisco Navarro dont les yeux noirs jubilaient.

— « On » ? Qui ça, on ?

Du noir brillant, le regard de l'Espagnol passa à l'anthracite, sa voix se fit rauque :

— Moins tu en sauras, mieux ce sera !

Incapable d'argumenter à une telle évidence, Alice attendit la suite, que Francisco livra dans un murmure :

— J'ai pensé à La Falguière. Une maison isolée, loin de la route, fermée depuis des mois...

— A mon grand regret, soupira Alice. Peut-être ma mère avait-elle raison quand elle songeait à la vendre. Laure et moi payons des impôts sans l'ombre d'un revenu.

— Tu ne ferais pas payer un loyer aux résistants, tout de même ? s'insurgea Francisco.

— Bien sûr que non ! Personne ne doit savoir...

---

1. Espagnol : ma petite vie. Expression affectueuse ou amoureuse.

— Personne, hormis toi, moi et l'Organisation. Juré !

Avec le recul, Alice se demandait si elle n'avait pas donné un peu hâtivement son accord et, pour être honnête, s'avouait que tout autre que Francisco aurait essuyé un refus catégorique de sa part. Mais Francisco, c'était son amour-passion, son Casanova ombrageux, son héros picaresque. Pour lui, et ce constat l'agaçait, elle était capable de toutes les folies.

Agacée, elle le fut doublement en rentrant à La Tourette où sa mère triturait un télégramme qu'elle aurait pris pour une farce de 1er avril s'il n'émanait de Laurette.

— Tiens, lis ! proposa Amélie en tendant l'objet de son étonnement à sa fille.

Impératif réceptionner colis en gare de Nîmes le 21 juillet à 23 h 38. Laure

Le sang d'Alice ne fit qu'un tour : sa sœur était entrée dans la Résistance ! Avait-elle besoin d'y mêler leur mère ?

Entre-temps, Amélie cogitait. Ce soir, Noémie venait récupérer son fiston, elle lui demanderait l'aide de son époux, qui n'était pas privé d'essence en raison de son métier. Jean ne refuserait pas à Mamélie ce service.

— Je te laisserai la garde de Camille. Nous verrons bien de quel genre de colis veut m'encombrer ta sœur.

« J'espère qu'il ne s'agit pas de cacher des clandestins ou autres actions de cet acabit », priait intérieurement Alice.

Laure était aux abois. Trois jours déjà qu'elle attendait en vain un mot, un signe, une manifestation de

Daniel. Rien ! Par chance, Yaëlle posait peu de questions malgré un mal-être évident qui s'exprimait par son besoin d'être toujours aux côtés de la jeune femme. Elle refusait de lâcher sa main, même pour manger, plus encore pour s'endormir.

Au prétexte d'une promenade, Laure s'était hasardée dans la rue de Daniel, au plus près de son immeuble. Pas un signe de vie.

Au matin du 20 juillet, on frappa à sa porte. Le concierge, à nouveau, lui remit une enveloppe en disant :

— Le chauffeur de la Pontiac.

Il lui tourna le dos et Laure l'entendit grommeler :

— Ce n'est pas un immeuble à histoires, ici...

Négligeant de répondre, elle s'abîma dans la lecture :

J'ai tant prié pour que cette lettre ne soit jamais dans tes mains ! Elle l'est ? Alors, écoute-moi. Je t'aime à la folie et la folie était de t'aimer, te voilà prise à ton tour dans une nasse, à protéger l'enfant qui m'est si chère. Je ne sais le destin qui m'est promis, mais toi, il ne doit pas t'atteindre. Ni Yaëlle. Partez ! Partez toutes deux pour ce Larbousse dont tu m'as si longuement parlé, cette Tourette que tu aimes tant. Et restez-y, le temps n'est pas si loin où je viendrai vous y retrouver... si Dieu le veut... s'il existe... Avec tout mon amour. Daniel.

Une autre enveloppe scellée accompagnait les pressantes recommandations de Daniel, elle s'adressait à sa fille et portait la mention « A lui remettre à sa majorité ».

Laure ravala ses larmes, elle ne devait pas s'effondrer devant la petite déjà perturbée ; elle allait suivre les conseils de Daniel... du moins en partie.

— Ce soir, à la nuit, nous allons prendre un train, annonça-t-elle à Yaëlle, comme s'il s'agissait d'une promenade récréative. Nous irons très loin d'ici et tu rencontreras une gentille grand-mère...

— Comme grand-mère Zina ?

— Tout pareil, sauf qu'on l'appelle Mamélie. Elle est gentille, tu sais. Tu auras aussi des compagnons de jeu, une grande fille, Camille, et un petit garçon, Jean-Claude.

— Et toi aussi !

Laure comprit que la séparation serait dure, mais elle devait retrouver Daniel coûte que coûte. Cette idée s'était imposée à elle, plus vitale que l'air qu'elle respirait. Avec Yaëlle, elle alla à la poste et fit partir un télégramme pour sa mère. Ensuite, elle entraîna la fillette dans un magasin où elle lui acheta toutes sortes de vêtements. Il ne resta plus alors qu'à préparer une valise et y glisser la lettre destinée, un jour, à l'enfant.

Tandis que Jean Balmès l'attendait dans sa voiture, Amélie faisait les cent pas dans le hall de la gare, quasi déserte à cette heure avancée de la nuit.

Son regard fut attiré par un homme d'allure jeune et au visage glabre pour ce qu'en laissait deviner le feutre gris fortement incliné sur le front. Il tenait par la main, ou plutôt s'agrippait à sa main un garçonnet semblant émerger d'un lourd sommeil. Le couple incongru fonça droit sur Amélie.

— Maman, laisse-moi parler et ne pose pas de questions, il importe que toi et moi nous éclipsions chacune de notre côté le plus rapidement possible.

Laure ! C'était sa Laurette ! Mais que signifiait...

Le regard aux aguets de sa fille fit mourir toutes les questions qu'engendrait cette mascarade.

— Tu connais Yaëlle, tu l'as vue en photo. Daniel a disparu, on parle de rafle, dit Laure du bout des lèvres en désignant l'enfant d'un imperceptible mouvement du menton. Ses grands-parents aussi, je te la confie.

A l'interrogation muette de sa mère, elle poursuivit :

— Moi, je retourne à Bordeaux et je remuerai le monde entier s'il le faut pour retrouver le père de cet enfant... et mon futur mari. On s'aime, maman. Un amour pareil ne peut finir ainsi, à cause d'un fou qui a décidé d'exterminer...

La voix de Laure s'étrangla dans un sanglot. Amélie baissa la tête vers l'enfant. Le plus dur restait à faire. Yaëlle avait compris à demi-mot qu'elle allait être séparée de Laure et tout son petit être s'y refusait. Elle ne criait pas, ne se démenait pas, ne laissait pas couler une larme, mais son regard éperdu disait son désarroi et sa main crispée sur un doigt de Laure resserrait son étau. Un à un, Laure ouvrit les petits doigts tout en parlant à l'oreille de l'enfant.

— C'est Mamélie. Tu sais, je t'en ai parlé. Une gentille mémé comme grand-mère Zina. Va sans crainte avec elle, mon petit trésor. Moi, je vais chercher ton papa et quand je l'aurai retrouvé nous viendrons te rejoindre à La Tourette.

Puis, tendant le bagage de la petite, elle confia à sa mère :

— Il y a une lettre de Daniel pour sa fille. Au cas où...

Les yeux bleus de Yaëlle avaient pris une transparence opaline. Ils criaient l'incompréhension, la souffrance et une peur panique.

Amélie n'avait jamais vu pareille expression muette de désespoir et crut qu'elle ne l'oublierait jamais. En fait, elle s'estompa dès que Yaëlle réapprit à sourire.

Dans la voiture du docteur Balmès, Amélie s'était installée à l'arrière pour continuer, tout le long du trajet, à serrer contre elle l'enfant raidie et murée dans son mutisme. Tout était silencieux à La Tourette, Alice avait couché Camille et avait regagné sa chambre ; cela réjouit Amélie, sa petite protégée avait besoin de calme. Rencontrer des visages nouveaux, il serait temps demain. Elle monta Yaëlle dans sa chambre, la coucha dans son lit et s'allongea près d'elle, chantonnant une mélopée jusqu'à ce que vienne le sommeil de l'oubli.

On grattait à sa porte. Amélie alla ouvrir. Impatiente, Alice venait aux nouvelles. Mère et fille quittèrent sans bruit la chambre et gagnèrent la cuisine, où Alice attaqua, bille en tête :

— Une enfant juive sous ton toit ? Mais c'est de la folie, maman ! De la pure folie ! Laure en prend à son aise...

— Moins fort, Alice ! tempéra sa mère. Cette petite est en état de choc. En quelques jours, son univers a éclaté, elle passe de mains en mains, atterrit chez une étrangère. Nous devons l'aider à traverser ce douloureux épisode de sa jeune vie. Jusqu'à nouvel ordre, nous sommes sa nouvelle famille. Pourquoi ne pas la faire passer pour l'enfant d'une cousine de Béatrice venue, comme Camille, se refaire une santé ?

Alice approuva dubitativement puis prit un air inspiré :

— En premier lieu, changer son prénom me paraît indispensable. Abriter une enfant du nom de Yaëlle, c'est de la provocation.

— Tu as raison, mais il faut y aller par petites touches pour ne pas la perturber davantage. Trois ans ! A peine plus qu'un bébé. Pauvre petite.

— Et Laure ? demanda Alice.

— Partie à la recherche de son Daniel, le père de la petite. Je n'ai pu l'empêcher de se mettre peut-être en danger.

Puis, saisie d'une illumination, elle poursuivit :

— Joëlle ! Que penses-tu de Joëlle ? Je lui expliquerai qu'il s'agit d'un jeu et qu'il faut suivre les règles si l'on veut gagner. Il est tard, je suis épuisée. Allons nous coucher.

Les yeux de Yaëlle s'ouvrirent sur un monde totalement inconnu et gardèrent encore durant quelques jours cette fixité interrogative et désespérée qui navrait Amélie. Le temps, fort heureusement, et surtout l'absence de la notion de durée commune à tout enfant agirent comme une gomme qui efface partiellement une immense douleur pour n'en laisser que des accès récurrents.

Ainsi les interrogations sur sa grand-mère Zina, sur son papa et sur Laure reviendraient-elles, plus tard et par épisodes, douloureuses à la fillette comme à Amélie, qui n'avait aucune réponse à lui apporter.

Pour l'instant, Yaëlle découvrait son nouvel univers de ses yeux immenses et glacés ; pas un mot ne franchissait ses lèvres serrées sur sa douleur, pas l'ombre d'un sourire aux attentions de Camille, ravie d'avoir à demeure une compagne plus à même de partager ses jeux que ce bébé de Jean-Claude encore à trimballer sans vergogne ses couches souillées.

391

Afin que personne ne commette d'impair, Amélie avait inventé le « jeu » dès le réveil de la fillette qu'elle devinait apte à comprendre.

— Laure t'a dit que tu venais en vacances à La Tourette. C'est ici et nous avons tous un nom de vacances. Moi, on m'appelle Mamélie, et toi on t'appellera Joëlle. C'est joli, ça fait penser à joie, au jeu et aussi à Noël quand on reçoit des cadeaux. Viens, nous allons réveiller Camille, elle aussi c'est son nom de vacances.

Sage, obéissante... et indifférente à tout. Du moins en apparence. Telle pouvait se définir la nouvelle Joëlle, oisillon tombé du nid, qu'Amélie se promit d'apprivoiser.

L'amorce vint d'où personne ne l'attendait et apporta, en plus d'une réjouissance, une aura à la fillette.

Pressentie pour garder sa petite-fille durant quelques mois, Amélie s'était vu proposer que le séjour soit prolongé sans date de retour fixée. Les raisons ne manquaient pas : en premier lieu, Camille s'était parfaitement intégrée à l'école de Larbousse, s'y était fait de nombreuses copines et, en plus d'avoir recouvré une santé florissante, aimait sa vie à La Tourette.

D'autres, qui n'avaient pas une connotation aussi réjouissante, motivaient Béatrice et Alban : l'atroce pénurie et l'insécurité ! On manquait de tout à Paris, la France à genoux perdait ses forces vives et les Français affamés leurs forces tout court. De plus, on se méfiait de tout, y compris de son ombre.

Si tu le veux bien, maman, nous te laissons Camille et espérons pouvoir t'envoyer Guilhem aux vacances. Béatrice et moi ne doutons pas de ton accord, ni même du bon accueil que tu feras aux livreurs dans le courant de la semaine...

Amélie avait souri, indulgente. Un manteau de fourrure ? Un sac signé Louis Vuitton ? Des bas de soie ou des gants en chevreau ? Ils ne savaient que faire pour remercier Amélie alors qu'elle s'estimait redevable. Ne lui faisaient-ils pas plaisir et aussi confiance pour son plus grand bonheur, celui de se sentir, à nouveau, si utile ?

Rien de tout cela, mais un pesant Gaveau de style Art nouveau avait fait son apparition, un jour, à La Tourette.

— Mon piano ! fit remarquer Camille, un rien boudeuse. Tu as demandé à papa d'envoyer mon piano, Mamélie ?

— Tiens, lis toi-même, mademoiselle la curieuse.

Accompagnant le piano droit, un mot des parents de Camille priait Mamélie de lui dénicher un professeur qui devrait expédier, à Paris, sa note de frais. Diverses partitions, méthodes bleue et rose, rien ne manquait à la panoplie de la future émule de Clara Schumann.

Le Gaveau avait pris place dans la chambre de Laure, au rez-de-chaussée, tandis qu'une demoiselle Blanc, responsable de l'harmonium à Saint-Jean, pédalait chaque semaine jusqu'à La Tourette pour deux heures d'études appliquées.

Elle était là un après-midi et s'assurait du travail de son élève lorsque la petite Joëlle émergea d'une longue sieste que préconisait Mamélie par les fortes chaleurs. Aux notes égrenées, ce petit bout d'enfant retint sa respiration, ses yeux pâles couraient sur les murs jusqu'à une porte fermée. Amélie, qui ne perdait pas du regard toute réaction de la fillette, se dit que l'enfant était sensible à la musique.

Plus que de la sensibilité, il y avait comme un frémissement impatient dans l'attitude de Joëlle, qui se mit à battre la mesure du pied, puis à tapoter la table d'un doigt.

Amélie se fit la réflexion qu'il n'y aurait pas de drame à troubler la leçon et proposa :

— C'est Camille qui joue du piano. Veux-tu aller la voir ?

Les yeux, jusque-là glacés, de la fillette brillèrent d'un éclat nouveau tandis qu'elle tirait sur la jupe de Mamélie en direction de la chambre. Amélie ouvrit sans bruit et Joëlle lâcha le pan de robe pour s'approcher religieusement du piano, le caresser d'une main amoureuse et planter son regard dans celui de Camille.

— Tu veux monter ? crut comprendre celle-ci qui, conciliante, lui fit une place sur la banquette de cuir.

Toute à sa joie de montrer son savoir à sa petite compagne mutique, Camille frappait une note, la nommait, égrenait en arpège un accord imaginaire.

A quoi Joëlle pensa opportun de répondre par un laconique « Je sais ! ».

Amélie exulta. Elle parlait ! Un piano la faisait parler ! Puis elle devina que l'enfant attendait autre chose.

— Tu voudrais jouer, toi aussi ?

Au « Oui ! » plein d'espoir que lança la petite, Amélie sut qu'elle allait vivre un moment magique. Et ce fut le cas !

Joëlle gigota un moment sur la banquette, jusqu'à en faire descendre Camille. Puis, bien installée, elle plaqua ses deux menottes sur le clavier et commença à jouer avec une maîtrise déconcertante le rondeau des Abeilles de Couperin, d'une candide fraîcheur. Ses petits doigts couraient sur le clavier et, limitée par la faible amplitude de ses bras, on aurait dit parfois qu'elle s'envolait de son siège pour atteindre les touches graves ou aiguës. La sueur perlait au front de mademoiselle Blanc, Camille restait bouche bée et Mamélie se mit à croire aux miracles.

— Quel âge a cette enfant ? balbutia mademoiselle Blanc en s'essuyant de son mouchoir.

— Trois ans ! répondit fièrement Amélie.

— Trois ans ? Mais je rêve ! Pincez-moi, madame Mazal.

Puis, avec une pédagogie déconcertante, elle apostropha Camille :

— Eh bien, jeune demoiselle, il va falloir cravacher pour atteindre le niveau de ta...

— De sa cousine ! intervint Amélie. Une petite Parisienne qui fuit, elle aussi, le climat de la capitale.

Le petit génie, alors, se manifesta et si d'aucuns y pourraient voir une suffisance d'enfant adulé, Amélie perçut l'humilité dans la recherche de la perfection.

— J'ai raté le *fa* dièse au dernier mouvement.

— Et critique avec ça ! ne manqua pas de s'étonner l'harmoniste.

— Que dirais-tu, Joëlle, si mademoiselle Blanc te donnait des leçons, si elle y consent, bien sûr ?

Le visage lumineux de Joëlle valait une réponse, celle du professeur se fit attendre avant qu'elle lâche enfin :

— Les deux cours dans la foulée, alors. C'est qu'il faut y monter, dans votre Vallée Borgne !

Amélie réprima un sourire. Autant parler à une convaincue. Vallée Borgne. Vallée Française. Elle en avait couvert, des kilomètres de routes et de chemins poudreux depuis sa tendre enfance. Pour se rendre à l'école, puis à la filature, à nouveau à l'école après son mariage avec Guillaume et aujourd'hui pour le simple plaisir d'enseigner à ses petits-enfants, au cours de longues promenades, la flore de la région, sa faune et mille histoires venues de la nuit des temps.

Ils étaient trois maintenant – le petit Jean-Claude ne faisait pas partie des escapades bucoliques prisées par Amélie – à écouter Mamélie, à gambader dans son sillage depuis qu'un nouveau colis était arrivé à La Tourette : Guilhem, un grand échalas tout maigre qu'il fallait requinquer. Alice avait eu un pli amer au coin de sa bouche tandis qu'Amélie jurait qu'elle allait passer un des plus beaux étés de sa vie.

Il aurait pu l'être sans le silence inquiétant de Laure. Agissait-elle ainsi délibérément afin que la fille de Daniel ne soit pas inquiétée ? Amélie tentait désespérément de s'en persuader, confortée dans cette hypothèse par son entourage.

— Laurette sait ce qu'elle fait. C'est un cerveau, ma petite sœur, l'encourageait Violette.

— On ne sait ce qui s'est passé et ce qui se passe encore à Bordeaux. Elle a raison de vouloir se faire oublier, tenta de la réconforter Noémie, qui démarrait une nouvelle grossesse.

— Bien sûr qu'on sait ce qui s'est passé ! la contra Alice avec virulence. Trois jours de rafle orchestrée par la préfecture, de traque aux clandestins en attente d'un passage à l'étranger, un beau filet d'une centaine de personnes embarquées dans des trains via Drancy. La destination finale... qui la sait ?

Quatre yeux foudroyèrent Alice. Quel besoin avait-elle de raconter tout ça alors qu'ils se liguaient pour laisser Amélie dans l'ignorance ? Or, elle en savait autant qu'eux, ne manquant aucune information à sa radio.

— Des Juifs. Des clandestins. Qu'a à voir Laure dans cette affaire ? La petite... vous croyez ? On cherche la petite ?

— Si on la cherche, maman, ce n'est certainement pas chez Laure. Pas ici non plus. Tu peux dormir tranquille.

Que pouvait bien motiver une si intense recherche – si recherche il y avait – d'un tout petit enfant, sinon un désir de persécution d'hommes devenus fous ?

La rafle des 15, 16 et 17 juillet se voulait exemplaire et le démantèlement du réseau Manipule total, du moins parmi ses membres actifs. Dans le collimateur de la milice depuis plus de six mois, des Lowzinsky dénoncés, pas un ne devait passer à travers les mailles, fussent-ils des innocents comme leur gendre, plus encore comme leur petite-fille et jusqu'à Laure Mazal, soupçonnée de fournir des faux papiers aux clandestins.

Au lendemain de l'arrestation de Daniel Sachs, le cabinet Monnier-Delaune-Sachs et Mazal fut investi par une horde peu engageante qui ouvrit à la volée les portes des bureaux, s'enquit des absents et embarqua le vieux monsieur Monnier et sa nièce.

— Puisque nous vous disons que monsieur Sachs a pris une semaine de congés, ainsi que mademoiselle

Mazal ! C'est ainsi que nous procédons durant les mois d'été, à tour de rôle, répéta madame Delaune au cours de l'interrogatoire.

La forte femme tenait tête à toutes les questions qui fusaient et terminait chaque fois en priant ses bourreaux de libérer son oncle, un vieillard qui ne saurait, pas plus qu'elle, leur dire où étaient les deux avocats.

— Nous sommes associés dans le travail, mais chacun a sa vie privée, monsieur Sachs comme mademoiselle Mazal.

L'un des inquisiteurs finit par cracher le morceau :

— Lui, nous l'avons cravaté. C'est sa comparse que nous cherchons. Que dis-je, sa maîtresse !

— Daniel ! Vous avez arrêté Daniel ? Et de quel droit prétendez-vous que mademoiselle Mazal serait sa maîtresse ? Une jeune femme sérieuse, toute à son travail !

— Nous avons nos agents, madame, et nous vérifions leurs informations.

Au bout du compte, il parut évident que l'oncle et la nièce étaient dans l'ignorance des prétendus agissements du couple Sachs-Mazal. Ils furent relâchés, le barreau de Bordeaux ayant fait pression en leur faveur... comme il s'était bien retenu de le faire pour Daniel Sachs.

Deux hommes furent dépêchés au domicile de Laure Mazal, devant lequel ils planquèrent jusqu'au retour de la jeune femme, qu'ils cueillirent sans difficulté.

S'ouvrirent alors pour Laurette les portes d'un enfer qu'elle s'acharna à endurer, assurée qu'au bout de ce tunnel de souffrance Daniel l'attendrait, les bras grands ouverts, et qu'il la saisirait, l'enserrerait pour ne plus la lâcher.

Accusée d'appartenance au réseau Manipule et d'active participation, ce qu'elle niait, hélas sans arguments, elle subissait la violence des interrogatoires sans flancher d'un iota. Là où la souffrance physique n'avait aucun effet, la brutalité d'une révélation brisa son moral d'acier.

— A quoi bon vous obstiner ? Sachs a parlé ! Il faut dire qu'on a employé les bons moyens, ricana un de ses tortionnaires. Il était pas beau à voir quand on l'a jeté dans le wagon pour Drancy.

Un acolyte prit le relais dans son travail de sape :

— Il est bon pour un camp en Allemagne, le youpin... s'il n'a pas avalé, entre-temps, son extrait de naissance.

Daniel ! Laure gémit, blessée à l'âme, touchée au cœur. Son corps meurtri, ce n'était rien à côté de cette indicible douleur qui lui nouait le ventre. Dans l'instant, elle sut qu'il l'attendait. Dans un train, dans un camp, dans un ailleurs qu'elle ne voulait pas nommer. Il l'attendait, alors en signe de reddition bravache elle capitula :

— Sa fille, vous ne l'aurez pas, elle vogue en ce moment sur un navire anglais faisant route vers l'Amérique.

Un poing rageur l'atteignit à la tempe. Combien de temps dura sa commotion ? Elle avait perdu la notion du temps, celle du lieu lui échappait totalement, son environnement l'indifférait ; une seule chose comptait : elle avançait vers Daniel et pourrait affronter son regard, Yaëlle était à l'abri, elle n'avait pas failli à sa mission.

Tout le monde s'y attendait et le redoutait en même temps. C'était fait. La France en son entier était zone occupée !

L'activité clandestine d'Alice et de Francisco s'intensifia. Ce qui minait Amélie. Encore ne se doutait-elle que d'un dixième des actions dans lesquelles l'Espagnol entraînait sa fille. Malgré tout, il ne fallait pas la croire aveugle ; myope, elle en convenait. Mais pas aveugle, ah non !

— Les sacoches de ton vélo étaient bien gonflées, Alice.

— Du courrier de l'imprimerie à poster, maman !

La réponse, toute prête, avait fusé. Ce ne fut pas le cas une autre fois où il lui fut plus difficile de trouver une réponse qui satisfît Amélie.

— Je voulais te demander… As-tu trouvé des locataires pour La Falguière ?

— Toujours pas, la conjoncture n'est pas bonne…

— Ah, je croyais. On t'y a vue récemment…

— Qui ? s'insurgea Alice, sur la défensive.

— Roger, le petit vacher des Granier du hameau de l'Herm.

— De quoi il se mêle, celui-là ? Il m'espionne ?

— Tu ne me réponds pas, Alice.

— J'allais voir si tout allait bien avant les grandes pluies.

— Alice, ma chérie, j'ai un petit-fils quelque part à Pétaouchnock, une fille évanouie dans la nature, crois-tu qu'un autre malheur me serait supportable ? Je t'en supplie, mon Alice, promets-moi de ne jamais te mettre en danger.

Au bel été de Mamélie avait succédé un automne affairé ; il avait fallu installer Guilhem, pensionnaire au lycée d'Alès, renouveler l'inscription de Camille à l'école de Larbousse et ouvrir les portes de la classe enfantine à Joëlle.

A cette occasion, Amélie eut confirmation de ses soupçons.

— Comment vais-je faire ? On va me demander un extrait de naissance, des certificats de vaccins...

Sans bruit, Alice avait ouvert un tiroir du bureau et glissé un dossier devant sa mère.

— Tiens, les voilà ! dit-elle, hugolienne sans le vouloir. Elle s'appelle Joëlle Rouvière. Un nom facile à retenir.

Amélie la gratifia d'un pauvre sourire.

L'approche de l'hiver la fit, soudain, frissonner.

23

Réveillée en sursaut, Amélie apprécia de sortir du cauchemar imprécis qu'elle voulait chasser à tout prix. Surtout, ne pas y voir un rêve prémonitoire ! Elle s'en empêchait avec toute la puissance de sa volonté.

Comme un écho à ses propres angoisses, un gémissement lui parvint de la chambre voisine que partageaient Camille et Joëlle. Une des petites était-elle malade ? Elle enfila prestement sa chaude robe de chambre en laine des Pyrénées – encore une touchante folie de Béatrice – et n'eut qu'à pousser la porte qu'elle laissait entrouverte. Bien qu'endormie, Joëlle s'agitait dans son lit, jetait ses bras et ses jambes au point qu'Amélie la crut un instant prise de convulsions.

Une main sur le front de la fillette la rassura. Celle-ci n'avait pas de fièvre et appelait dans son sommeil :

— Laure ? Papa ? Vous êtes là ?

Amélie ne rêvait pas. Les mots, bien articulés, s'adressaient à une vision, certainement celle de son père et de Laure penchés sur elle car l'enfant, plus détendue, souriait.

« C'est bon signe, pensa Amélie. Aujourd'hui, nous aurons certainement des nouvelles. »

Elle caressa la tête de Joëlle, posa un baiser sur son front, remonta les couvertures jusqu'à son menton et, s'assurant que cet intermède n'avait pas réveillé Camille, elle retourna, rassérénée, dans son lit.

Rien d'étonnant, alors, à ce qu'elle ouvre sa porte au facteur en disant :

— Je vous ai tenu un peu de café au chaud, monsieur Daudet. Je n'ai, hélas, que de la saccharine pour le sucrer.

— C'est pas de refus, madame Mazal, il fait si froid ce matin. Tenez, j'ai une lettre pour vous, elle vient de Bordeaux.

Amélie sourit, amusée. Elle l'attendait et patienta jusqu'au départ du facteur. Alors seulement, elle regarda l'enveloppe et ne reconnut pas l'écriture de Laure.

Ses mains tremblaient quand elle déplia la lettre émanant du syndic de l'immeuble du cours de Verdun qui s'accompagnait d'un relevé de gestion des impayés, loyers et charges, des mois d'août, de septembre, d'octobre et de novembre. Elle la posa sur la table pour parvenir à lire.

Devant les nombreuses lettres recommandées restées sans réponse, nos services de recouvrement ont entamé des recherches qui, après consultation de l'état civil de mademoiselle Mazal, nous amènent à vous, sa mère, qui êtes à même d'éclaircir cette situation bloquée. Sans manifestation, dans les meilleurs délais, des intentions de mademoiselle Mazal, le bail de location serait caduc, l'appartement ouvert sous contrôle d'huissier et une action intentée pour le recouvrement des arriérés dus. En vous souhaitant, madame, bonne réception...

« Ainsi c'était cela mon cauchemar ! » s'effondra Amélie et, la tête dans ses deux bras repliés sur la table, elle laissa couler des larmes de désespoir.

Se lamenter indéfiniment sans réagir n'entrait cependant pas dans ses méthodes. Elle savait, par expérience, que l'on souffrait moins dans l'action. Elle réunit, le soir même, un petit conseil de famille.

— Je ne sais pas ce que je vais y faire, ni ce que je vais y apprendre, mais je pars pour Bordeaux, annonça-t-elle à son entourage après leur avoir montré la lettre du syndic.

Elle s'attendait à la réaction unanime que sa décision suscita et s'entêtait quand la sagesse des arguments avancés, tant par ses filles et petite-fille, son gendre et Jean, le mari de Noémie, l'amena à plus de circonspection.

— A quelles portes frapperais-tu, Mamélie ? L'affaire est bien trop compliquée à résoudre, même avec les meilleures intentions du monde, tenta de la raisonner Noémie.

Alice lui asséna le coup de grâce :

— Te faire remarquer à Bordeaux, c'est ouvrir un boulevard à ceux qui rechercheraient Joëlle.

La détermination d'Amélie était fortement ébranlée, son découragement faisait peine à voir. Emu par la détresse d'une belle-mère vénérée, Marcel avoua, la voix enrouée :

— J'aurais de l'essence pour ma camionnette, je vous accompagnerais, Amélie.

— Ne dis pas de bêtises, Marcel ! le rabroua sa femme. Moi, je sais ce qu'il faut faire.

Tous les regards se portèrent sur Violette.

— Alban est le plus apte à débrouiller cette affaire. Il a des relations, connaît les lois. Oui, il faut lui envoyer la lettre et tous les éléments en notre possession. Je vous fiche mon billet qu'en huit jours tout sera réglé.

— Des mots, tout ça, Violette ! objecta Amélie. S'il avait pu savoir quelque chose au sujet de Laurette, crois-tu qu'Alban nous aurait laissés dans l'ignorance ?

— C'est pourtant ce que nous allons faire ! s'obstina Violette. N'est-ce pas, vous tous, qu'il faut agir ainsi ?

Il fallut s'en remettre à la résolution de sa fille aînée et à la diligence d'Alban, si tant est qu'il puisse intervenir de quelque façon. Alors, l'attente commença, plus que jamais oppressante. En proie à des doutes, à des suppositions, à mille hypothèses, Amélie perdait le sommeil, l'appétit. Tout son être n'était que prière :

« Mon Dieu, laissez-moi l'espérance ! »

A Paris, après avoir enclenché une recherche dans l'intérêt des familles et battu le rappel de ses relations à même d'éclaircir le mystère, Alban avait beau tourner le problème dans tous les sens, il ne se résolvait pas à coucher sur le papier tout ce qu'il avait à annoncer à sa mère.

« Pauvre chère maman, je maudis le couteau que je vais planter dans ton cœur ! »

Le supplice de son mari n'était pas étranger à Béatrice, qui lui proposa de descendre à Larbousse.

— Vous devez faire bloc autour de Mamélie. C'est votre rôle à vous, ses enfants. Va, mon chéri, ce sera l'occasion d'embrasser Guilhem et Camille. Oh, qu'ils me manquent, mes chéris !

Un laissez-passer en bonne et due forme en poche, un peu d'essence dans son réservoir, un jerrican donné par son beau-père, un autre par un ami et une dizaine de barrages et de contrôles plus tard, Alban arriva enfin à La Tourette... où on ne l'attendait pas.

Aux cris de joie de Camille, le cœur d'Amélie partit en éclats. Ce fils qu'elle avait tant de plaisir à revoir ne pouvait être aujourd'hui qu'un porteur de mauvaises nouvelles. En ce sens, elle ne fut pas déçue.

Tout au long du trajet, Alban s'était interrogé sur la meilleure façon – ou plutôt la moins mauvaise – de relater des faits qui à lui aussi avaient fait perdre le sommeil. Le visage ravagé de sa mère, ses épaules tombantes, presque courbées sur l'insupportable silence de sa fille, ne l'incitèrent pas à révéler la stricte vérité, du moins celle qu'on lui avait servie, et ses sources étaient dignes de foi. Pourtant, il savait qu'avec elle il ne pouvait pas, ne devait pas, ruser.

Au fur et à mesure du récit de son fils, Amélie se ratatinait. On aurait dit qu'elle s'apprêtait à disparaître aux yeux de tous, tout comme sa fille avait disparu sans que personne lève le petit doigt.

— Ravensbrück ? murmura-t-elle, désemparée. Il me faudrait un atlas... et ma loupe.

— A quoi bon ? se désola Violette tandis qu'Alice accédait au désir de sa mère.

— Pour me rapprocher d'elle... Oui, je sais, cela peut vous paraître puéril, mais c'est ainsi que je le ressens. J'ai fait de même pour localiser ton Maxime.

Au bout d'un long moment de recherche sur une carte, elle y pointa enfin précisément le doigt et répéta :

— Ravensbrück ! Le tombeau de ma fille.

— Ne dis pas ça, maman !

D'un même élan, ses trois enfants avaient repoussé la noire prédiction d'Amélie et Alban crut bon d'en rajouter :

— Comme toutes les prisonnières de ce camp, Laure travaille dans une usine d'armement. Un travail pénible, je te l'accorde, mais qui implique de bien nourrir cette main-d'œuvre providentielle, de la maintenir en forme et en bonne santé. Ce qui n'est pas le cas partout, notamment à Dachau, où se trouverait monsieur Sachs.

Puis il parla affaires car il fallait bien en parler. Il avait mandaté une société de déménagement qui avait mis le mobilier de Laure dans un garde-meuble et ainsi rendu les clés de l'appartement au syndic.

— Son compte bancaire, auquel je n'ai eu aucune difficulté à accéder, était suffisamment approvisionné pour couvrir les arriérés de charges et de loyer, ainsi que pour faire face à une année de location du garde-meuble. Après, nous aviserons.

Bien qu'absorbée dans ses pensées chagrines, Amélie apprécia l'efficacité d'Alban et reconnut combien ses prétentions à se rendre à Bordeaux auraient été ridicules et vouées à un lamentable échec.

Alban Masméjean aborda un autre volet de son intervention : il avait obtenu une promesse, celle de conserver dans leurs clauses initiales les parts de Laure Mazal dans le cabinet d'avocats.

— Monsieur Monnier et madame Delaune, avec qui j'ai pu avoir un échange épistolaire rassurant, m'ont fait part, évidemment, de leur tristesse concernant le sort de leurs associés et se sont engagés à ne prendre que des avocats intérimaires jusqu'à plus amples informations.

— Et donc ? demanda Amélie, bien que la réponse fût le dernier de ses soucis.

— Cela signifie, maman, que leur association est pérenne quand bien même deux des avocats se trouvent momentanément empêchés d'exercer.

Des mots qui voulaient susciter l'espoir, celui d'un retour de l'enfer, oui, cela Amélie le comprenait très bien. Plus difficile était de lui répondre sur cette lancinante question :

— Mais que reprochait-on, à la fin, à ma petite fille ? De quel droit a-t-on brisé sa vie ? Elle qui n'aurait pas fait de mal à une mouche...

— Parce que nous vivons une époque terrible, maman. Parce que l'occupant n'a de cesse de nous briser plus encore que nous le sommes. Parce que Laure a eu le malheur de soustraire à la haine des hommes l'enfant d'un peuple honni. Faisons en sorte que sa bravoure ne soit pas vaine et qu'un jour nous soyons fiers de rendre à sa famille une fillette en bonne santé.

Parce que la vie continuait malgré tout et parce que sa propre révolte et ses sombres pensées ne devaient pas déteindre sur les deux petites filles dont elle avait, au quotidien, la charge, Amélie se caparaçonna d'une armure de sérénité, greffa un doux sourire à son visage et à ses yeux, laissa son cœur déborder d'une immense tendresse distribuée à tout-va.

En récompense, décembre 1942 se voulut généreux. Une lettre de Laure. Affreux et cependant réconfortant courrier ! C'est ce que voulait être ce carton préimprimé, en allemand bien sûr, où il avait suffi de remplir les blancs.

« Un exercice à trous comme j'en proposais, en grammaire et conjugaison, à mes élèves. » Amélie blêmit à la stupide réflexion que lui inspirait ce courrier.

Bien que les seuls mots qui lui importent soient ceux écrits par sa fille, Amélie dut attendre la venue du docteur Balmès – qui connaissait l'allemand – pour une traduction sans surprise et avec un arrière-goût d'inassouvi.

Laure Mazal *informe sa famille qu'elle va bien et qu'elle est heureuse de participer à l'effort économique de l'Allemagne en travaillant* à Ravensbrück. Un *colis par* mois *lui est autorisé. Il ne doit pas contenir de lettre.*

Il fallut vivre avec cela. Vivre à plein temps pour sa famille, pour Maxime, pour Laure et aussi pour ce monsieur Sachs qu'Amélie comptait au nombre de ceux qui avaient encore une vie à accomplir. Elle bridait d'autant plus ses émotions que Joëlle les ressentait à la puissance dix.

Quelle sensibilité chez ce petit bout si facile à choyer, à la jeune existence généreuse et tourmentée ! Tourmentée car rien n'est plus injuste que d'être privé de sa maman, de voir s'évanouir autour de soi les personnes qui tentaient de combler cet incommensurable vide. Généreuse du fait du milieu nanti dans lequel elle avait baigné aux premières années de sa vie, puis de la famille d'adoption, si différente mais tout aussi aimante, qui lui avait ouvert ses portes à Larbousse.

Enfance enchanteresse, quoique saupoudrée au quotidien de ces petites peurs irraisonnées, empreintes de la clandestinité où la plongeait sa nouvelle identité. Tout ravissait Joëlle dans ce coin des Cévennes où le hasard l'avait conduite : les montagnes bleues, le Gardon cascadant, les petits chemins cailouteux où l'entraînaient Camille et Guilhem. Tout était si différent de son Aquitaine natale, des plages de sable et de l'océan à perte de vue, si nouveau aussi avec cette curieuse célébration d'une fête au cours de laquelle on célébrait la naissance d'un enfant de cire qu'on plaçait dans une crèche et qui donnait lieu à une distribution de cadeaux... à condition de déposer ses chaussures devant un sapin étrangement décoré.

— Qui a mis cette poupée dans mes chaussures ? demanda Joëlle au matin de Noël en découvrant la même, plus grande, dans ceux de Camille.

— Le père Noël, tu sais bien, je t'en avais parlé, la renseigna celle-ci.

— Il est entré comment ? Et quand est-il venu ?

— Cette nuit, pendant que nous dormions.

— Mais alors, n'importe qui peut entrer...

Amélie suivait la conversation des deux fillettes et force lui fut d'admettre que chez l'enfant ballottée, confiée à une inconnue, la notion d'insécurité subsistait, latente.

L'insouciance aussi, et elle prenait souvent le pas comme à la Chandeleur, quand elle avisa sur le rebord de la fenêtre un curieux tapis blanc.

Elle porta ses yeux clairs sur Mamélie, sa référence.

— C'est quoi, Mamélie ?

— De la neige, ma chérie. Touche, c'est froid. Après le petit déjeuner, Camille et toi vous vêtirez chaudement, mettrez des moufles et irez faire un bonhomme

411

avec une carotte pour le nez et des cailloux noirs pour les yeux.

Le front au carreau de la fenêtre, Amélie suivait les ébats des gamines rendues à l'insouciance enfantine et, dans ces moments de pure joie, elle se prenait à penser – et à en rougir de honte aussitôt – que ces bonheurs-là n'auraient pas existé sans la guerre et son cortège d'atrocités. Ils meublaient sa vie et celle des deux fillettes en dehors des heures d'école où Yaëlle prenait bien garde à ne jamais sortir de l'enveloppe de Joëlle Rouvière, un rôle qui en ferait la grande gagnante du jeu inventé par l'astucieuse Mamélie.

Un jeu de cache-cache auquel s'adonnèrent de plus en plus d'adultes quand, le 16 février de cette nouvelle année, tomba un décret nouveau : le STO. Un service de travail obligeant la jeunesse française à remplacer, dans les usines d'Allemagne, les hommes sur le front de l'Est.

Les employeurs sommés de fournir la liste de leur personnel susceptible d'être réquisitionné, Francisco Navarro se trouva dans l'obligation de faire un choix.

Pas de longues réflexions, encore moins d'hésitation, pas même l'ombre d'un regret : il serait maquisard... pourvu qu'on veuille bien de lui. Il éprouvait une certaine jubilation à informer Alice de sa véritable entrée en résistance.

— Les tracts, les faux papiers, les messages radio, ça n'a qu'un temps. Il faut, maintenant, passer aux actes. Tu me comprends, dis, Alicia ?

— Non seulement je te comprends, mais je t'approuve, mon Cisco. Crois-moi, avec ma sœur et mon neveu à trimer en pays ennemi, on a donné. Où vas-tu aller ?

— Dans un « réduit » top secret pour une formation au maniement des armes avant de rejoindre un maquis. Tu pourras prendre en charge la radio à La Falguière ? Je te montrerai les codes.

— Demain, à la sortie du travail ?

— A demain, *guapa* !

Fonctionnant à l'impulsivité, Alice Mazal avait eu la réaction qu'attendait Francisco. D'ailleurs, et elle l'avait bien compris, le fier Espagnol ne s'embarrasserait pas d'une femme – ne lui avait-il pas promis le mariage ? – jouant les timorées, aussi craintive que son ombre. Pas plus, d'ailleurs, qu'il n'entendait qu'elle portât, dans son ménage, la culotte.

Son idéal féminin s'était figé sur sa mère qui, à la demande de son époux, avait fait ses bagages, fui vers l'inconnu, et trimait sans relâche aux travaux rebutants que lui destinaient ses patrons sans jamais se plaindre. Pour l'amour de Cisco, Alice voulait être tout cela et plus encore. Mais c'était faire fi de son côté amoureuse passionnée qui allait de pair avec son esprit fougueux et fonceur, qu'elle ne put dissimuler, le lendemain à La Falguière.

Accrochée au cou de son amoureux, Alice repoussait l'heure de la séparation.

— Reste encore un peu, Cisco ! suppliait-elle.

— Je dois être à dix-neuf heures au point de rendez-vous, Alicia, ma belle. La nuit et la neige ne seront pas nos alliées.

— Un baiser ! Un autre ! Serre-moi très fort !

— Enfant que tu es ! Tu me retardes !

Alice ne desserrait pas son étreinte, elle se hissa sur la pointe des pieds et là, dans le creux de son oreille, murmura :

— Aime-moi, Cisco. Je veux être ta femme, maintenant !

Il ne fut plus alors question de rendez-vous, de retard, de neige ni de nuit. Le temps leur appartenait, qu'ils employèrent à explorer leurs corps, à se donner et à se posséder, sans jamais être rassasiés l'un de l'autre.

Arrivée à La Tourette, Alice lança à la cantonade :

— Manque de personnel, j'ai fait des heures sup' et je suis vannée ! Ne m'attendez pas pour manger.

Retrouver la solitude de sa chambre, revivre les moments de fusion qui avaient enflammé son cœur et son corps, mais surtout ne pas affronter le regard myope d'Amélie qui fouillerait avec succès le tréfonds de son âme.

Ni lui ni ses deux compagnons ne connaissaient la route. Le chemin, serait-il plus juste de dire car la voie sommairement tracée sur l'itinéraire qu'ils consultaient furtivement à la lumière d'un briquet allait s'étrécissant.

Manifestement le plus endurant des trois, Francisco avait pris la tête et les autres suivaient, comme il le leur avait recommandé, en file indienne. La marche dans la neige molle freinait leur avancée et rendait épuisant chacun des pas qu'ils prenaient soin de mettre dans les traces du précédent. Le vent hurlait à leurs oreilles, mais Francisco n'en avait cure, il respirait la liberté. A ses yeux d'exilé, toute fuite était liberté. Saurait-il voir, un jour, ce blessé de la vie, un autre aspect de ce mot magique dont il se gargarisait ?

Au-dessus de leurs têtes, quand ils marchaient à découvert, une lune blafarde semblait se rire de leurs difficultés, de leurs peurs au moindre bruissement d'ailes d'un oiseau dérangé. Néanmoins, c'est elle qui leur permit de distinguer l'ébauche d'une construction trapue qui faisait corps avec le rocher.

Des lauzes à la place de tuiles renforçaient cette impression de masse inélégante et hostile, aux chiches ouvertures closes et que nul sommaire jardinet n'entourait. Ils sursautèrent quand, surgi de nulle part, un homme de petite taille aux épaules carrées, aussi peu avenant que sa ferme, leur fit signe de lui emboîter le pas.

A sa suite, ils s'enfoncèrent dans un sous-bois où la neige crissait sous leurs semelles, où l'air semblait plus froid, le milieu plus hostile.

— C'est ici, dit le petit homme d'une voix grasseyante.

Ici ? Les trois comparses avaient beau écarquiller les yeux, pas une construction, une grange, une bergerie ! Rien... sinon, à bien regarder, des tôles entreposées, mangées par la végétation.

Le regard acéré de Francisco amena une explication que le fermier livra avec réticence :

— D'anciens baraquements des chantiers de jeunesse. Pas de feu. Pas de lumière. J'ai mis des couvertures et des provisions. Demain, trois autres jeunes doivent arriver, le jour suivant aussi. Il faut éviter les déplacements par groupes, trop repérables. Quand le compte y sera, vous aurez la visite d'un instructeur.

Il se balançait d'un pied sur l'autre sur ses courtes jambes, pensant avoir autre chose à dire, mais ne s'en souvenant pas. Et puis, d'un coup, ça lui revint :

— Surtout, ne venez pas à la ferme. Je vous apporterai le ravitaillement...

— Tous les jours ? l'interrompit Francisco.

— Quand je pourrai !

Pas plus tôt le dernier mot prononcé, l'homme s'évanouit dans les ténèbres.

Il faisait un froid sibérien dans cet abri abandonné, rongé d'humidité, et Francisco prit sur lui pour ne pas retourner à la ferme et demander asile, au moins pour cette première nuit. Il ne devait pas céder au découragement, pour montrer aux deux autres qu'on n'était pas des couards en Navarre.

— Les gars, j'ai trouvé la *boustifaille* ! plastronna-t-il en brandissant un panier d'où dépassait un pain.

— Ce sera sans moi, lui répondit une voix morne, celle d'un jeune qui se faisait appeler Chocolat et qui n'avait qu'un désir : dormir.

Comprenant son intention, Francisco insista avec sagesse :

— Tu ne trouveras pas le sommeil si tu n'es pas réchauffé, et pour cela il faut emmagasiner des calories. Tiens, je te prépare un sandwich au saucisson.

Il fouillait, à l'aveugle, dans le panier et brandit un thermos, triomphant.

— Hé, regardez un peu ce que j'ai dégoté. Du café, du café bouillant. Qui en veut ?

Ils se brûlèrent le gosier à coups de grandes lampées et n'en laissèrent pas une goutte. Leurs corps, lentement, reprenaient vie et la faim, insidieuse, travaillait leur estomac. Les sandwichs qu'en bon père de famille Francisco préparait furent engloutis sans qu'ils en perdent une miette.

Restait à improviser des couchettes, un peu surélevées pour se protéger de l'humidité ambiante. Toujours à tâtons, respectueux des consignes du fermier, ils rassemblèrent tout ce qui, au toucher, semblait leur convenir. C'est ainsi que des lambeaux de sacs en toile de jute, du papier journal, des cordages de chanvre se transformèrent en châlits sur lesquels ils déroulèrent de grossières mais bienvenues couvertures.

En cette nuit d'hiver, dans ce baraquement de fortune, la « liberté » de Francisco ressemblait à celle de Maxime Dumas, prisonnier de guerre dans un stalag de Weiden in der Oberpfalz.

Deux mois déjà que Francisco avait rejoint un réduit quelque part dans l'inextricable végétation à la parure hivernale de la Vallée Française. Deux mois qu'Alice guettait son apparition au coin d'un bosquet, derrière un muret de pierres sèches et surtout dans la maison Mazal de La Falguière, jusqu'où elle pédalait furieusement tous les jours.

Là, comme il le lui avait appris, elle « pianotait », prenait des notes, envoyait par les ondes des messages qu'elle trouvait dans une souche creuse de châtaignier qui avait servi de ruche et qui faisait maintenant fonction de boîte aux lettres.

Elle y trouva, ce matin d'avril, un mot à elle destiné et son cœur bondit de joie. Francisco lui donnait certainement rendez-vous, lui aussi trouvait amère la séparation, surtout depuis qu'ils avaient goûté aux délices de l'amour. Et puis, n'avait-elle pas une nouvelle à lui annoncer ? Sa déception fut d'autant plus grande que sa propre impatience ne transparaissait pas dans les lignes griffonnées par son amant.

Apte à rejoindre un camp quelque part en Lozère. Sois sage, mon Alicia adorée, et ne manque pas l'heure de la BBC, notre seul lien avec les autorités de la Résistance. Si l'hiver paralyse notre action, le printemps sera chaud et l'été explosif. Un million de caresses de ton Francisco qui t'aime.

Ivre de rage, Alice chiffonna la lettre de Francisco et l'enfouit dans sa poche. Une violente nausée lui tordit l'estomac. Pliée en deux, elle vomit dans l'herbe et, croyant prendre son mouchoir, essuya sa bouche écumeuse avec le papier froissé. Seule ! Elle était seule ! Elle se mit à sangloter désespérément.

Ce débordement d'émotions finit par s'apaiser et une certaine lucidité lui fit entrevoir une lucarne.

— Francisco n'aimerait pas me voir ainsi, une chiffe molle malmenée par la vie ! De plus, je ne suis pas seule, maman, qui se révèle chaque jour dans les petits qui l'entourent, va tendre ses bras câlins à l'enfant que je vais mettre au monde.

Elle pédalait, emportée par son élan d'enfouir sa tête dans le cou d'Amélie et de lui confier son doux secret, et elle arriva tout essoufflée à La Tourette.

— Maman ! Maman ! Ecoute, il faut que je te dise…

— Plus tard, ma chérie ! Tu t'occuperas des petites ? Je t'ai laissé le repas, tu n'as qu'à le réchauffer. Moi, je descends à Anduze, Noémie est sur le point d'accoucher !

Seule ! Elle était seule ! Désespérément seule ! Elle eut une si horrible pensée à l'intention de Noémie qu'elle ne put fermer l'œil de la nuit, guettant l'aurore et les nouvelles qui parviendraient d'Anduze.

Bonnes ! Il fallait que les nouvelles fussent bonnes, sinon elle n'aurait pas assez de toute sa vie pour regretter son moment de dépit.

Pour tromper son attente, elle prit une feuille de papier, d'un crayon rageur qu'elle laissa courir elle ressuscita Lissie dans une nouvelle bande dessinée qu'elle nomma *Les Malheurs de Lissie*.

24

Magali battait l'air de ses menottes potelées, Noémie caressait d'un doigt léger le fin duvet châtain clair du nouveau-né, Violette revivait, palpitante, la naissance de sa propre fille et Amélie contemplait, le cœur en joie, cet émouvant tableau familial, non sans se livrer à un bilan.

« Soixante-dix ans ! Soixante-dix ans nous séparent, petite Magali ! Et pourtant la fibre maternelle n'est pas éteinte en moi. Tu seras ma nouvelle jeunesse. Bienvenue, enfant, dans ce monde de fous que tu nous permets, un instant, d'oublier. »

Quatre générations de femmes ! Une existence bien remplie ! Une moisson de souvenirs ! Tant de vies s'arrêtent là, mais Amélie n'y voulait pas songer. Sa famille, dispersée, n'aurait pas compris une telle lâcheté de sa part. Les abandonner au milieu du gué ? Impensable.

Il y avait encore des vies à construire, des bonheurs à inventer, des liens à créer comme avec cette nouvelle née prénommée Magali qui ne demandait que lait et tendresse, d'autres à renforcer comme avec sa rebelle Alice.

Alice, justement ! Qu'avait-elle à lui dire avec une telle urgence ? Elle l'avait à coup sûr vexée dans sa précipitation à répondre à l'appel de Noémie. Rassurée au sujet de la jeune maman et du bébé, Amélie n'avait qu'une hâte : remonter à La Tourette et annoncer aux petites la bonne nouvelle ; le futur bébé de Noémie n'avait-il pas fait l'objet de longues discussions entre Camille et Joëlle, en particulier sur ce lien de parenté que les fillettes peinaient à définir ?

— Le bébé de Noémie, ce sera quoi pour moi, dis, Mamélie ? demandait Camille.

— Un petit cousin... ou une petite cousine, ma chérie.

— Et moi ? Et moi ?

— Un petit petit cousin, avança Camille.

— Pourquoi serait-il deux fois plus petit pour moi ? interrogeait alors la protégée de Mamélie, un brin dépitée.

Des discussions à n'en plus finir auxquelles Amélie coupait court avec une logique imparable :

— Le lien de parenté n'a que peu d'importance, seul compte l'amour que vous donnerez à ce petit enfant.

Le point du jour n'était pas loin. Un espace intemporel propice à la méditation, Amélie s'y adonnait sans retenue quand les contingences matérielles lui en laissaient le loisir, comme en ce moment où le doux bercement de la voiture du docteur Balmès invitait aux rêves.

« Arrêter le temps sur des bonheurs si merveilleusement simples qu'ils paraissent banals ! Caser dans sa mémoire, sans en déloger la plus infime parcelle de souvenir, une sorte d'album photos de ces précieux moments ! » songeait-elle.

Tout était paisible à La Tourette et Amélie se garda bien de trouer ce silence béni en claquant la portière.

— Merci, Jean, murmura-t-elle à la vitre baissée du docteur. Retournez auprès de votre chère épouse et de ce magnifique bébé dont elle a enrichi nos deux familles.

— Merci à vous, surtout, Mamélie ! Vous savez combien Noémie tenait à votre présence. Une sacrée alchimie entre vous deux !

Même déplacement furtif jusqu'à la porte d'entrée dont elle fit jouer, sans bruit, la serrure. Amélie soupira d'aise : tout était en ordre dans la maison.

« Une véritable fée du logis, ma surprenante Alice ! Moi qui la pensais rebutée par les travaux ménagers, je crois rêver. La table débarrassée, la vaisselle faite et rangée, le sol tout brillant encore d'avoir été lessivé. Prête à marier, ma petite dernière ! »

Un léger frôlement la fit sursauter.

— Alors, maman ? Dis, vite !

— Alice ? Je te croyais endormie...

— Comment aurais-je pu, sans savoir ? Alors ?

— Une fille ! Le choix du roi, comme on dit, en l'occurrence celui de la reine.

— La reine Noémie, marmonna dubitativement Alice. Cela lui va bien.

Amélie préféra faire celle qui n'avait pas entendu et relata l'événement qui avait fait accourir une partie de la famille dans la bonne ville d'Anduze. Dans un rêve éveillé, Alice se prit à soupirer :

— Il manque un peu de garçons dans notre famille. Il faudrait y remédier...

Amélie leva un regard interrogateur sur sa fille, mais déjà celle-ci s'éclipsait vers sa chambre, son « Bonne nuit, m'man » se perdant dans l'escalier.

Jamais l'air n'avait été plus malsain, en Cévennes, qu'en ce mois de mai 1943. Presque irrespirable.

Habits verts et mitraillettes avaient planté, en ces lieux de trompeuse apparence, un nouveau décor qui n'était pas pour réjouir la population. Qu'il s'agisse de la Vallée Française, de la Vallée Borgne ou des pentes du mont Aigoual, la Wehrmacht y avait délégué quelques-unes de ses unités basées à Alès.

— Rien de bon ne peut nous arriver à cause des maquisards, pestaient les uns en révolte contre ces résistants qui attiraient les loups dans la bergerie.

— Par des provocations ridicules, ils nous exposent aux représailles, renchérissaient des « pères tranquilles », les yeux cependant tournés vers Londres et l'oreille attentive aux émissions de la BBC.

Bien qu'en osmose avec l'action des résistants et surtout compatissant à leurs besoins – ne laissait-elle pas, chaque nuit, pendu à son tilleul, un sac de toile rempli de légumes détournés de son potager, de pots de confiture, parfois d'un saucisson ? – Amélie n'était pas loin de penser comme eux, surtout en ce qui concernait Yaëlle, pour qui elle tremblait jour et nuit.

En cela, elle n'était pas la seule, rejointe en ses appréhensions par le pasteur Aymard, chargé d'accueillir les maquisards en transit et qui avait mis des conditions à leur hébergement : ne pas attirer l'attention par des initiatives ou intrigues voyantes dans son village de Vallières où il cachait des Juifs et des réfugiés politiques en attente de faux papiers pour fuir la France.

La voix de la sagesse passait par ce dévoué pasteur et il n'y avait pas une école, dans toute la Cévenne, qui, en cette fin d'année scolaire, ne fût sur le qui-vive.

Plus encore, on s'en doute, celles qui accueillaient, à leur insu ou volontairement, quelque enfant à cacher. Celle de Larbousse ne faisait pas exception à la règle qui, outre Joëlle Rouvière à la fausse identité, avait enregistré tout récemment deux présumés cousins d'une vieille famille larboussienne, un certain Maurice et sa jeune sœur Flora, admise dans la classe de Joëlle, dont la maîtresse confia naïvement ses soupçons à Amélie.

— J'ai des doutes, madame Mazal, au sujet de cette petite Flora, la copine inséparable de votre Joëlle. Ne s'agirait-il pas d'une enfant juive ?

— Et quand cela serait ? avança prudemment Amélie.

— N'est-ce pas mettre tous les enfants en danger ?

— N'est-ce pas aussi tenter d'en sauver au moins un ?

— C'est un point de vue, mais j'avoue ne pas me sentir l'âme d'une héroïne, dit humblement l'institutrice. Et si le malheur voulait qu'on s'en prenne à notre école...

— Promettez-moi, en pareil cas, de vous en remettre entièrement à moi, mademoiselle Polge.

— A vous ? Mais comment ? Par quel biais ?

Ce fut comme si d'en parler la catastrophe arrivait. Or, les déplacements de ces messieurs en gabardine et chapeau mou, au brassard portant le signe infamant, ne passaient pas inaperçus. Du plus loin qu'on les signalât, écoles, mairies, parents d'élèves, tous étaient avertis. A La Tourette, plus qu'ailleurs, Amélie avait ses indicateurs, un retour d'ascenseur pour les paniers de victuailles.

Et l'intrépide madame Mazal d'enfourcher sa bicyclette, et de pédaler jusqu'à Larbousse, chapeau de paille bien vissé sur son crâne et une énorme corbeille de pique-nique assujettie sur le porte-bagages.

Ouvrant une à une les classes de l'école, imposante malgré sa petite taille par l'énergie et la détermination qui émanaient de tout son être, elle prit la direction des opérations :

— En rangs deux par deux et sans bruit. Aujourd'hui est prévue une grande sortie à la rencontre de l'aigle de Bonelli, un rapace avide de solitude et que nous allons, à coup sûr, déranger. C'est pourquoi je vous demanderai de suivre, en tout point, mes consignes.

S'éloigner des chemins de grande communication au profit des sous-bois qui n'avaient aucun secret pour la fille du forestier était un jeu d'enfant ; tenir compte de la pénibilité des laies serpentines et caillouteuses qui faisaient atteindre un crêt avant de dévaler dans une combe ne prenait pas non plus au dépourvu la grand-mère avisée qu'elle était devenue ; organiser une journée de dupes déguisée en jeu de piste, plus que de l'effrayer, avait pour Amélie un petit goût jubilatoire de clandestinité.

Les arrêts, nombreux, dans une clairière ou dans un fourré donnaient lieu à des leçons remémorant un plaisir révolu à l'institutrice en retraite :

« Regardez, les enfants. La callune, le régal des lapins. Non, n'arrachez pas cette plante, ce serait les priver d'un festin !... »

« Là, ces fougères exubérantes, savez-vous qu'elles étaient utilisées par les souffleurs de verre ?... »

« Regardez ! Des violettes sauvages ! Qui de vous se souvient d'une poésie de Théophile Gautier qui dit ainsi :

Tout en composant des solfèges
Qu'aux merles il souffle à mi-voix,

*Il sème aux prés les perce-neige
Et les violettes aux bois...* »

Joindre l'utile à l'agréable. Amélie y parvenait encore et cela lui procurait un fabuleux bonheur, quand bien même l'aigle de Bonelli n'était pas au rendez-vous dans le Vallat de Malbosc comme elle l'avait espéré.

Par chance, son compère Jean-le-Blanc y faisait son minutieux repérage en majestueuses circonvolutions.

— Son œil acéré lui permet de localiser les serpents sur lesquels il fond avec précision, commenta Amélie. Son nom savant est le circaète.

Les enfants auraient passé la journée, toute fatigue envolée, à suivre le paisible vol plané de l'hôte de la combe, son piqué vertigineux et sa frénétique remontée vers son aire. Le pique-nique annoncé eut raison de leurs réticences à quitter le Vallat et c'est en pleine forêt du Grand-Bois qu'Amélie vida sa corbeille. Des œufs durs, du fromage, du pain, du melon et, pour parachever le banquet, des tranches de pain d'épices.

Il s'en trouva plus d'un à soupirer d'aise et avouer :

— Il y a longtemps que je n'avais pas si bien mangé !

Quelle famille, en effet, ne se privait pas pour envoyer toujours plus de colis à un père, un fils, prisonniers de guerre ?

Jusqu'à une heure avancée de la journée, les enseignants s'étaient laissé porter par la dynamique madame Mazal qui, à l'évidence, avait bien ficelé son affaire. Mais pourquoi diable ne songeait-elle pas à prendre le chemin du retour ?

Anticipant leur interrogation, Amélie expliqua :

— J'ai un contact au lac Mort qui me dira ce qu'il en est à Larbousse et dans la Vallée Borgne. Si tout va bien, nous rentrerons par un autre chemin, sinon… Attendez-moi ici avec les enfants, ils ont bien mérité, à nouveau, une pause.

Elle revint du lac Mort, le cœur léger et un large sourire aux lèvres. C'était comme si, chez elle, la fatigue s'estompait avec le danger.

— On rentre au bercail ! cria-t-elle en faisant de grands gestes. Alors, la balade vous a plu, les enfants ?

Par deux fois, au cours de ce mois de mai, le même scénario se déroula. Alerte, fuite et même une nuit à passer, pour elle et son gentil troupeau, au monastère de Valperdu où une poignée de moines trappistes vivait en totale autarcie.

A ce rythme, Amélie Mazal aurait pu s'épuiser si les soldats de la Wehrmacht n'avaient eu soudain un tout autre gibier à pister.

Alice arborait une mine sombre et Amélie se garda bien de lui en faire la remarque. Elle n'ignorait pas l'engagement de l'amoureux de sa fille et compatissait aux angoisses de cette dernière quand la moindre échauffourée était signalée.

Comme l'avait prédit Francisco, l'été menaçait d'être chaud, pour preuve des regroupements de maquis donnant lieu à des déplacements de plus en plus nombreux des troupes du III⁰ Reich.

Alors que le groupuscule de Francisco venait, à marche forcée, étoffer le maquis Aigoual-Cévennes pour une action d'envergure envisagée dans le secteur d'Aire-de-

Côte, Alice recevait un message important et urgent sur son récepteur à La Falguière. Il concernait un parachutage d'armes sur le causse pour lequel il fallait non seulement trouver le lieu idéal, le baliser, mais aussi prévoir l'acheminement vers des caches dispersées.

Il n'était pas question de livrer cette information capitale à la boîte aux lettres irrégulièrement visitée. Alice décida d'aller jusqu'à Vallières et de remettre en main propre le message au pasteur Aymard, ce qui l'obligea à demander une journée à son patron.

Le pasteur, figure énigmatique et froide, en imposait par son physique d'athlète, l'assurance glaciale qui le faisait paraître hautain et le regard d'aigle qu'il posait sur son interlocutrice.

— Vous avez pris des risques, jeune fille, mais cela valait la peine. Votre initiative nous sera précieuse.

Le ton chaud et posé de sa voix balayait les a priori que suscitait son apparence. L'empathie qu'il portait à son prochain se confirma dans le conseil qu'il donna à Alice.

— Ne redescendez pas vers la vallée, qui ne va pas tarder à grouiller de soldats. Je vous conseille au contraire de monter jusqu'au col des Bouïsses et, à mi-pente, de bifurquer par le bois de Fages.

Confiante, Alice pédalait bon train en ce jour écrasé de soleil ; elle n'avait guère pratiqué ce coin entre deux vallées, mais se fiait à son sens inné de l'orientation, fortement entretenu en son temps par son père, un invétéré chercheur de champignons. Elle serait certainement rentrée sans difficulté si, au sortir d'une double courbe d'un chemin, elle n'avait été prise d'effroi à la vue d'un side-car en stationnement. Un moyen de locomotion ne laissant aucun doute sur ses propriétaires, qui devaient soulager quelque besoin pressant derrière un fourré.

Deux soldats allemands ? Et pourquoi pas une escouade ? Paniquée, elle quitta sans réfléchir la chaussée pour s'enfoncer dans une châtaigneraie en pente abrupte qui dévalait tout droit sur Sainte-Croix-de-Vallée-Française. De *faïsses* en *rancarèdes*[1], elle ne maîtrisa plus sa monture et termina sa descente plusieurs mètres en contrebas, dans un grand cahot de plaies et de bosses, sans jamais avoir lâché son guidon.

C'est là qu'Antonio la trouva, sonnée, incapable de se relever, en sang et gémissante.

— La chérie de mon frère ! s'écria le gamin qui passait ses journées à braconner toutes sortes de baies, de fruits, de champignons quand ce n'était pas un garenne attrapé au collet, une grive prise dans une *leca*[2].

Tiraillé entre sa moisson qu'il ne voulait pas abandonner et la demoiselle qui avait besoin de secours, il courut chercher sa mère. Tous deux chargèrent Alice dans une brouette.

— Par pitié, emmenez-moi à La Falguière ! supplia-t-elle.

Ce qu'ils firent. Puis, après avoir installé sommairement la jeune femme, la mère d'Antonio s'enquit de ses blessures.

— J'ai très mal au ventre, pleurnichait Alice. Mon bébé ?

---

1. Occitan : rochers qui se délitent.
2. Occitan : piège pour les oiseaux.

Une tache rouge entre ses cuisses qui allait s'élargissant mit au fait madame Navarro.

— *Antonio, vete a buscar a la señora Mazal !*

Pédalant sur les drailles séculaires, puis descendant de vélo et brouillant les pistes d'une éventuelle traque à couvert dans les bois, Amélie fonçait vers La Falguière. Rien n'aurait pu l'empêcher de voler au secours d'Alice qu'elle imaginait blessée, torturée dans sa chair, peut-être agonisante.

Non, rien ne l'aurait arrêtée, surtout pas cette peur panique d'affronter un nouveau coup du destin qui semblait s'acharner sur son bien le plus cher : sa famille.

« La vie ne serait-elle en réalité qu'une vallée de larmes, comme le prétendait Schopenhauer ? » se prenait-elle à redouter.

Fourbue, griffée de ronces, le chapeau de paille de guingois, elle parvint à la vieille maison, berceau de la famille Mazal. Sans qu'elle ait besoin de se manifester, la porte s'entrouvrit et une main l'attira à l'intérieur alors qu'une voix inconnue lui soufflait :

— *Venga ! Venga, señora !*

Quelques secondes lui furent nécessaires pour habituer ses yeux à la pénombre et découvrir enfin Alice, qui gisait sur un matelas posé à même le sol et dont seul le visage d'une pâleur extrême dépassait d'une couverture.

— Tu es blessée, ma chérie ? Tu souffres ?

Accroupie, Amélie tâtait le front brûlant de sa fille dont les dents s'entrechoquaient convulsivement.

Une ombre noire, celle de la voix, s'approcha et dit :

— Alicia n'est pas blessée... enfin, pas trop. Mais, *pobrecita*, elle est en train de perdre son bébé... le bébé de mon Francisco.

Hébétée, Amélie ne sut que balbutier :

— Un bébé ? Mais le jeune garçon m'a parlé de blessures...

— Antonio a répété ce que je lui ai dit. Les fausses couches, c'est l'affaire des femmes.

Quelques pièces d'un puzzle passablement embrouillé se mettaient en place. Ainsi elle était en présence de madame Navarro, qui avait dépêché son jeune fils à La Tourette. Il manquait encore de nombreux éléments qu'elle se promit de reconstituer... plus tard. L'urgence allait à Alice dont les lèvres exsangues appelaient faiblement au secours.

— J'ai mal, si mal ! Maman, tu es là ? Aide-moi, maman !

— Je suis là, ma petite fille. Ne crains rien.

Puis, se tournant vers madame Navarro :

— Votre fils, votre Antonio ? Où est-il ?

— *No está lejos*[1], répondit madame Navarro dans sa langue natale en même temps qu'elle allait ouvrir la fenêtre, glissait deux doigts dans sa bouche et lançait avec aisance le plus masculin et le plus strident des sifflements.

Dans l'instant surgit de nulle part le jeune garçon qu'Amélie reconnut pour être son commissionnaire.

— C'est toi, Antonio ? Peux-tu descendre à Sainte-Croix avec ma bicyclette ? Au café Barral, tu demanderas à téléphoner au docteur Balmès de la part de

---

1. Espagnol : il n'est pas loin.

madame Mazal. Tu lui diras qu'il vienne d'urgence, et en secret, à La Falguière, où Alice est en grand danger car elle perd son sang.

Ce diable d'Antonio n'avait pas fini d'écouter le message qu'il disparaissait aussitôt au bout du chemin... pour réapparaître peu de temps après.

— Il faut lui soulever les jambes, exercer de fortes pressions sur son ventre, énuméra-t-il en comptant sur ses doigts, et de l'eau ! La mouiller sur tout le corps.

L'attente parut interminable aux deux femmes qui comprimaient, chacune à leur tour, l'abdomen douloureux d'Alice, la maintenaient dans une relative fraîcheur à l'aide de serviettes éponge trempées dans l'eau du puits qu'Antonio apportait à pleins seaux. Longue attente et formidable espoir de deux mères en prière, l'une implorant le ciel de sauver son enfant ; l'autre, la mécréante, invoquant le mauvais sort qui ne devait pas accabler, une nouvelle fois, son courageux Francisco à travers la femme qu'il s'était choisie.

« *Basta* les malheurs ! La *chica* de mon fils ne peut pas mourir saignée comme une *porca* ! »

Alice n'était pas au mieux quand arriva enfin le docteur Balmès. Une hospitalisation s'imposait, ce qui était loin de rassurer sa mère.

— Est-ce bien nécessaire, Jean ?

— Inévitable, Mamélie. Un curetage doit être pratiqué après contention de l'hémorragie. Sa grossesse devait être avancée...

— Quatre mois, entendit-on bredouiller la pauvrette.

— Mais pourquoi, Alice ? Pourquoi ne m'avoir rien dit ?

Un sanglot désespéré répondit à Amélie.

La nuit venue et quelques injections plus tard, propres à revigorer la jeune fille avant le trajet, Jean Balmès installa Alice sur la banquette arrière de sa voiture.

— Je peux venir avec vous, Jean ? le pria Amélie. Je n'ai pas d'inquiétude au sujet de mes petites, que j'ai confiées à Violette, et je ne veux pas laisser ma pauvre Alice.

— Venez donc, Mamélie ! consentit le docteur, apitoyé par le regard désemparé de la vieille dame.

Elle ne se fit pas prier et monta à côté du chauffeur, non sans avoir, au préalable, chaudement remercié madame Navarro et confié sa bicyclette à Antonio.

— Tu me la ramèneras à La Tourette un de ces jours, rien ne presse. Tu es un bon garçon, Antonio.

Un trajet sans encombre, sinon les cahots de la route qui tiraient à Alice de petits cris plaintifs et enfin un lit blanc et des soins appropriés. Le bilan, si l'on exceptait la perte du bébé, se révélait somme toute moins grave qu'il n'y paraissait : plusieurs estafilades, une arcade sourcilière ouverte pour avoir heurté violemment un rocher et un bras cassé. Tout cela fut pansé, suturé, plâtré, selon la nécessité.

Peu rassurée pour autant, Amélie questionnait les infirmières qui venaient régulièrement contrôler la régression de l'hémorragie. La dernière fut plus explicite :

— Demain, on fera une petite misère à cette jeune dame, puis vous pourrez rentrer chez vous.

Il ne restait plus à Amélie qu'à soigner la blessure du cœur de son enfant chérie dont jamais elle ne s'était sentie si proche et pour laquelle elle se promit d'être le meilleur des médecins de l'âme.

— Sais-tu, fillette, que pareil drame a entaché ma première année de mariage avec Guillaume ?

Surprise de ne pas recevoir, en réponse, une rebuffade de sa rebelle, Amélie l'entendit demander humblement :

— Tu as perdu un enfant ? Tu ne m'en as jamais parlé, maman.

— A quoi bon ? Et puis, d'autres m'ont été donnés qui emplissent ma vie. Pourtant, je n'ai jamais oublié ce petit être dont j'ai interrompu la vie par une chute de vélo...

— Comme moi ! Oh maman, maman chérie !

Alice avait saisi le bras de sa mère et l'attirait à elle. Elles s'étreignirent avec force et presque violence, la force de leur amour, la violence de leurs souffrances qui les rapprochaient comme jamais ne l'avaient fait les jours heureux.

— Je t'ai déçue, maman ! Si souvent ! Je suis une sotte...

— La sottise serait de le penser, ma fille. Tu ne m'as jamais déçue, Alice. Inquiétée, oui, surtout lorsque tu as fourni les faux papiers de Joëlle. Tu en as fait d'autres ?

— Et comment ! sourit malicieusement Alice.

— Folle chérie ! Je suis si fière de ma belle maquisarde !

— Et moi je suis fière de toi et je connais deux ou trois gamins qui te doivent une fière chandelle... à moins qu'ils ne la doivent à l'aigle de Bonelli.

— A l'aigle Jean-le-Blanc, rectifia Amélie. Un rapace de nos Cévennes pour tenir tête à un autre rapace, autrement plus dangereux et cruel.

A La Tourette qu'elle regagna après un court séjour à l'hôpital d'Anduze, Alice se remettait lentement. La perte de son bébé faisait désormais partie de son ancienne vie, tout comme Lissie, son double de papier. Aussi pria-t-elle sa mère de faire un feu de toutes ces planches dessinées pour combler le vide qu'elle s'était inventé.

— La nouvelle Alice n'a plus besoin de cette chimère, soupira-t-elle.

Camille et Joëlle, dûment chapitrées par Mamélie, avaient pour mission de la faire rire.

— On ne lui parle pas de bébé, de layette et autres landaus, tout cela est réservé à vos jeux de poupées.

— Pourquoi ? avaient hasardé les gamines.

— Parce que ça la ferait pleurer, et ce n'est pas ce que vous voulez, n'est-ce pas ?

En même temps, couraient à Larbousse les commentaires sur la tragédie d'Aire-de-Côte. L'assaut allemand, le 1ᵉʳ juillet, sur le lieu de regroupement des réfractaires au STO se soldait par trois morts, une quinzaine de blessés plus ou moins graves et pas moins de quarante-trois prisonniers qui allaient grossir l'effectif des camps de concentration.

— Vous avez sauvé mon fils, Alicia ! sanglotait madame Navarro venue lui rendre visite à La Tourette.

Jusqu'au pasteur Aymard qui, prétextant une visite pastorale à ses brebis de la Vallée Borgne, vint complimenter le courage de la jeune fille.

— Sans vous, mademoiselle Mazal, sans votre sagacité d'agent de liaison, ce n'était pas quarante des nôtres que nous perdions, mais le double. Merci pour ceux qui, grâce à vous, sont en sécurité, dispersés dans plusieurs caches sur le causse où ils veillent sur les armes parachutées.

Antonio, lui, eut droit à une bise sonore quand il rapporta de la ruche-boîte-aux-lettres un petit mot que Francisco avait fait parvenir à Alice.

Alicia, je te dois tout ! Je t'aime ! Sois tranquille, on a tout débarrassé à La Falguière.

25

Chaque jour, leur facilité à retisser des liens si forts, si naturels, si évidents, étonnait mère et fille, et plus encore qu'une réciproque incompréhension ait pu s'immiscer dans une connivence si spontanée.

— Pourquoi nous sommes-nous si sottement éloignées ? soupirait Alice.

A quoi Amélie, démentant toute espèce de distance entre elles, répondait :

— Une façade, ma chérie, une simple et cruelle façade due à quelque intransigeance de nos caractères bien trempés.

— Bien trempés ? Ça, tu peux le dire ! Deux vraies Cévenoles obstinées campant sur leurs positions.

— Un temps révolu, Alice. Je nous imagine maintenant comme deux mousquetaires : l'une pour l'autre, l'autre pour l'une.

Bien que totalement vouées à son œuvre réparatrice, les pensées d'Amélie ne se détournaient cependant pas d'une autre de ses filles, muselée dans ses épanchements épistolaires qui se réduisaient à des formules lapidaires reçues avec une régularité de métronome.

Mais n'était-ce pas préférable, au fond, qu'elle ignorât l'inimaginable ? Amélie tentera plus tard de s'en convaincre, non pour oublier, seulement pour fermer le livre trop douloureux de cette partie de sa vie.

Laure, en fait, ne tenait bon que par la volonté farouche de retrouver Daniel, son bel amour, qui lui valait toutes ses souffrances. Elle s'accrochait, avec une énergie surhumaine, à cette information qui lui était parvenue de son possible internement à Dachau, information on ne peut plus douteuse en raison de l'isolement physique et moral dans lequel les prisonnières de Ravensbrück étaient tenues.

Pas plus son travail d'esclave à la fabrication d'obus dans les ateliers Siemens reconvertis en usine d'armement qui avait trouvé dans ce vivier de malheureuses une main-d'œuvre à bon compte ; pas plus la sous-alimentation – cinq cents calories journalières que devait apporter un rata immonde – qui était leur lot quotidien, ni même le sadisme des interminables appels qui les tiraient du lit à toute heure de la nuit, n'avaient eu raison du moral d'acier que s'étaient forgé la jeune avocate et ses comparses qui avaient entre autres noms Lise London ou Geneviève de Gaulle.

Plaider la cause des plus faibles, épuisées, malades, incapables de s'extirper de leur grabat et d'aller prendre leur poste à l'usine, était devenu le pain quotidien de Laure Mazal, sa nourriture spirituelle, en même temps que les sanctions tombaient en représailles sur elle, la vaillante. Interrogatoires nocturnes, accusations infondées, rallonges de poste, privations... autant de brimades qui lui donnaient le cran de marmonner entre ses dents serrées :

— Vous ne saperez jamais l'espérance qui est en moi !

Espérance ! Elle avait fait sien ce mot merveilleux et se jurait, bâtissant en rêve le plus idyllique des avenirs, d'appeler sa fille Espérance si un sort magnanime lui donnait le bonheur d'être mère.

Une autre promesse, qui lui tenait à cœur, revenait dans ces châteaux en Espagne échafaudés pour ne pas perdre pied, pour garder la tête hors de l'eau : la création du cabinet d'avocats Sachs & Mazal, entièrement dévolu aux causes perdues. Les affaires qu'elle avait eu à traiter lui semblaient, avec le recul et sa douloureuse expérience, tellement décalées par rapport à ce qu'elle vivait aujourd'hui !

« Daniel, j'en suis certaine, approuvera mon choix... s'il ne le devance pas, déjà, par la pensée. Alors, tant pis pour monsieur Monnier et madame Delaune, leur cabinet de renom, leurs clients nantis inféodés au dieu Argent. Notre clientèle ne réclamera que justice, celle qu'on dénie aujourd'hui à des hommes, à des femmes, à des enfants. »

Il lui suffisait de prononcer mentalement ce mot pour que se substitue à l'image chérie et perpétuellement présente de Daniel celle de sa fille, l'enfant aux yeux bleu pâle qu'il lui avait été aisé d'apprivoiser.

« Yaëlle, petite fille ballottée, je te devine heureuse dans ta nouvelle vie. Et comment ne le serais-tu pas avec Mamélie penchée sur ton sommeil, veillant sur ton alimentation, tremblant à chaque instant pour ta sécurité ? Laisse-toi aimer, petite Yaëlle, et donne en retour la tendresse que tu reçois. »

Point n'était besoin de ces recommandations. L'enfant muette et apeurée, restituée à son monde familier aux premiers arpèges d'un piano, était l'incarnation de la joie de vivre dans sa nouvelle famille.

Pour compliqués que soient à définir les liens de parenté qui unissaient chacun de ses membres aux autres, il n'avait pas fallu longtemps pour que la fillette s'y retrouve dans un raccourci qui avait toutes les faveurs :

« Mamélie, c'est la Mamélie de tous. Et nous, nous sommes tous les enfants de Mamélie. »

Une façon comme une autre d'abaisser les barrières des générations, de raboter toute hiérarchie dans l'affection que Mamélie distribuait sans compter.

Il ne passait pas un jour sans qu'Amélie, pour sa part, ne considérât la présence de Joëlle comme un cadeau du ciel. Sans détourner une once de son attention à Camille, à son frère quand il rentrait le samedi, le regard protecteur de la vieille dame accompagnait chaque instant de la vie d'une enfant qui n'avait plus qu'elle.

L'automne qui vit se rouvrir l'école de Larbousse ramena aussi les craintes d'une irruption toujours possible de ces messieurs au chapeau mou que l'on nommait, en chuchotant, les gestapistes. Comment, alors que la pluie et les gelées précoces sévissaient, faire croire à une sortie scolaire ? Il fallait trouver d'autres solutions, d'autant que les « subrogés tuteurs » du jeune Maurice et de la petite Flora n'en étaient pas restés à ces deux pensionnaires. Deux frères, un dénommé Claude et son puîné Jean-Marc, étaient venus grossir les classes de huitième et neuvième.

— Du bien brave monde, ceux de la ferme du Pradal, fit remarquer Amélie alors qu'elle attendait, avec Alice, les sacro-saintes dix minutes de la BBC. Les deux gamins qu'ils ont inscrits à l'école, je te parie que ce sont des clandestins.

— Les Marinier ? s'étonna Alice. Je n'aurais pas misé sur eux. De vrais sauvages !

— Des *taiseux*, comme on dit. Pas bavards pour deux sous, mais des gens au grand cœur. La preuve ! J'irai les voir, il se pourrait qu'ils aient une solution de repli en cas de descente de la Gestapo.

— Moi, je te propose La Falguière pour mettre les enfants à l'abri en cas de coup dur. Ce n'est plus de ton âge de courir les bois, surtout l'hiver venu.

— Et toi, n'es-tu pas trop jeune, au contraire, pour risquer ta liberté et ta vie à jouer les agents de l'ombre ?

Elles étaient ainsi, maintenant, Amélie et Alice ! Se parlaient sans détour, affichaient leur souci l'une de l'autre et se serraient les coudes en toutes occasions.

— La Falguière, ce ne serait pas mal, reconnut Amélie. J'irai pourtant jusqu'à la ferme du Pradal voir si on peut faire une chaîne de solidarité.

— Une chaîne de solidarité ? Mais comment ça ?

L'idée lui était venue dans sa forme globale. Il ne lui fallut pas trois jours pour en régler tous les détails, un maillon des plus utiles et des plus inattendus s'étant inséré tout naturellement dans la chaîne : Marcel Dumas, son gendre !

Ainsi, en cas d'alerte, les enseignants libéreraient les enfants concernés qui seraient cachés à la ferme du Pradal, le temps que Marcel et son gazogène emmènent Mamélie à La Falguière où, dans la nuit, les cinq gamins seraient transportés.

Commença alors, pour Amélie, une minutieuse préparation ; elle devait pourvoir La Falguière en bois de chauffage, en couchages suffisants avec draps et couvertures, ensuite constituer des provisions de bouche en vue d'un repli qui se prolongerait. Pour cela, elle avait fait l'acquisition d'une petite remorque qu'elle accrochait à sa bicyclette ; alors, on la vit qui s'affairait à ces dispositions tout en priant le ciel qu'elles fussent inutiles.

Mais le ciel, ces derniers temps, faisait la sourde oreille... à moins qu'il ne sache où donner de la tête dans ce monde en folie... ou bien que certaines provocations ne soient par trop ambitieuses.

Il en est une, entre autres, qui ne manqua pas son effet et dont les conséquences ne se firent pas attendre. L'Histoire, elle, n'a retenu que l'audace d'une résistance locale, étape glorieuse de « la liberté au bout du chemin » que commémore une plaque apposée sur les lieux mêmes du défilé interdit.

C'était un mardi, jour de marché dans la bourgade de Lasalle, le froid était piquant en ce soir du 1er février 1944 et la nuit était dense ; aussi est-ce nimbés de la lumière de leurs flambeaux que les hommes de l'ombre font leur entrée dans la ville par le carrefour de Cornély.

Ceux qui sont à la tête du maquis Aigoual-Cévennes ont eu vent des intentions de la Milice, alors en action à Saint-Hippolyte-du-Fort et à Saint-Jean-du-Gard, d'occuper Lasalle et de « nettoyer le coin ».

— Ils croient nous avoir anéantis à Aire-de-Côte, commente l'un d'eux, qui a pris Raïol comme nom de combat.

— Nous allons leur prouver qu'il faut toujours compter avec nous, approuve le dénommé Rascalon.

Etoffé de ceux du maquis de la Maillerie et du mouvement MOI[1] auquel est affilié Francisco Navarro, le défilé impressionnant traverse la ville tout en longueur, ils chantent *Vous n'aurez pas l'Alsace et la Lorraine* en souvenir des combattants de 14-18, les voix enflent, grossies de celles des habitants descendus dans la rue et qui leur font une haie d'honneur. Sur la place de la mairie, en revanche, une foule compacte, recueillie, à cet instant historique dans la vie de la cité, accueille les maquisards dans un silence religieux rompu, soudain, par le son nasillard d'un phonographe qui, du café voisin, égrène les premières notes de *La Marseillaise*. Eclate alors l'hymne vibrant chanté en chœur par tout un peuple enthousiaste et fervent.

— Francisco était des leurs ! s'enflammait Alice, narrant son escapade à Lasalle. Il ne s'attendait pas à me voir là, ni à voir son frère qui m'accompagnait. Ses mots ne furent que reproches à notre égard, mais ses yeux démentaient son courroux et ne reflétaient que fierté.

— Je ne suis pas loin de penser comme lui, vous avez pris des risques pour revenir nuitamment de Lasalle.

— Crois-moi, Antonio connaît les bois comme sa poche, c'est un vrai farfadet, ce gamin. Haut comme trois pommes malgré ses quatorze ans, mais l'esprit délié et le mollet agile. On peut lui faire confiance si jamais on a besoin de lui...

— Prions pour que cela ne soit pas nécessaire !

Les représailles, après l'éclat du défilé interdit, ne se firent pas attendre, dans toute la Vallée Borgne comme

---

1. Mouvement Main-d'œuvre immigrée.

dans la plaine et les coins reculés de Cévennes qui abritaient réseaux et groupuscules de maquisards.

— Les soldats ! Et aussi la milice avec des tractions avant noires ! Ah, ils sont pas discrets, ceux-là !

Antonio soufflait, tant de colère que de sa vélocité à courir aux quatre coins du village pour alerter tout un chacun.

— Ils sont où exactement ? questionna Amélie en calmant le gamin, qui escamotait ses mots d'excitation.

— Ils ont quitté Saint-Jean-du-Gard vers dix heures et se sont séparés en deux colonnes, l'une montant vers Sainte-Croix, l'autre empruntant la Vallée Borgne. Ils seront à Larbousse avant midi.

— Il faut faire vite. Viens avec moi à l'école !

Antonio courait derrière la bicyclette attelée de sa remorque dans laquelle Amélie avait jeté pêle-mêle un sac de victuailles toujours prêt et des couvertures. L'école était déjà en alerte et les enseignants, sur le qui-vive, furent bien aise de voir rappliquer la vieille dame.

— Je prends les plus petits dans ma remorque, les autres courront jusqu'au Pradal escortés par Antonio. On peut lui faire confiance. Avec les Marinier, on avisera. Mon gendre...

Antonio lui coupa la parole :

— J'ai oublié de vous dire, madame Amélie... Monsieur Dumas, il remontera pas de sitôt, les Allemands l'ont réquisitionné, lui et son gazogène.

Voilà qui bouleversait les plans d'Amélie. Plus encore, les propos que tinrent les maîtres et maîtresses sur les protégés du couple Marinier.

— On n'a pas eu les gamins du Pradal. La rougeole, paraît-il, qu'ils se sont refilée l'un à l'autre... A moins qu'ils aient eu vent d'une action imminente dans notre commune...

— Et ils ne m'en auraient pas avertie ? Non, je ne peux le croire. Antonio, cours au Pradal avertir que Marcel n'est pas disponible. Moi, je pars avec Joëlle, je me débrouillerai.

Son plan d'action était bien rodé, surtout dans sa tête. Elle songeait depuis si longtemps à une possible mise en sécurité de Joëlle, même si elle devait, pour cela, se séparer d'elle. Un nom avait surgi, une nuit d'insomnie : Samuelle !

Samuelle, sa plus jeune sœur, dont elle avait toujours admiré la ténacité. Samuelle qui avait essayé de marcher dans ses pas et qui avait dû se contenter d'enseigner en école enfantine. Samuelle qui n'avait pas quitté son premier poste, dans la bonne ville de Florac, qui avait pris récemment sa retraite sans pour autant se couper pleinement du cocon douillet des religieuses de l'école Sainte-Claire.

Longtemps elle avait repoussé cette ultime solution qui ne pourrait que troubler la fillette et créer un grand vide à La Tourette. Aujourd'hui, il en allait de la sécurité de l'enfant et de celle de toute sa famille, qui ne manquerait pas d'être accusée, dans sa globalité, de cacher une enfant juive.

— Où allons-nous, Mamélie ?

Pour la première fois, depuis le départ de l'école, Joëlle se manifestait.

— Au ravitaillement, ma puce ! Nos provisions s'épuisent et je dois envoyer un colis à mes Parisiens. Alban ne le dit pas ouvertement, mais je pressens qu'ils sont un peu aux abois en matière de nourriture. Et puis, il faut penser à Maxime et à Laure...

Amélie se tut, elle devait garder son souffle pour les chemins montagneux qu'elle avait décidé d'emprunter afin de rallier Florac sans encombre. Et Joëlle, invitée à fouiller dans le sac de toile, s'inventa une dînette avec d'imaginaires poupées. Elle somnolait, bercée par le balancement de la remorque, quand Amélie dut mettre un pied à terre, le raidillon se dressant devant elle lui donnant des palpitations.

— Quelle idée saugrenue de passer par Saint-Etienne-de-Fontfouillouse ! se morigéna-t-elle à haute voix, fixant le clocher carré qui jouait à cache-cache dans le feuillage dru.

Elle se souvenait parfaitement de cette église de schiste que Guillaume lui avait fait découvrir au temps insouciant de son éclatante santé. A son tour, bien des années plus tard, Joseph avait cru bon d'organiser, un dimanche, une grimpette jusqu'au col de Trinquos via Fontfouillouse, lui promettant le plus sauvage et le plus méditatif des paysages. Ne voulant pas gâcher sa joie, elle s'était appliquée à jouer au jeu de la découverte, s'extasiant sur la luxuriance des châtaigniers tout autant que sur la constance des pierres à traverser les siècles et les turbulences de l'Histoire pour leur parvenir, si criantes d'austère et pérenne religiosité. Ce qu'elle avait oublié, en revanche, c'était son âge. Avait-elle autant peiné, cinquante ans, quarante ans plus tôt ? Non, bien sûr, et le découragement n'était pas loin de la gagner.

— Nous sommes arrivées ?

Joëlle pointait le nez hors de la couverture et s'étonnait du silence ambiant.

— Au bout de mes forces ? Cela se pourrait bien ! plaisanta Amélie. Que dirais-tu de marcher un peu, petite demoiselle ? Tu te dégourdirais les jambes. Moi, je crois que je vais devoir continuer à pied...

Ce qu'elle fit aussitôt pour ne pas risquer des crampes à ses mollets tendus par un trop long arrêt. Au bout d'un moment, une menotte chercha la sienne, qu'elle libéra, tenant son guidon de l'autre.

— En fait, Mamélie, je ne vois pas de ferme, pas de fumée de cheminée. Il faut se cacher ?

— Qu'est-ce que tu vas chercher là ? Les fermes cévenoles ne s'exposent pas au grand soleil, elles sont timides, jouent les effarouchées...

Un craquement de feuilles mit soudain Amélie en alerte jusqu'à ce qu'un chasseur déboule d'un fourré.

— Alors là, c'est pas bien malin d'emprunter ce layon tracé par les sangliers. J'aurais pu tirer au jugé...

— Mais vous ne l'avez pas fait, Dieu merci, car vous êtes un chasseur consciencieux... et nous des promeneuses un peu étourdies.

— Des promeneuses ? Voyez-vous ça ! Je n'en jurerais pas, pourtant. On se cache, n'est-ce pas ? Je sais ce qu'il se passe dans la Vallée Borgne. Allez, venez avec moi, la mère doit s'impatienter, elle ne veut pas souper à la bougie.

Elle s'y résolut pourtant, la mère Souvajouls, du mas éponyme, impatiente devant son âtre dont elle attisait le feu sous un chaudron culotté, et non sans ronchonner. De la même manière, elle sortit deux bols supplémentaires et prépara un lit à la demande de son fils.

D'instinct, Amélie sut qu'elle était en confiance avec le fils Souvajouls qui, sous son air bougon – ce devait être de famille –, se révéla non seulement un hôte providentiel mais un guide fiable.

— Je vous y mène, moi, à Florac, et sans rencontrer un Fridolin. Mais il faudra marcher, pas question d'y aller à bicyclette. La petite, c'est pas un souci, je la porterai.

— Topez là, monsieur Souvajouls. Je vais vous montrer que ça a de bons restes, une fille de garde forestier.

Marcher. Dépasser la douleur qui se logeait dans tout son corps. Lutter contre le froid et même affronter des papillons de neige qui étoilaient ses lunettes. Marcher et n'avoir rien d'autre comme but que de mettre Joëlle à l'abri dans le giron de Samuelle. Amélie y parvint deux jours plus tard, après une autre nuit passée dans une grande grotte à l'écart du chemin.

— Je vous attends chez la Boulange, le meilleur fournier de tout le causse. La mère sera contente que je lui rapporte une grosse miche.

Amélie apprécia la discrétion du généreux chasseur et s'apprêta à répondre au feu nourri de Joëlle qui avait tenu sa langue tout le long du chemin.

— Je l'avais bien deviné, qu'on n'allait pas au ravitaillement. Je sais même que tu vas me laisser.

— Pas longtemps, ma chérie ! s'empressa de répondre Amélie, redoutant un déluge de larmes.

— Le temps qu'il faudra, Mamélie, répondit gravement l'enfant. Ce n'est plus de ton âge de courir dans la montagne.

— C'est ce que tu crois ? Nous en ferons d'autres, des balades, des vraies, cette fois, je te le promets.

— Et moi, je te promets d'être sage avec Samuelle.

L'incroyable maturité de l'enfant hanta Amélie sur le chemin du retour que monsieur Souvajouls prit soin de choisir différent. Par quel miracle la fillette à l'enfance bouleversée ne perdait-elle pas pied ? Etait-ce grâce à l'étroite connexion à son quotidien qu'Amélie s'efforçait de rendre ordinaire, ou bien à cette touche d'humour qui n'appartenait qu'à elle et qui lui fit dire, au moment de la séparation :

— Ne pars pas sans rien, Mamélie. N'oublie pas que nous sommes venues au ravitaillement pour les Parisiens.

Les pensées des uns engendreraient-elles les décisions des autres ? On pourrait le croire en écoutant aux portes de l'appartement parisien d'Alban et Béatrice Masméjean.

— Je ne veux pas te quitter, Alban !

— Et moi, je ne veux plus te voir t'épuiser à faire la queue, en vain, devant les magasins d'alimentation. Pour toi, pour notre petit Axel, pour nos aînés qui seront heureux de te revoir, et aussi pour moi qui te saurai en sécurité, je veux que tu partes à La Tourette. Tu feras une heureuse, tu sais. Maman doit déjà préparer ta chambre si elle a reçu ma lettre.

— Et toi, Alban ? insistait Béatrice.

— Un capitaine n'abandonne pas son bateau au milieu de la tempête.

Puis, songeant à leur maison en vallée de Chevreuse et à son engagement dans le réseau Action plus que jamais dans le collimateur de la Gestapo depuis l'arrestation de Jean Moulin, il ajouta :

— Sauf s'il venait à prendre l'eau de toutes parts. Auquel cas, tu me verrais rappliquer dare-dare.

Remonter sur sa bicyclette après une nouvelle nuit au mas Souvajouls tira à Amélie de sourds gémissements. Elle était brisée dans chacun de ses membres, souffrait d'une espèce d'entorse à la cheville qu'elle avait entortillée de son mouchoir, se sentait sale et, de plus, avait le cœur gros. Se laver et dormir dans un bon lit, oublier le temps d'un somme réparateur les yeux pâles de Joëlle qui n'avaient pas cillé, elle ne songeait qu'à cela, pédalant sans entrain jusqu'à La Tourette.

Quel mauvais instinct la fit, tout près de l'atteindre, bifurquer en direction de La Falguière ?

« Toujours brouiller les pistes », lui répétait Souvajouls le chasseur, et d'ajouter : « Qu'il s'agisse des sangliers ou bien des Fridolins. »

Alors, elle puisa dans ce qu'il lui restait de courage pour s'imposer quelques kilomètres de plus. Elle pensait aussi trouver sur son chemin Antonio, qui lui ferait un topo de la situation au village. Elle souriait en lui ouvrant sa porte, toute grise encore de la poussière des chemins. Or ce n'était pas Antonio qui tambourinait, il était plus futé. Non, il s'agissait de ses bourreaux... ou de leurs émissaires.

— Où sont-ils ? aboya l'un d'eux.

Amélie fit l'étonnée, arrondissant la bouche, écarquillant les yeux derrière ses lunettes.

— Les enfants que vous dissimulez ! hurla un péquin haineux. Ah, elles jouent bien la comédie, les grand-mères cévenoles !

La maison fouillée de fond en comble, Amélie pressée en vain de questions, les miliciens jouèrent leur dernière carte.

— Va chercher le gamin ! ordonna à son collègue celui qui vraisemblablement menait la danse.

On amena alors un Antonio tout déconfit, le visage bouffi de quelques gifles assénées sans ménagement.

— Et lui, vous le connaissez, madame ?

— Si je le connais ? Un garçon serviable qui retourne mon jardin et me rend de menus services ! Un bon petit.

— Un bon petit éclaireur, oui ! Allez, on embarque ce beau monde à Alès. Là-bas, on sait faire parler les muets.

Le fort Vauban. La prison d'Etat. Amélie était rouge de honte en franchissant, cahin-caha en raison de sa cheville douloureuse, le porche d'entrée de ce qu'on surnommait « l'antre de la douleur », gémissements et hurlements s'échappant de ses geôles. Guère plus fiérot, la talonnait Antonio.

La journée qui suivit allait changer sa honte en déshonneur quand, au mépris d'une légitime pudeur, lui furent ôtés ses vêtements jusqu'à la laisser en chemise d'interlock, assise sur un tabouret où elle dut subir un humiliant interrogatoire.

Animés de quelques scrupules dus à son âge, les ignobles inquisiteurs avaient misé sur l'outrage plutôt que sur la violence. Ils se cassaient les dents sur un aveu répété d'Amélie dont ils n'avaient que faire.

— Oui, je le reconnais, je vais régulièrement me ravitailler dans les fermes. Antonio m'accompagne, il pousse la remorque quand le chemin nous trahit et nous partageons notre provende. A mon âge, on ne se résout pas à la faim.

— Mais on n'a pas de scrupules à mentir, il me semble !

Une lanière de cuir cingla les épaules d'Amélie, qui chancela avant de choir sur le sol glacé qui la reçut, inanimée.

— Qu'on la ramène dans sa cellule !

Dans une pièce à côté, avec un toupet de commissaire et l'insouciance de son âge, Antonio tenait tête à ses tourmenteurs :

— Elle a dit vrai, la vieille, on venait du ravitaillement et on avait fait chou blanc.

— Où avez-vous caché les enfants ?

La question était accompagnée d'une nouvelle baffe qu'Antonio supporta stoïquement et qui s'entêta :

— Ravitaillement ! Comment il faut vous le dire ? En javanais ?

Nouvelle volée de coups. Antonio se décida enfin à faire profil bas.

Le lendemain, Amélie alla de surprise en surprise. Alors qu'au sortir d'une nuit de souffrance elle faisait le bilan de sa première journée d'interrogatoire – un hématome au front, des épaules comme en capilotade, le tout saupoudré de la honte d'avoir été dévêtue – et s'apprêtait à subir d'autres atrocités, on l'appela poliment par son nom.

On la conduisit sans brusquerie dans une pièce où elle retrouva ses habits. Le reste se déroula comme dans un éblouissement. Les portes du fort Vauban s'ouvrirent.

Un soleil blafard l'aveugla. Une main se saisit de la sienne, celle d'Antonio, et une foule cria sa joie.

Tout le village de Larbousse était là, sous les frondaisons du Bosquet. Tous étaient venus, comme un seul homme, réclamer à cor et à cri qu'on leur rende leur institutrice, l'innocente madame Amélie, et aussi Antonio, un orphelin de père qui n'avait pas plus de malice que de mauvais instincts.

C'est du moins ce à quoi elle crut, naïvement, jusqu'à ce que, de retour à Larbousse, l'horreur de la réalité lui soit révélée. Deux des enfants réfugiés au Pradal, Flora et Maurice, réellement atteints de la rougeole et qui n'avaient pu fuir avec les deux autres garçons confiés à un passeur, avaient été conduits à Nîmes. Les braves Marinier, eux aussi, allaient grossir le lot des « mauvais Français ennemis du régime nazi ».

Amélie pleura longuement, non plus sur sa pudeur bafouée, sur ses membres douloureux, sur son immense lassitude ; elle pleura sur un monde qu'elle ne comprenait plus.

Le refuge bienfaisant de La Tourette lui ouvrait les bras, mais c'est dans ceux, amaigris, de Béatrice qu'elle se laissa aller, pleurant et riant à la fois. Elle ne sut que balbutier :

— Si j'avais su, j'aurais fait un gâteau roulé à la châtaigne !

26

L'oreille collée au poste de radio, plus nasillard que jamais, trois femmes retenaient leur souffle.

« Je répète, dit la voix de canard : "Les sanglots longs des violons de l'automne..." »

— C'est ça ! s'écria Alice en bondissant de sa chaise.

Elle restait debout, statufiée, les mains jointes comme celles d'une orante, le regard noyé d'un indicible espoir.

— C'est ça, quoi ? Décode, je t'en prie, demandèrent d'une seule voix Amélie et Béatrice.

— La fin du cauchemar !

On était le 5 juin 1944. L'opération Overlord allait ouvrir la première brèche de la libération !

Cela faisait trois mois que le babillage d'Axel avait remplacé les éclats joyeux du rire de Joëlle. Il gambadait sur la terrasse, s'étourdissait du parfum des lilas en fleur sous l'œil vigilant d'Amélie.

Son piteux état, à sa remise en liberté, avait affolé son entourage. Physiquement épuisée, brisée psychologiquement, s'alimentant avec peine et devenue insomniaque, elle avait inquiété le docteur Balmès, qui n'avait su que préconiser repos et proposer un léger sédatif, le soir au coucher.

« L'appétit reviendra avec le goût de vivre. »

Il revint, en effet, avec une lettre de Samuelle accompagnée d'une carte postale signée Joëlle. Un courrier sans timbre et sans adresse, glissé discrètement dans la boîte aux lettres et pour lequel le petit Axel amena une bribe d'explication propre à éclairer le regard d'Amélie :

— Ce n'était pas le facteur ; lui, il avait un fusil !

— Monsieur Souvajouls ! Le brave homme !

Joëlle envoyait mille bisous et Samuelle disait sa joie d'avoir une aussi agréable pensionnaire. Les larmes, enfin, crevèrent en cataracte, allégeant le poids douloureux qu'Amélie avait sur le cœur ; elle fut prise, dès lors, de frénésie à vivre intensément les bonheurs qui lui étaient donnés, sans oublier ceux de sa famille encore éloignés.

— Il y a longtemps que nous n'avons pas envoyé de colis à Laure, à Maxime et aussi à Alban.

— Violette s'en est occupée, maman. Ne te tracasse pas, la rassura Alice, qui souriait à ce renouveau.

— Avons-nous encore un peu de farine en réserve, Béatrice ? Demain c'est dimanche, je voudrais faire un gâteau à la châtaigne, notre Guilhem en raffole. C'est qu'il est en pleine croissance, votre beau garçon.

— Je vais voir ce qu'il nous reste, Mamélie.

Ravie elle aussi de cette renaissance, Béatrice était revenue triomphante :

— Nous avons assez de provisions pour en faire deux. Noémie doit amener Jean-Claude et Magali.

Guilhem, Camille, Axel, Jean-Claude, Magali. Pas un seul ne lui faisait oublier Joëlle, mais tous lui apportaient un lumineux bonheur.

« Ils sont une parcelle charnelle de Guillaume et de moi. Dieu, que je les aime ! » songeait-elle en posant un regard sur chacune des têtes blondes et brunes.

Puis, à sa belle progéniture, se substituait l'image de Joëlle et elle lui dédiait cette pensée :

« Toi, tu es un morceau de mon cœur, un fragment de ma Laure, une miette de Joseph. »

L'exultation d'Alice au message radio avait aussitôt dirigé les pensées d'Amélie vers Joëlle. La fin du cauchemar ne signifiait-elle pas la fin du danger et son retour imminent ?

Du moins s'accrocha-t-elle à cet espoir tout le temps que dura l'avancée des libérateurs en même temps qu'on assistait à des mouvements de retrait des troupes occupantes.

Tous les maquis de France étaient sur le qui-vive, prêts à agir ; celui du mont Mouchet entre Auvergne et Margeride reçut pour mission de retarder la jonction des troupes allemandes du Sud avec celles de Normandie. En juillet, au cœur de l'Isère, le maquis défia l'occupant en proclamant la République libre du Vercors ; le pilonnage du plateau et le blocage de ses accès en feront le cimetière de six cents maquisards et de deux cents civils.

Le 15 août, le débarquement des Alliés en Provence donna des ailes aux maquis cévenols. Un groupe, composé en majorité de réfugiés espagnols, prépara une action d'envergure. La date fut arrêtée au 25 août, le lieu stratégique choisi, le carrefour de la Madeleine. Ils étaient trente, déterminés, la rage au ventre – des fous, diront certains –, qui, par des positions dispersées, trompèrent l'ennemi sur leur nombre. Ils mirent en déroute une colonne de neuf cents soldats qui regagnait, à marche forcée, la vallée du Rhône, libérant ainsi les Cévennes de leurs oppresseurs.

Francisco était un de ces héros, fêté par toute la famille au surlendemain de leur exploit.

— Tu ne m'ôteras pas de l'idée que c'était pure folie, reprochait Alice, étroitement serrée contre son amoureux.

— La folie est une sorte de talisman. Elle protège et transcende ceux qui en sont atteints. Et moi, je suis fou de toi, Alicia, ma belle Cévenole !

Amélie, elle, portait égoïstement un jugement positif sur cette action suicidaire aux résultats inespérés.

— Joëlle sera de retour pour la rentrée scolaire ! se réjouit-elle, révélant en même temps que son attachement à la fillette son souci d'enseignante, toujours aussi vivace.

Un chœur de voix lui prêcha la patience :

— Ne précipitez rien, madame Mazal, l'engagea poliment Francisco. Les revirements de situation sont monnaie courante dans tous les conflits.

— Ce jeune homme a raison, maman. Faudra-t-il, à ton âge, t'apprendre la patience ? plaisanta gentiment Violette, sensible à la boule d'espoir muée en chagrin qui l'étouffait.

Les plus jeunes faisaient cercle autour de Mamélie, réclamant eux aussi leur compagne de jeu.

— Oui ! Oui ! Il faut aller chercher Joëlle.

Désolée d'être à l'origine de cette mini-émeute enfantine, Mamélie arborait une mine contrite, ce qui ne l'empêchait nullement de jubiler en son for intérieur : sa petite protégée avait gagné tous les cœurs.

Il fut donc décidé, collégialement, de donner du temps au temps, tout en suivant l'évolution des Alliés, qui crevaient une à une les poches de résistance ennemies : l'entrée des troupes du général Leclerc dans Paris, la libération des villes de Lyon, Lille puis Nancy, la réapparition de la presse libre, la renaissance d'une radio nationale, le premier gouvernement d'unanimité nationale... Tout allait vite désormais.

Fin septembre donna le feu vert. L'été indien de la Saint-Michel, propice aux balades bucoliques, offrit la possibilité à Amélie de gommer ces quelques mois d'exil de la mémoire de Joëlle.

— Nous sommes parties à bicyclette sous prétexte de ravitaillement. Nous reviendrons de même. J'ai besoin de ton concours, Marcel. Peux-tu nous monter à Florac, moi, mon vélo et ma remorque ?

Faisant fi des protestations qui fusèrent, Amélie avait son plan, qu'elle mit à exécution. Samuelle, dans la confidence, était priée de garder le secret. Il était dix heures, tout au plus, quand elle toqua à la porte du petit logement de Samuelle, qui invita Joëlle à aller ouvrir. Amélie joua son numéro.

— Tu n'as pas oublié, j'espère, que nous allons au ravitaillement ? Prends ton gilet et presse-toi.

Sans manifester la moindre surprise, l'enfant obéit et suivit Amélie jusqu'à la bicyclette attelée de la remorque dans laquelle elle grimpa. Mamélie se sentait pousser des ailes, pédalait en danseuse quand un raidillon l'y obligeait, se mettait en roue libre dans les descentes, avançait sans forcer entre les haies d'honneur des châtaigniers qui faisaient éclater leurs bogues. Ni l'une ni l'autre ne parlait. Leur bonheur n'avait pas besoin de mots.

Le soir, en bordant Joëlle dans son lit, Amélie lui dit tout simplement en la baisant au front :

— Tu nous as manqué, fillette.

Sans un mot, Joëlle rabattit le drap sur sa tête pour dissimuler les larmes libératrices qui coulaient enfin.

« Toute joie est imparfaite », se disait Amélie, agitant son mouchoir avant que ne disparaisse, au bout du chemin, la voiture d'Alban ramenant sa tribu dans un Paris apaisé.

Le fils d'Amélie s'était accordé une semaine de congés pour se retrouver en famille. Il avait bien besoin de ce retour aux sources, comme le constata sa mère aux plis de son front, à ses cheveux grisonnants, à l'allure lasse qu'engendre une longue période de tensions.

Frère, sœurs, conjoints, cousins et cousines passèrent, à La Tourette, quelques jours idylliques, couvés par le regard pétillant de joie d'Amélie. Chacun déplorait en silence l'absence de deux des leurs, mais tous espéraient un proche retour, l'appelaient de tous leurs vœux.

Il avait suffi d'une boutade d'Alban pour provoquer un aveu quasi général.

— Ainsi ma mère et ma petite sœur prêtaient la main au maquis. Et moi qui leur confiais mes enfants en toute naïveté !

— Pas seulement. Marcel était des nôtres avec son gazogène... sauf quand on le réquisitionnait.

— J'avoue moi aussi un trafic illicite au nez et à la barbe de l'occupant. Avec la complaisance du personnel d'un laboratoire pharmaceutique lyonnais. Mais je ne plaide pas coupable ! révéla Jean Balmès sur le ton de la plaisanterie.

Alban ne put faire moins que baisser le nez vers son assiette et confesser à son tour en s'adressant à son épouse :

— Pardonne-moi, ma Béatrice, de t'avoir tenue éloignée de notre moulin de Chevreuse avec mes grossiers mensonges. J'y avais installé une des bases du réseau Action...

— Me croyiez-vous tombée de la dernière pluie, mon cher époux ? Je te pardonne d'autant plus aisément qu'au lycée Louis-le-Grand je n'imprimais pas seulement des thèmes et des versions sur la ronéo.

— Un pour tous, tous pour un, c'est comme ça que je vous aime ! s'écria Amélie en levant son verre.

Des organismes attachés au retour des prisonniers de guerre se mirent en place dès le mois de février 1945 et tout portait à croire qu'ils œuvraient avec efficacité. C'est du moins ce qu'en déduisait Amélie en commentant, avec une Violette excitée comme une puce, le courrier de Maxime qui annonçait son retour probable pour le mois de mai.

« Le train du retour, soupirait Amélie. S'il pouvait, pour notre plus grand bonheur, faire d'une pierre deux coups et nous ramener notre Laurette ! Et même trois coups avec, dans la foulée, ce Daniel Sachs qu'elle aime ! »

Cet espoir insensé qui emballait son cœur était cependant accompagné de la tristesse d'une séparation douloureuse qui s'imposerait : le départ de Joëlle pour sa nouvelle vie. Elle se réconfortait alors en pensant :

« Jamais Joëlle n'oubliera La Tourette ! Jamais elle ne nous oubliera ! Jamais elle n'oubliera sa Mamélie ! »

Les années qui suivront lui prouveront-elles le contraire ?

Ouvrir la porte de la liberté aux prisonniers de guerre, mal nourris, mal logés, affaiblis et pour beaucoup malades, le IIIe Reich, ou ce qu'il en restait, s'y résolut, il n'avait pas le choix.

Ouvrir les camps de concentration relevait de l'aveu d'un terrifiant génocide, d'une tuerie innommable, d'une odieuse abjection. Offrir aux vainqueurs des cadavres ambulants, décharnés, hagards, ou opter pour la terre brûlée, il fallait trancher ; la seconde solution l'emporta.

— Vous savez quoi, les filles ? On part ! On plie boutique !

— Les Alliés ? Ils nous délivrent ?

— Dans tes rêves ! On lève le camp pour un autre camp : Dachau !

— Quoi ? Que dis-tu, Olga ? On va à Dachau ?

— On dirait que ça te fait plaisir, l'avocate.

Plaisir ? Mais c'était son vœu le plus cher, le moteur de sa survie depuis presque deux ans, une éternité !

L'information, glanée on ne sait où par Olga, s'avéra ; le 13 avril 1945, les SS ouvrirent les portes du camp de Ravensbrück et lancèrent les silhouettes fantômes sur les routes où elles entamèrent une « marche vers la mort », encadrées de chiens et de soldats qui avaient ordre de ne laisser aucun témoin vivant sur le bord de la route.

Certaines tentèrent avec succès une évasion, trois par trois. Laure n'était pas en phase avec elles, persuadée qu'elle marchait vers Daniel, vers le bonheur retrouvé.

Amélie n'en pouvait plus de ce silence. Pourquoi Maxime tenait-il la famille au courant de son lent mais bien réel acheminement en France, alors que Laure restait muette ? On approchait du mois de mai, son petit-fils était enfin à Paris, en observation dans un hôpital militaire, mais personne n'était en mesure du lui donner des nouvelles de sa fille, pas même Alban qui harcelait les ministères mais en revenait bredouille.

Elle n'était pas la seule à s'impatienter. Alice et Francisco avaient misé sur le mois d'août pour célébrer leur union au cours d'un grand rassemblement familial. Ils trépignaient, mais s'étaient promis, d'un commun accord, de rester sages jusqu'au jour de leur mariage.

— Où vas-tu de si bon matin ? s'étonna Alice à la vue de sa mère, sanglée dans son tailleur noir, chapeautée d'un bibi à voilette, son sac à fermoir métallique glissé sous le bras.

— A Alès, pour tenter de décrocher une entrevue avec un certain monsieur Roux, guérisseur, magnétiseur et surtout radiesthésiste. Il peut m'aider à retrouver Laurette.

— Tu crois à ces sortes de pratiques, maman ?

— Je ne suis pas la seule. Le café, en face de la gare, où il reçoit dans une arrière-salle, ne désemplit pas. Je n'en puis plus de ce silence.

La raillerie attendue ne vint pas. Mère et fille avaient dépassé le stade des fausses incompréhensions et la même angoisse sur le sort de leur fille et sœur renforçait leur solidarité.

La réalité était conforme au tableau qu'on lui avait brossé : sur le trottoir, devant le café, une longue file s'étirait et n'en finissait pas de s'allonger. Monsieur

Roux avait débuté ses « consultations » à 8 heures ce matin et ne finirait pas avant 10 heures du soir, quand l'épuisement rendrait sa prestation inopérante. Encore prenait-il, toutes les deux ou trois heures, une pause. A ce rythme, Amélie doutait d'être reçue ce jour ; quelques personnes découragées ou pressées par le temps lui firent grappiller plusieurs places.

— C'est pour ma fille, monsieur, dit-elle, tout intimidée par le visage marmoréen de l'homme au regard fixe. On m'a recommandé d'apporter une photographie... elle date un peu.

Sans un mot, l'homme tendit la main, prit le cliché, le posa sur son bureau et le survola d'un pendule. Après un long silence, les yeux toujours rivés sur les circonvolutions anarchiques de la chaîne terminée par une boule de cuivre, il parla d'une voix monocorde.

— Son cœur est en joie, il y a de la lumière. Ses jambes, elles remuent sans cesse, on dirait qu'elle court... ou qu'elle marche très vite. Il y a... quelque chose parfois qui la ralentit, quelque chose de lourd... un bagage... sur son dos... ah...

Les mains de monsieur Roux tremblaient, la sueur perlait à son front, il agita une clochette. De derrière un paravent surgit une femme qui l'aida à se lever et l'entraîna d'où elle venait. Elle reparut dans l'instant, priant Amélie de patienter, le temps que son époux récupère de sa transe.

Il revint, en effet, toujours hâve et compassé, mais toute agitation disparue, et reprit son étude.

— C'est bizarre, elle ne porte plus cette charge éreintante et ne semble pas s'en réjouir. Tiens, ses jambes ne bougent plus et pourtant elle avance... oui, elle avance mais je ne la vois plus, une sorte de toile la dérobe à ma perception.

C'était dit. Olga serait du prochain groupe qui tenterait de fausser compagnie à la longue cohorte de misérables. Cela faisait deux jours qu'elle laissait sa place à plus épuisée qu'elle. Le destin, lui, en décida autrement quand une presque gamine vint lui quémander sa place en pleurant et que son grand cœur lui souffla de céder. Elle prit même sur elle, à l'instant fatidique, de faire diversion, chutant dans le fossé opposé au bois qui happait les fuyardes. Sa chute, si bien feinte, lui valut d'entendre craquer sa cheville tandis qu'une douleur réelle lui causait une nausée.

Un soldat mit aussitôt en joue la malheureuse affalée.

— Non ! hurla-t-elle en tendant la main vers l'arme. Ne tirez pas, je me lève !

— *Schnell ! Schnell !* la pressa-t-il.

Olga se mit debout, fit un pas en avant, trébucha et sut que ses souffrances s'arrêtaient là. Alors, celle qu'elle nommait l'Avocate lui tendit la main, s'arc-bouta devant elle, la chargea sur son dos et se remit en route sous l'œil goguenard du soldat.

Laure avançait, son fardeau ne l'arrêtait pas ; il la faisait tomber parfois, mais elle se relevait, soutenait Olga et repartait pour s'affaler à nouveau.

« Laisse-moi », lui serinait Olga.

Laure ne gaspillait pas son souffle à répondre, elle épuisait ses dernières réserves dans ce chemin de croix. Olga comprit qu'inexorablement elle entraînait sa compagne dans la mort. Elle n'eut pas un grand effort à fournir pour se désolidariser de Laure et rouler au sol, face contre terre, guettant sa fin. Elle ne se fit pas attendre. Un SS surgit de la colonne et tira au moment où Laure se penchait sur Olga. Une seule balle. Deux vies. Un geste du SS et un camion roula dans sa direction. Deux fossoyeurs jetèrent les deux cadavres sur le plateau et rabattirent la bâche. Laure avait cessé de marcher, mais sa dépouille avançait toujours vers Dachau, vers ces fours de l'horreur et de la haine où avait péri Daniel Sachs aux premiers jours de son arrivée.

Il fallut attendre les derniers jours de juillet pour que soient rendues publiques les listes de victimes de la déportation. Cela ne fit que confirmer ce que toute la famille redoutait : le mariage d'Alice et de Francisco ne fut, hélas, pas source de réjouissance.

Mais il eut lieu cependant, par la volonté d'Amélie. En aucun cas elle ne souhaitait qu'on sursoie au bonheur de ces deux-là. Elle fut, en cette occasion, admirable de dignité dans son infinie douleur ; et en bien d'autres quand les rescapés des camps parvinrent, dans la mesure du possible, à exorciser leur calvaire en portant témoignage.

Puis le temps, lentement, fit son œuvre. Pas d'oubli. Non ! Les morts ne méritent pas de mourir deux fois. Non, surtout ne pas oublier un regard, un sourire, une silhouette, une voix. Douloureux mais nécessaire devoir que s'imposait Amélie afin que Laure vive encore un peu.

Et pourquoi pas des joies ? Elles n'enlèvent rien au souvenir entretenu dans la souffrance. Des joies qui soulagent quand Maxime revint, gaillard, d'une année en sanatorium dans les Alpes, heureux de son renoncement à la carrière militaire, désireux de travailler avec son père et, d'un jour, lui succéder.

— Ma captivité aura eu quelque chose de bon, elle m'aura appris à aimer le bois, à le travailler, à l'entendre respirer.

— Tu ne pouvais me faire plus plaisir, fils. J'ai hâte de te passer la main.

Mais aussi des joies qui transcendent, vous ramènent à la genèse de votre propre vie : une naissance, celle de José, le fils d'Alice et de Cisco.

— Un petit clin d'œil à ses deux grands-pères, maman, expliqua la jeune accouchée en présentant ce fils qui effaçait la douleur de son premier échec. Le père de Francisco s'appelait José Luis.

— Ma belle et sensible Alice ! Tu as de si délicates pensées !

— Tu sais, maman, si j'avais mis au monde une fille, je l'aurais appelée...

— Ne dis rien, ma chérie. Je sais. Je t'aime.

Et pourquoi pas cet immense bonheur au quotidien que lui apportait Joëlle, désormais orpheline ? A vrai dire, elle était à la fois le moteur de sa vie, le prolongement de Laurette et la réalisation d'une promesse, celle de prendre soin de l'enfant qu'on lui avait confiée.

Il avait cependant été nécessaire de passer par la case aveu avec des mots choisis, des réponses rassurantes aux questions que posait l'enfant au raisonnement précoce et à la sensibilité à fleur de peau.

— Je ne reverrai plus mon papa ? Ni Laure ? Ni grand-mère Zina, ni grand-papa...

— Tu les verras seulement dans ton cœur, en fermant les yeux et en pensant très fort à eux. En ne les oubliant jamais, car eux continueront à veiller sur toi.

Joëlle sanglota, plus pour accompagner Mamélie dont les larmes roulaient sur ses joues parcheminées que par réelle peine. L'enfance est ainsi faite. De plus, cela était évident pour Amélie, la vulnérabilité de cette enfant n'était qu'une apparence, elle avait en elle un désir de vie et d'oubli qu'elle n'aurait pas de mal à combler.

— Tu sais, ma chérie, le jeu est terminé. Tu peux reprendre ton prénom, redevenir Yaëlle, proposa Mamélie, pour venir à un sujet plus léger.

— Ce serait trop bête d'arrêter le jeu maintenant. Je veux être toujours Joëlle !

La Tourette, une fois de plus, palpitait aux grandes retrouvailles estivales de la famille d'Amélie.

Alors que les enfants, entraînés par celle qui s'imposait naturellement comme ordonnatrice de leurs jeux, couraient à la suite de Joëlle pour découvrir une nichée de lapereaux dans le clapier de Violette, Amélie annonça le projet qui hantait ses nuits.

— J'ai bien fait le tour de la question et ma décision est prise, je vais entreprendre des démarches pour adopter Joëlle.

Surpris, certes, mais peut-être pas franchement, les enfants et petits-enfants d'Amélie Mazal, soixante-treize ans à l'automne si proche, y allaient de leur questionnement, leur mise en garde ou leur conseil :

— A ton âge, maman ? Est-ce bien raisonnable ?

— Joëlle n'a que sept ans... l'âge facile... mais plus tard, à l'adolescence...

— Il faut que tu le saches, maman, tu entreprends là un véritable parcours du combattant. Je sais, ce n'est pas un obstacle qui arrêtera Amélie Rouvière !

Oh que non ! Ce n'était pas le premier. Serait-il le dernier ? Amélie aura tout le reste de sa longue existence pour s'interroger sur le bien-fondé de son audacieuse entreprise.

Ce avec quoi la Gestapo, en son temps, fit chou blanc malgré les longs et douloureux interrogatoires de Daniel Sachs, de Laure Mazal et certainement des époux Lowzinsky, un organisme mis sur pied après la parution des listes recensant les rescapés des camps et celles des victimes de la barbarie nazie, l'UNRRA, y parvint : retrouver Yaëlle Sachs !

Et pas seulement ! Cette administration, créée dans toutes les préfectures françaises, avait aussi des antennes à l'étranger. Il se trouva donc un Elzéar Lowzinsky, grand-oncle de Yaëlle, qui faisait depuis Baltimore des recherches en vue de reconstruction familiale.

D'un côté, une demande d'adoption, de l'autre une attente de regroupement familial : l'existence de Yaëlle, percutée par l'UNRRA, était tranchée. Et le moins que l'on puisse dire, c'est que les membres de cet organisme ne s'embarrassaient pas de psychologie et ne travaillaient pas dans la dentelle. Inutile de s'appesantir, en outre, sur le non-désir de la branche américaine des Lowzinsky de remettre les pieds sur le sol français qu'ils avaient dû quitter comme des pestiférés.

Une femme sans âge, sans grâce, portant les stigmates d'une souffrance deux fois millénaire, se présenta un jour à La Tourette.

« Certainement une assistante sociale », jugea Amélie au vu du dossier qu'elle tenait du bout des doigts.

— Je suis déléguée par l'UNRRA afin de restituer à sa famille la jeune Yaëlle Sachs qui vous avait été confiée.

— Sa famille ? Mais quelle famille ?

Amélie se sentait glacée, elle bredouillait, insistait alors que la froide déléguée ne savait que rétorquer :

— Nous n'avons aucune obligation de vous en faire état, si la famille en question ne le juge pas nécessaire. C'est ce que souhaite la parentèle de cette enfant.

Yaëlle avait mis en confiance sa menotte potelée dans celle de Laure, la fiancée de son papa. Elle avait regardé avec ses grands yeux clairs cette Mamélie inconnue à qui elle donna instantanément son cœur. Elle devint furie quand la femme revêche tenta de la faire monter dans sa voiture.

Amélie ne pouvait plus supporter la souffrance de cette enfant ; la sienne, elle en faisait son affaire.

— Partez ! Mais partez donc ! hurla-t-elle au chauffeur qui attendait, impassible, l'ordre de la mégère affairée à maîtriser Joëlle. N'oubliez pas, lui cria-t-elle dans une ultime recommandation, dans la valise, une lettre pour la petite, à lui remettre à sa majorité !

Longtemps, les oreilles et le cœur en lambeaux d'Amélie résonnèrent de ce cri hurlé à l'infini :

— Mamélie ! Mamélie ! Mamélie ! Mamélie ! Mamé-liiiiiie !

Dix-huit ans après, le cœur d'Amélie saigne encore à l'évocation de ce triste jour de 1946 et sur ses joues où se creusent d'infimes et multiples sillons roulent des perles salées qu'elle tamponne délicatement de son mouchoir brodé.

« Ah non ! Ce n'est pas le jour ! Ils se donnent tant de mal pour moi », se raisonne-t-elle.

Depuis que tous conspirent dans son dos à préparer cette fête, elle s'est fait la promesse de ne pas céder à l'émotion, de ne pas altérer leur joie par l'évocation de Laurette, ni celle de Joseph, de Guillaume, ni de ses frères et sœurs, ses « chers disparus » qu'elle n'énumère plus et englobe tous dans les mêmes regrets et le même amour, dans une tendresse nostalgique, presque dénuée de souffrance.

Un petit mouvement d'épaules fataliste, elle se dit en exhalant un soupir :

« On ne vit pas insolemment si longtemps sans voir partir nombre de ceux que l'on aime. »

Tôt ce matin, elle a perçu un branle-bas de combat dans la grande salle, elle a fait part de son étonnement à Violette.

— La table ne devait-elle pas être dressée sur la terrasse ? J'entends que vous déplacez les meubles dans la salle... Quel remue-ménage pour un gâteau d'anniversaire !

— Des broutilles, maman, ne te tracasse pas. Guilhem et son épouse installent un lit d'appoint pour faire dormir leurs jumeaux et Camille a apporté une chaise haute pour sa fille.

— Jean-Claude, Magali, Jérôme et Christian et cette petite Lison, cinq arrière-petits-enfants, la vie m'a gâtée !

Alice fait irruption dans sa chambre.

— Prête, maman ?

Amélie s'excuse :

— Je n'ai pas pu enfiler mes chaussures. Essaie, toi. Dieu que c'est moche de vieillir !

473

— *Vile coquette ! Allez, debout, chère madame, votre chevalier servant s'impatiente. Alban !*

Derrière la porte, Alban attend ce moment avec fébrilité. Il offre son bras à sa mère et la conduit, à son rythme, sur la terrasse. A leur suite, Noémie et Alice font suivre son fauteuil dans lequel elle se cale, le dos bien droit, comme en classe.

Le silence se fait, hormis quelques notes de musique s'échappant de la salle qu'elle vient de traverser.

« Le Teppaz de Magali ! Elle ne peut pas s'en passer ! » songe-t-elle en esquissant une moue boudeuse.

Le supposé Teppaz se tait, il s'agissait en fait du prélude à ce qui va faire exploser son cœur, la transporter de joie, la submerger d'émotion.

De cette même pièce où l'on disait installer des lits, un piano distille les notes fraîches d'un rondeau, celui des *Abeilles* de François Couperin.

Attentifs à la réaction de leur très chère Mamélie, tous ont les yeux rivés sur la vieille dame changée en statue de sel qui presse ses mains contre sa poitrine, dont le menton tremblote nerveusement et qui ne bouge pas, très droite, dans son fauteuil.

Au bout des doigts de la pianiste, la même intensité se devine à l'application qu'elle met à terminer cette pièce musicale qui lui échappe, se joue presque seule. L'accord final est suivi d'un sanglot :

— *Yaëlle ! C'est bien toi ?*

— *Non, Mamélie, c'est Joëlle !*

L'air de la terrasse vibre dans le silence profond que tous observent, buvant eux aussi au bonheur d'Amélie. La vieille dame et la jeune fille ne peuvent dire un mot, elles se tiennent les mains, parfois l'une s'évade de cette étreinte folle pour caresser le visage parcheminé, une autre tâtonne, se pose

474

enfin sur les cheveux de soie toujours aussi blonds, toujours aussi doux. C'est touchant de les voir se réapproprier l'une l'autre. Le temps ne compte plus.

Au bout d'une éternité et sans rompre leur étreinte, Yaëlle-Joëlle prononce quelques mots avec un délicieux accent, ponctué d'inévitables trémolos.

— J'ai voulu te rapporter un cadeau, Mamélie...

— Le plus beau des cadeaux, c'est toi...

— J'y tiens. Il ne vient pas seulement de moi, mais de tous ceux qui ont eu la chance de rencontrer, dans leur vie, quelqu'un qui te ressemble, à qui ils doivent tant. Ecoute.

Instinctivement, Amélie lève la tête vers une voix enrouée par l'émotion, celle d'un plénipotentiaire venu exprès de Jérusalem qui s'adresse à elle :

— Madame Amélie Mazal, à la demande de Yaëlle Sachs, l'Institut commémoratif des martyrs et des héros de la Shoah vous déclare « Juste parmi les Nations » pour des faits qui figurent sur votre diplôme. Je vous remets cette médaille sur laquelle est gravée cette phrase du Talmud, « Quiconque sauve une vie sauve l'univers tout entier ». Votre nom, chère madame Mazal, sera inscrit sur le mur d'honneur du Jardin des Justes parmi les Nations de Yad Vashem, à Jérusalem.

La médaille. Les Justes. Les Nations. Des mots, des notions, une reconnaissance dont elle n'a que faire. Elle sait pourtant – n'a-t-elle pas passé la moitié de sa vie à l'enseigner ? – que la politesse exige d'elle une réponse.

Elle se racle la gorge et prononce distinctement :

— Je reçois cet honneur, non comme récipiendaire mais comme un relayeur, pour le transmettre à qui de droit : Laure Mazal, innocente victime de la folie des hommes.

La réception officielle, son cortège de discours et son interminable apéritif achevés, place aux agapes familiales qu'on a pris soin de remettre au souper, les gorges étant trop nouées et Mamélie si fatiguée.

Mais le soir c'est la fête et il faut bien tout le cercle de famille à l'œuvre pour venir à bout des quatre-vingt-dix bougies qui tenaient tant à cœur à Noémie.

— Neuf, une par dizaine, auraient fait l'affaire ! plaisante Amélie.

— Non ! C'est plus rigolo, applaudissent les jumeaux.

La nuit sera donnée aux confidences qui tireront de nouveaux pleurs à Joëlle et à Amélie.

— Je ne souffrais plus de te voir prisonnière dans cette voiture aux vitres montées. Je te voyais gesticuler, je t'entendais pleurer, appeler au secours… J'ai fermé les yeux et fait le vide en moi pour m'extraire d'un monde dont la cruauté me faisait honte.

— Je crois n'avoir pas eu conscience de traverser Larbousse, raidie dans ma colère et dans ma souffrance. Je refusai toute approche de cette horrible femme et tout le temps que dura notre voyage jusqu'au port de Marseille – je ne l'ai appris que récemment – je refusai aussi de manger et de boire, de dormir et de parler. J'avoue avoir le vague souvenir d'un embarquement et puis plus rien. Le vide anesthésiant. Joëlle avait quitté Larbousse, Yaëlle posa le pied à Baltimore sans passé, sans désir d'avenir.

— Ta famille s'est appliquée à t'en construire un.

— Ils ont bataillé, paraît-il, à recoller les morceaux d'un tout qui n'était qu'une absence. J'étais une absence, te rends-tu compte, Mamélie ? Une absence qui avait jeté involontairement un voile noir sur son passé et rejetait un présent

476

qui lui était totalement étranger. Des perspectives d'avenir ?
Je n'avais pas notion qu'il en existait pour moi, le puzzle
incomplet.

— *Il y a toujours un avenir, ma Joëlle. Tu avais donc*
oublié mes leçons d'optimisme ?

— *Je t'avais oubliée, toi. Ce qui est pire !*

— *L'oubli a été, dans ton cas, le facteur essentiel de ta*
reconstruction.

— *Si tu le dis, Mamélie... J'appris la langue de ma*
nouvelle famille, sa manière de vivre, et ne forçai jamais la
porte du passé que je devinais si douloureux à leur mémoire.
Ne filtrait, par bribes, que l'immense reconnaissance qu'ils
vouaient à mes grands-parents Lowzinsky, à l'origine de
leur nouvelle vie et d'une aisance financière indéniable.

— *Ont-ils pensé à te remettre la lettre de ton papa ?*
demande Amélie après un long silence.

— *Par chance, ils n'avaient pas coulé une dalle de béton*
sur le souvenir de mon père qu'ils avaient connu au Ver-
don. Les premiers mots de la lettre troublèrent mes pensées.
Je les sais de mémoire : « Mon enfant adorée, tu as ma
lettre dans tes mains. C'est donc que nous ne nous reverrons
plus. Ecoute, ma fille chérie, l'histoire de ta vie, de nos vies
avant qu'elles ne se séparent... » Il parlait de Laure à qui il
m'avait confiée car il la savait généreuse et aimante, de ce
coin des Cévennes où il lui avait conseillé de se faire oublier
quelque temps, de l'amour filial que je devrais lui porter.
Et chaque mot devenait une clé qui ouvrait une à une les
portes de ma mémoire.

La suite, on s'en doute, fut une longue quête, depuis
les Amériques, pour retrouver le village cévenol et la chère
Mamélie, dont elle ne connaissait pas les noms. Un enquê-
teur privé, venu à Nîmes, la seule ville du Gard dont les

477

Américains avaient entendu parler, eut la chance de tomber sur une demande d'adoption datant de 1946 qui portait, en même temps que le nom de Yaëlle Sachs, celui d'Amélie Mazal.

— J'avais en main tous les éléments et serais venue à toi toutes affaires cessantes si une peur panique ne m'avait saisie...

— Celle que j'aie quitté ce monde ? Dis donc, petite, je n'allais pas partir sans te revoir !

— J'aurais tant aimé porter ton nom, Mamélie !

— La vie en a décidé autrement, fillette. Mais je ne lui garde pas rancune.

— Tu te souviens, Mamélie, tu me disais toujours : « Courage, enfant, la vie continue ! »

— Bien sûr qu'elle continue, ici-bas avec tous ceux que j'aime ou ailleurs avec ceux que j'ai tant aimés. Je sais, je crois qu'elle continue.

Pour Amélie Rouvière, veuve Masméjean, veuve Mazal, la vie continua deux belles années encore, juste pour la joie de lever son verre plein de bulles – comme elle le disait – au bonheur de Yaëlle Sachs devenue madame Axel Masméjean.

Une adoption de cœur, en quelque sorte...

Saint-Christol, le 5 septembre 2013

Composition et mise en pages
Nord Compo à Villeneuve-d'Ascq

Imprimé en Espagne par Cayfosa
Dépôt légal : septembre 2015